KB095732

1일 1식 하루 한 끼
평생 든든한 심리학 365

일러두기

외래어는 국립국어원의 외래어 표기법을 따랐으나 그 쓰임이 굳어진 경우
관용에 따라 표기하였으며, '신드롬syndrome'은 '증후군',
'패러독스paradox'는 '~의 역설'로 통일하였습니다.

psychology

1일 1식
하루 한 끼
평생 든든한
심리학
365

김성환 지음

STUDIO:ODR

우리 자신을 이해하기 위한
심리학 한 끼를 즐기다

사람의 마음은 말이나 행동으로 나타난다. 이를 학문화하여 연구한 것이 심리학이다. 심리학은 나와 타인을 이해할 수 있는 최고의 방법으로 인간관계에도 큰 영향을 미친다. 심리학이 흥미로운 이유는 각 개인이 특정 사건이나 현상에 대해 갖는 가치, 태도, 믿음 등이 주관적이고 가변적이기 때문이다. 같은 사람이라 할지라도 날씨가 어떤지에 따라서 평소에 하던 말과 행동이 달라질 수 있다. 사람의 마음은 눈으로 보이거나 손으로 잡을 수 있는 형태가 아니기에 오랜 기간 심리학에 대해 어떠한 정의도 정답도 나오지 않았다. 그러한 연유로 많은 사람이 심리학을 단순히 허상의 영역으로 여겼다.

그런데 근대 심리학의 아버지로 불리는 빌헬름 분트가 실험 생리학에 물리학적 측정 방법을 도입하면서 심리학이 과학적 학문으로 여겨지기 시작했다. 비록 분트의 주장은 실험적 접근만으로 한계가 존재했기에 당시에 사회적으로 큰 반향을 불러일으키지 못했으나, 이후 분트의 제자들을 시작으로 다양한 연구를 통해 여러 국가에서 심리학과 과학의 연관성이 밝혀졌다. 그 결과 현재 심리학 개론 첫 수업에서는 심리학을 과학이라 명명하기도 한다.

그러나 관련 연구자를 제외한 다수의 사람은 심리학을 과학의 영역으로 여기기보다 사람과 사회를 이해하는 하나의 참고 사항으로 인식하고 받아들인다. 위험한 상황에 놓인 사람을 구하기 위해 초인적인 힘을 발휘하는 행동을 호르몬에 따른 과학이 아닌 쉽게 설명하기 힘든 인간의 본능으로 여기는 것도 마찬가지다. 연구자들은 왜 대중이 심리학을 과학으로 받아들이지 못하는지에 대하여 다양한 관점에서 연구하고 있지만, 아직 그에 대한 명확한 답을 꺼내지 못했다. 어쩌면 그것이 사람의 마음이며, 심리학의 진정한 매력일 것이다.

사회가 복잡해질수록 사람들은 심리에 관심을 가진다. 우리나라의 경우 2000년대 초중반부터 심리학 관련 도서가 급격히 증가하면서 심리학이 연구자의 영역이 아닌 대중의 영역으로 들어왔다. 이후 심리학자가 쓴 에세이를 비롯해 심리학 관련 용어를 설명한 책이 쏟아졌고, 심리학은 본격적으로 대중과 함께 길을 걷게 되었다. 특히 몇 년 전부터 돈과 관련된 심리학 도서가 베스트셀러 최상단에 위치하면서 심리학에 대한 사람들의 관심은 지속해서 높아지고 있다.

그럼에도 우리는 심리학을 제대로 알지 못한다. 심리학은 인간에 관한 수많은 질문에 답하기 위해 생겨난 학문이다. 시중에서 쉽게 접할 수 있는 무료 MBTI 검사를 한 번 해 보았거나, 유명

심리학자가 쓴 에세이 한 권을 읽었다고 하여 심리학을 공부했다고 말하긴 어렵다. 적어도 심리학을 언급할 때 빠지지 않고 등장하는 인물은 누구인지, 심리학과 관련된 기본 용어는 무엇이 있는지, 그와 관련된 내용이 자기 삶에 어떻게 적용되고 있는지를 파악해야 한다.

이 책은 편향된 하나의 관점을 과학적으로 세세히 이야기하기보다 심리학에 관심 있는 독자들이 그때그때 필요한 내용을 편안하게 읽을 수 있도록 구성하였다. 프로이트, 아들러, 융 등 한 번쯤 들어 봤을 유명 심리학자의 이야기를 비롯해 최근에 많은 사람이 겪는 펫로스 증후군, 포모 증후군 등의 신비로운 이야기, 실물경제 및 현실 연애에 적용할 수 있는 휴리스틱, 오컴의 면도날, 오귀인 효과 등 다양한 내용을 담았다.

물론 이 책을 읽는다고 해서 심리학을 공부한다고 말하긴 어렵다. 책의 내용을 이해하고 그와 관련된 질문을 끊임없이 자신에게 던지고 답을 찾으려 노력해야 한다. 그러나 드넓은 심리학의 세계를 어렵지 않게 이해하고 받아들일 관문으로 볼 수 있다는 점에서 이 책이 주는 온전한 가치가 존재한다. 일상에서 밥 한 끼를 먹듯 가벼운 마음으로 365일 동안 하루에 하나씩 읽어 가다 보면, 자신도 모르게 인문 교양 지식이 증가해 있을 뿐 아니라 무언가를 판단하고 행동하는 데 도움을 받을 수 있을 것이다. 특히 하루에 책 한 장조차 보기 힘든 바쁜 현대인에게 심리학을 공부하는 가뭄의 단비 같은 역할을 할 수 있으리라 생각한다.

독자 여러분이 365일의 상차림을 만끽해 주시기를 바라 마지않는다.

2차원 콤플렉스 | 90:9:1 법칙 | APA | SVR 이론 | 가르시아 효과 | 가면 증후군 | 가스등 효과 | 각인 이론 | 간츠펠트 효과 | 갈라파고스 증후군 | 개빈 드 베커 | "거리에서 혁명이 일어나더라도 연구소에는 제시간에 도착하라." | 거울 자아 이론 | 걸맞추기 원리 | 게슈탈트 기도문 | 젤렌데 매직 | 경로 의존성 법칙 | 고든 올포트 | 고백 효과 | 고슴도치의 딜레마 | 고양이 걷어차기 효과 | 고전적 조건 형성 | 공돈 효과 | 공유지의 비극 | 과잉 적응 증후군 | 관람 효과 | "광신자는 어디에서 오는가? 대부분 창조적이지 못한 지식층에서 나온다." | 〈굿 윌 헌팅〉 | 권위 효과 | 권태기 | 귀인 이론 | 기펜의 역설 | 깨진 유리창의 법칙 | 〈꾸뻬 씨의 행복 여행〉 | "나는 내가 추구하고자 하는 바로 그것이다." | 나르시스 콤플렉스 | 나폴레옹 콤플렉스 | 남은 자의 증후군 | 넛지 효과 | 노시보 효과 | 단순 노출 효과 | "당신의 운명은 의식과 무의식이 합작한 결과이다." | 대니얼 골먼 | 대니얼 길버트 | 대니얼 카너먼 | 대조 효과 | 더 큰 바보 이론 | 더닝크루거 효과 | 딘바의 법칙 | 데이비드 마이어스 | 데이비드 번스 | 데이비드 웩슬러 | 도도새 효과 | 돈후안 증후군 | 디드로 효과 | 디아나 콤플렉스 | 떠벌림 효과 | 〈라쇼몽〉 | 램프 증후군 | 랭어의 실험 | 레밍 효과 | 레이니어 효과 | 로널드 데이비드 랭 | 로미오와 줄리엣 효과 | 로버스 동굴 공원 실험 | 로버트 치알디니 | 로젠탈 효과 | 로크 법칙 | 롤리타 콤플렉스 | 루안 브리젠딘 | 루키즘 | 루핑 효과 | 리마 증후군 | 리셋 증후군 | 리액턴스 효과 | 리플리 증후군 | 링겔만 효과 | 마법의 숫자 7 | 마태 효과 | 마틴 셀리그먼 | 막스 베르트하이머 | 맏딸 콤플렉스 | 말파리 효과 | 망각 곡선 연구 | 매몰 비용 오류 | 머피의 법칙 | 멀티 페르소나 | 매기 효과 | 메디치 효과

| 메살리나 콤플렉스 | 메시아 콤플렉스 | 면역 효과 | 모나리자 미소의 법칙 | 모차르트 효과 | 무가치 법칙 | 문간에 머리 들여놓기 | 문간에 발 들여놓기 | 뮌하우젠 증후군 | 므두셀라 증후군 | 미러링 효과 | 미로에 갇힌 쥐 실험 | 〈미저리〉 | 미켈란젤로 효과 | 미하이 칙센트미하이 | 밀턴 에릭슨 | 바넘 효과 | 반동 효과 | 반복 강박 | 발라흐 효과 | 방관자 효과 | 방사 효과 | 방아쇠 효과 | 배꼽의 법칙 | 배리 슈워츠 | 밴드왜건 효과 | 버러스 프레더릭 스키너 | 번아웃 증후군 | 베르테르 효과 | 베버-페히너의 법칙 | 베블런 효과 | 베스터마르크 효과 | 벤저민프랭클린 효과 | 벼룩 효과 | 벽에 붙은 파리 효과 | 변화 맹시 | 보사드의 법칙 | 보이지 않는 고릴라 | 보헤미안 콤플렉스 | 부메랑 효과 | 부분 강화 | "분석하지 말고 통찰하라. 첫 2초가 모든 것을 가른다." | 불리 효과 | 붉은 여왕 효과 | 뷔리당의 당나귀 | 〈뷰티 인사이드〉 | 브라잉 효과 | 〈블랙스완〉 | 블랭킷 증후군 | 비어 고글 효과 | 빅터 프랭클 | 빈 둥지 증후군 | 빌헬름 라이히 | 빌헬름 분트 | 사격수 게임 | "사람들은 한 극단에서 시작해 다른 극단으로 이동하며 삶의 여정을 마무리하는 경향이 있다." | 사랑의 삼각형 이론 | 사소함의 역설 | 사회 쇠약 증후군 | 사회 전염 | 사회적 증명 | 사회적 침투 이론 | 살라미 전술 | 살리에리 증후군 | 삶은 개구리 증후군 | 삼손 콤플렉스 | 상승 정지 증후군 | 상위 효과 | 상태 의존 학습 | 샌드위치 증후군 | 사르팡티에 효과 | 서브리미널 효과 | 선호 역전 | 설단 현상 | 성격의 5요인 | 소비자 잉여 | 소유 효과 | 소크라테스 효과 | "손해를 입을 사람들은 이득을 볼 사람들보다 훨씬 더 열심히 싸울 것이다." | 수면자 효과 | 슈퍼맨 콤플렉스 | 슈퍼우먼 증후군 | 스노브 효과 | 스마일 마스크 증후군 | 스탕달 증후군 | 스탠퍼드 감옥 실험 | 스텐저 효과 | 스톡데일의 역설 | 스톡홀름 증후군 | 스트루프 효과 | 스티그마 효과 | 스티븐 핑커 | 스포트라이트 효과 | 시간 수축 효과 | 시계 거꾸로 돌리기 연구 | 시스터

콤플렉스 | 신 콤플렉스 | 신 포도 기제 | 신데렐라 콤플렉스 | 신체 변형 장애 | 실수 효과 | 심리적 회계 | "심리학을 연구하려면 병든 사람만이 아니라 건강한 사람까지 연구해야 한다." | 쌍곡형 할인 | 아나 프로이트 | 아니무스 콤플렉스 | 아도니스 콤플렉스 | 아사세 콤플렉스 | 아포페니아 | 악마 연인 콤플렉스 | 악어 법칙 | 악의 평범성 | 안면 피드백 효과 | 알프레트 아들러 | 애빌린의 역설 | 애착 이론 | 액면가 효과 | 앨리스 증후군 | 앨버트 밴듀라 | 앨프리드 히치콕 | 앵커링 효과 | 야생마 엔딩 법칙 | 양 떼 효과 | 양가감정 | 〈양들의 침묵〉 | 언더도그 효과 | 언더마이닝 효과 | 에듀퍼리먼 증후군 | 에드워드 티치너 | 에리히 프롬 | 에릭 번 | 에릭 에릭슨 | 에릭 호퍼 | 에멘탈 효과 | 에이브러햄 매슬로 | 엘렉트라 콤플렉스 | 여왕벌 증후군 | 어키스도슨 법칙 | 열등 콤플렉스 | 영리한 한스 효과 | 오귀인 효과 | 오셀로 증후군 | 오이디푸스 콤플렉스 | 오컴의 면도날 | 〈오페라의 유령〉 | 올리버 색스 | 옴팔로스 증후군 | 〈완벽한 타인〉 | 왼쪽 자릿수 효과 | 요나 콤플렉스 | 욕구 상보성 가설 | "용기와 관심, 열린 생각이야말로 복종을 물리칠 수 있는 힘이다." | "우리 세대의 가장 위대한 발견은 인간이 마음가짐에서 태도를 바꿔 자신의 삶을 바꿀 수 있다는 것이다." | "우리가 진짜로 해야 할 것은 이로운 감정과 해로운 감정을 구분하는 것이다." | 우월 콤플렉스 | 원숭이 애착 실험 | 월렌다 효과 | 〈위플래쉬〉 | 윌리엄 제임스 | 율리시스의 계약 | 의미 포화 | 이마고 | 이사벨 브릭스 마이어스 | 이웃 효과 | 이카루스 콤플렉스 | 이케아 효과 | "인간은 늑대이기도 하고 양이기도 하다." | "인간은 미래를 생각하는 유일한 동물이다." | "인간의 마음은 빙산과 같다." | 〈인사이드 아웃〉 | 인지부조화

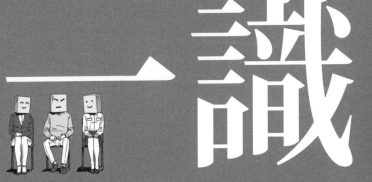

이론 | 일반 적응 증후군 | 임사 체험 | "입은 침묵해도 표정은 진실을 말한다." | 자기불구화 | 자메뷔 현상 | 자이가르닉 효과 | 잔물결 효과 | 장 피아제 | 점화 효과 | 조지 카토나 | 〈조커〉 | 조하리의 창 이론 | 존 가트먼 | 존 왓슨 | 죄수의 딜레마 | 줄리의 법칙 | 지그문트 프로이트 | 지적 콤플렉스 | 집단 극화 | 착한 아이 증후군 | 착한 여자 콤플렉스 | 창꼬치 증후군 | 처분 효과 | "천장만 높아져도 관점이 넓어질 수 있다." | 초두 효과 | 초인종 효과 | 최근성 편견 | 최신 효과 | 최후통첩 게임 | 치킨 게임 | 침묵 효과 | 침묵의 나선 이론 | 카를 융 | 카멜리아 콤플렉스 | 카산드라 콤플렉스 | 카인 콤플렉스 | 칵테일파티 효과 | 칼 로저스 | 칼리굴라 효과 | 〈캐스트 어웨이〉 | 컨벤션 효과 | 컬러 배스 효과 | 〈케빈에 대하여〉 | 코르사코프 증후군 | 쿠르트 레빈 | 쿠바드 증후군 | 쿠키 몬스터 실험 | 쿨레쇼프 효과 | 쿨리지 효과 | 크랩 멘탈리티 효과 | 크레스피 효과 | 〈크리미널 마인드〉 | 통제의 환상 | 퇴행 효과 | 트롤리 딜레마 | 〈트루먼 쇼〉 | 티핑 포인트 | 파놉티콘 효과 | 파랑새 증후군 | 파에톤 콤플렉스 | 파킨슨의 법칙 | 파파게노 효과 | 팻 로스 증후군 | 편견 효과 | 평강공주 콤플렉스 | 〈포레스트 검프〉 | 포모 증후군 | 폰 레스토프 효과 | 폴리아나 효과 | 풍선 효과 | 프랑켄슈타인 콤플렉스 | 프레이밍 효과 | 프로메테우스 콤플렉스 | 프로크루스테스 콤플렉스 | 프로테우스 효과 | 프리츠 펄스 | 플라세보 효과 | 플린 효과 | 피그말리온 효과 | 피크엔드 법칙 | 피터의 원리 | 피터팬 증후군 | 핑크렌즈 효과 | 하워드 가드너 | 하인리히 법칙 | 하인츠 딜레마 | 학습된 무기력 | 한계 초과 효과 | 한스 아이젱크 | 〈해리가 샐리를 만났을 때〉 | 햄릿 증후군 | 행동 점화 | "행복해서 웃는 것이 아니고, 웃기 때문에 행복하다." | 허니문 효과 | 허위 합의 효과 | 헤라클레스 효과 | 현저성 효과 | 호손 효과 | 호혜의 법칙 | 화폐 착각 | 확증 편향 | 후광 효과 | 휴리스틱 | 희귀성의 법칙 | 힉의 법칙

2차원 콤플렉스

二次元コンプレックス, Nijikon

현실의 사람들보다 애니메이션이나 만화에 등장하는 캐릭터에게 매력을 느끼는 심리를 말한다. 1970년대 일본에서 유래된 것으로 정신의학으로 인정되는 개념은 아니다. 특정 대중문화에 몰두하는 취미를 가진 사람들을 뜻하는 '오타쿠' 문화 장르에서 주로 보인다고 알려졌다. 콤플렉스의 원인으로 가상세계의 매력적인 캐릭터가 현실의 사람보다 이상적인 형태에 가까우며, 현실에서의 연애를 귀찮아하기에 발생한다고 여긴다. 일반적으로 취향의 영역에 머물지만, 콤플렉스가 심할 경우 성도착증에 가까운 형태를 보이기도 한다.

tip

2017년 일본 기업 GateBOX에서 만화 캐릭터와 결혼한 직원에게 혼인증명서를 만들어 주는 이벤트를 열었다. 비공식적으로 약 4000명에 가까운 사람들이 관련 증명서를 신청했다고 한다.

90:9:1 법칙

90:9:1 Rule

90:9:1

인터넷 사용자의 정보 창출 및 참여도를 나타낸 법칙이다. 덴마크의 인터넷 전문가인 야코브 닐센이 개념을 확립하면서 널리 알려졌다. 인터넷 사용자의 90%는 단순 관망하며, 9%는 재전송이나 댓글로 확산에 기여하고, 1%는 콘텐츠를 창출한다는 것이다. 그는 인터넷에서 쌍방향의 원활한 소통이 이루어지는 것이 아닌 대부분의 사용자가 게시된 정보에 대한 비판이나 참여 없이 일방적으로 관망만 함으로써 참여 불균등이 심화한다고 보았다. 1%가 만든 콘텐츠가 90%에 의해 빠르게 확산된다는 점을 사회문제로 지적하기도 했다. 이는 SNS의 발달로 더욱 심화되고 있다.

APA

American Psychological Association

1892년 미국 클라크대학교에서 30여 명의 석학들이 모여 설립한 미국심리학회APA는 미국의 심리학을 상징하는 학회이다. 전문가의 교류 및 학술 활동을 촉진하여 심리학의 발전 및 심리 서비스 향상을 목표로 둔다. 미국에서 최초의 심리학 실험실을 설립한 그랜빌 스탠리 홀이 초대 학회장을 역임했으며, 제2차 세계대전 이후 심리학자들이 활발하게 활동하면서 이 시기를 기점으로 급속도로 성장했다. 현재는 일반심리학, 발달심리, 임상심리, 교육심리 등 총 54개의 분과를 가지고 있으며, 약 12만 명의 회원이 있다.

tip

논문의 APA 양식(APA Style)이란 APA에서 규정한 출처 표기 방식이다. 사회과학 분야에서 주로 사용되지만 자연과학 분야나 다른 학문 분야에서도 사용된다.

SVR 이론

Stimulus-Value-Role theory

사람이 누군가를 만나 어떠한 과정을 거쳐 결혼하기까지의 과정을 단계화한 이론으로, 사회심리학에서 언급하는 연애 단계설의 주요 이론 중 하나이다. 1984년 미국의 사회심리학자 버나드 머스타인이 주장했다.

자극을 뜻하는 S(stimulus)는 만남부터 연애 초기의 단계이다. 서로를 잘 알지 못하는 단계로서 상대방의 외모, 목소리, 성격 등 겉모습이나 평판에 자극을 받는 경우가 많다. 그렇기 때문에

상대의 관심을 유도할 수 있게 외모를 꾸미는 경우가 많다. 늘 새로운 사랑을 갈망하는 사람은 대부분 S 단계에 머물게 되며, V(value)나 R(role)로 넘어갈 수 없기에 상대의 깊은 내면을 발견하지 못한다. 무거운 책임감보다는 가벼운 감정으로 상대를 대한다.

가치를 뜻하는 V는 연애 기간이다. 취미, 가치관, 태도, 생각 등 상대의 내면을 조금씩 바라보기 시작한다. 자신과 비슷한 부분을 발견하면 유사성의 원리가 발생하여 상대에게 더욱 끌리게 된다. S 단계에서 받는 자극이 그다지 중요하지 않게 된다.

역할을 뜻하는 R은 교제의 최종 단계로서 이때부터 역할 분담을 고민하기 시작한다. 두 사람이 같은 역할에 충실하면 연애는 깨질 수 있다. 서로의 역할을 이해하고 보완하는 과정이다.

세 단계를 넘어서면 결혼 혹은 행복한 가정이라는 최종 목적지에 닿을 수 있다. 다만 각 단계에는 방해 요소가 있다. 특히 V에서 R로 넘어갈 때 외부의 방해가 심할 수 있다. 그 과정을 슬기롭게 대응해 나가는 것이 중요하다.

가르시아 효과
Garcia effect

특정 음식을 기피하는 사람들이 있다. 못 먹기보다는 안 먹는 쪽에 가까운데, 대개 과거에 겪은 부정적 경험이 기억에 남아 있기 때문이다. 예를 들어 알레르기 때문에 우유나 해산물 등을 못 먹기도 하지만, 우유나 해산물 등을 먹을 때마다 구토나 복통 같은 경험이 있다면 다음부터 의도적으로 그 음식을 기피하려 한다. 이러한 현상을 가르시아 효과라고 한다. 한 번의 경험으로 발생하기도 하지만, 대체로 반복적 학습으로 특정한 반응을 유발하는 만큼 고전적 조건 형성classical conditioning의 사례 중 하나로 본다.

가르시아 효과는 미국의 심리학자 존 가르시아가 실험을 통해 입증했다. 쥐에게 사카린이 들어 있는 물을 준 뒤 그룹에 따라 80%, 40%, 10% 감마선을 쬐게 했다. 일정 시간이 지난 뒤 방사선을 많이 쬔 그룹의 쥐들은 복통과 구토를 경험했다. 이후 쥐에게 사카린이 들어 있는 물을 다시 주었으나 복통과 구토를 경험한 쥐는 그 물을 마시지 않았다. 복통의 원인을 방사선이 아닌 사카린이 들어간 달콤한 물에서 찾았기 때문이다. 달콤한 물에 대해 미각적 혐오가 생긴 것이다. 이는 모든 생명체가 가진 생존을 위한 본능적 행동에 가깝다. 음식이 원인이 아닐지라도 자신에게 해롭다고 판단되면 멀리하는 것이 생존 확률을 높이는 데 도움이 되는 것이다. 가르시아의 연구는 주변의 배려가 삶의 질을 효과적으로 높일 수 있을지를 보여 주기도 한다.

day
06

가면 증후군

Impostor
syndrome

心

　　뉴질랜드의 제40대 총리 저신다 아던은 37세의
나이에 총리에 당선된 뒤 합리적이며 포용적인 정치로 대중의 호
응을 얻었다. 또한 코로나19에 대한 뛰어난 대응으로 리더십을 확
고히 했으며, 세계적인 학술지 『네이처』에서 선정한 2020년 「올
해의 10대 과학 인물」에 정치인 가운데 유일하게 선정되었다. 한
편 세계적인 배우 내털리 포트먼은 하버드대학교에서 심리학을
전공하고 6개 국어를 구사한다고 알려져 있다. 그런데 이처럼 뛰
어난 업적과 능력을 지닌 두 사람이 정신 건강 상담자와의 인터
뷰와 하버드대학교 강연에서 자신의 능력에 대한 불안감을 고백
하며 가면 증후군을 겪었다고 토로했다.

　　자신의 성공이 노력이 아닌 운과 우연으로 얻어졌다 생각하
고 지금까지 주변 사람들을 속였다고 여기며 불안해하는 증상을
가면 증후군이라고 말한다. 자신을 자격 없는 사람 혹은 사기꾼
이라고 생각한다고 해 사기꾼 증후군으로도 불린다. 이 용어는
1978년 미국의 심리학자 폴린 클랜스와 수전 임스가 쓴 논문에서
처음 사용됐다. 이와 관련한 초기 연구는 대부분 여성에게 집중
되었다. 여성들은 정당하게 얻은 학위, 학업 성과, 높은 시험 성
적 등을 자신의 능력이 아닌 선발 과정상의 착오나 남들의 과대
평가 같은 외부 요인 때문이라고 생각하는 경향이 더 컸다. 이후
이러한 증상이 인종, 성별, 나이에 상관없이 두루 퍼져 있음이 밝
혀졌는데, 특히 성공한 리더에게 주로 나타났다.

　　증상의 원인으로는 타인에게 과도한 기대를 받거나, 실패에

대한 두려움이 높은 사람이 최악의 상황을 마주했을 때 받을 수 있는 심리적 충격을 사전에 완화하려는 방어기제의 한 측면을 들 수 있다. 과정보다 결과를 중요히 여기거나, 경쟁적인 학업 분위기의 가정에서 자랐다면 증상의 발생 확률이 높다고 알려졌다.

증상을 겪는 사람들은 대개 성실하고 근면하다는 특징이 있는데, 이는 신경과민으로 이어져 수면 장애, 탈진을 불러일으키고, 에너지를 과다하게 소진하여 번아웃을 빠르게 불러올 수 있다. 자신의 가면이 벗겨질지 모른다는 긴장과 불안을 가진 채 살아야 하는 고통을 겪는 것이다.

심리학자들은 있는 그대로의 자신을 사랑하며 자존감을 키우는 것을 가장 우선으로 삼아야 한다고 말한다. 결과가 운과 우연만이 아닌 자신의 오랜 노력에 기반을 두었음을 스스로 인지해야 하며, 혹여 자신의 부족한 부분이 드러난다고 해도 그에 좌절하지 말고 개선하는 과정으로 여기는 태도가 필요하다는 말이다. 남에게는 관대함을 유지한 채 자기 자신에게 요구하는 완벽의 기준을 조금만 낮춘다면 우리는 조금 더 평안한 삶을 살아갈 수 있을 것이다.

가스등 효과

Gaslight effect

자신이 원하는 목적을 이루기 위해 상대방을 위한다는 명목으로 상대방의 생각과 행동을 조종하려는 현상을 일컫는다. 대중에게는 '가스라이팅'으로 더 알려진 이 용어는 2001년 미국의 정신분석가 로빈 스턴 박사가 쓴 『그것은 사랑이 아니다』(알에이치코리아, 2018)에서 처음 언급되었다. 1938년 연극 〈가스등 Gas Light〉에서 착안한 용어이다. 이후 1944년 잉그리드 버그만이 주연한 동명의 영화를 통해 널리 알려지게 되었다.

이 효과는 연인, 가정, 학교, 직장 등 서로 밀접하거나 친밀한 관계에서 주로 발생한다. 가해자는 상대의 심리나 상황을 교묘하게 조작하여 현실감과 판단력을 잃게 만든다. 정신적으로 피폐해진 상대는 가해자의 생각에 동조하며, 더욱 의존하게 된다. 가해자는 거칠고 억압적으로 상대를 대하기도 하지만, 그 누구보다 헌신적이고 다정한 사람처럼 보이도록 연기한다.

가장 무서운 점은 상대를 위한다는 명분으로 진행하기에 가스라이팅을 당하고 있음에도 스스로 인지하지 못하는 것이다. 이러한 부분이 지속되면 우울증을 비롯해 외상 후 스트레스 장애PTSD를 겪기도 한다.

이 효과의 함정에 빠지지 않으려면 둘의 관계를 명확히 하여 왜곡과 진실을 구분해야 한다. 스스로 당하고 있다고 판단되면 상대와 멀어짐과 동시에 자신의 감정과 욕구를 깊게 탐색하는 시간을 가져야 한다. 이를 통해 자신의 삶에서 중요한 것이 무엇인지를 발견할 수 있다.

Gaslighting

각인 이론

Imprinting theory

오스트리아의 동물학자 콘라트 로렌츠는 부화 직후의 오리, 거위 등 조류에게 13~16시간 사이에 움직이는 물체를 일정 시간 보여 주면 마치 그 물체가 어미인 양 성체가 될 때까지 따라다니는 현상을 각인이라 칭하고, 이것이 사람에게도 적용된다고 보았다. 생후 초기 제한된 기간 내에 부모로부터 각인된 말과 행동은 성인이 된 후의 성격, 가치관 등에 중요한 영향을 미치게 되는데, 각인되는 결정적 시기 이전이나 이후에 노출된 대상에게는 해당하지 않는다. 혹여 그 시기에 아이가 본인의 질병, 부모의 문제 등으로 기회를 상실하면 오히려 애착 관계에 문제가 생긴다고 보았다. 각인 이론은 상대적으로 학습과 경험의 역할을 무시한다는 측면과 제한된 기간이 언제인지 불확실하다는 점에서 비판의 여지를 두었다.

day 09

간츠펠트 효과
Ganzfeld effect

독일의 심리학자인 볼프강 메츠거가 소개한 개념으로 외부에서 눈을 통해 들어오는 시각 정보를 완전히 차단했을 때 환영, 환각을 경험하는 현상을 말한다. 뇌는 외부에서 시각적 자극이 주어지지 않으면 혼란에 빠져, 이를 보완하기 위해 신경에 전달되는 자극을 증폭하여 해석함으로써 환각 현상을 일으킨다. 간츠펠트 효과의 한 예로 2006년 영국 방송사인 BBC는 건강한 지원자를 모집 후 빛과 소리가 완전히 차단된 독방에서 48시간을 보내도록 하는 실험을 했다. 피험자들은 끊임없이 환각 현상에 시달렸으며, 지속된 불안으로 잠도 제대로 자지 못했다. 48시간 후 피험자들의 기억력은 눈에 띄게 저하되었고, 계산 능력 또한 현저히 떨어졌다.

갈라파고스 증후군
Galápagos syndrome

찰스 다윈은 남태평양에 있는 갈라파고스 제도에서 다른 대륙의 생물에 영향을 받지 않고 스스로 진화한 고유종固有種을 발견했다. 그런데 이후에 다른 지역에서 외래종이 들어오자 면역력이 약한 고유종은 다수가 멸종했다. 이에 빗대어 국제 표준의 변화 등을 고려하지 않고 내수 시장만 고집하다가 세계 시장에서 고립되는 현상을 갈라파고스 증후군이라 한다. 2007년 일본 게이오대학교의 나쓰노 다케시 교수는 최첨단 기술력을 보유했음에도 국내 소비자들에게 초점을 맞추면서 1990년 이후부터 국제 영향력이 점차 줄어든 일본의 IT 업계를 고유종과 같다고 보았다. 이러한 현상은 생각과 행동 사이에서 불일치가 생기면 자신에게 유리하게끔 왜곡하는 인지부조화의 한 측면으로 볼 수 있다.

tip
독자적인 시스템을 쓰고도 세계 시장에서 위상을 펼치는 대표적인 기업으로 애플을 들 수 있다.

Gavin de Becker

day
11

개빈 드 베커

1954년 미국에서 태어난 개빈 드 베커는 폭력 예측 및 조절 분야의 선두주자로 손꼽힌다. 그는 어린 시절 어머니가 아버지에게 총을 쏘는 모습, 동생이 폭행을 당하는 장면 등을 목격하며 자랐다. 드 베커는 이러한 환경을 통해 폭력에도 경향과 유형이 있음을 깨달았다. 1998년 출간한 저서 『서늘한 신호』(청림출판, 2018)에서 그는 특정인이 아닌 모든 사람에게 범죄 심리가 있다고 보았으며, 이 심리가 행동으로 이어질 수도 있다고 말했다. 또한 최첨단 경보 장치보다 인간의 직관(혹은 육감)이 범죄를 예방하는 좋은 방법이 될 수 있다고 밝히며, 직관을 단순한 느낌이 아닌 선천적 경보 체계로 여겼다.

"

거리에서
혁명이
일어나더라도
연구소에는
제시간에
도착하라.

"

(心)

　　파블로프의 개 실험으로 유명한 러시아의 생리
학자인 이반 파블로프는 사랑하는 아내와 떨어져 지내야 할 만
큼 가난하고 힘든 상황에서도 연구에 대한 열정의 끈을 놓지 않
았다. 자신에게 매우 엄격했으며 시간관념이 철저했고, 자기 밑
에서 공부하는 수많은 학생과 함께하는 연구원에게도 엄격한 규
율을 준수하도록 했다. 이러한 성실과 열정이 있었기에 그는 행
동주의뿐만 아니라 과학의 발전에 크게 기여할 수 있었다.

....

tip

파블로프가 연구에 몰두할 수 있었던 이유 중 하나는 권력욕과 명예욕이 특출나지
않았기 때문이다. 정치와는 거리를 두었으며 수많은 연구 업적을 자신에게 헌신한
아내인 세라피마에게 돌렸다.

거울 자아 이론
Looking-glass self theory

세계적인 화가 빈센트 반 고흐는 모델료를 지급할 경제적 여력이 안 되었던 탓에 자화상이 많은 편이다. 반 고흐는 거울을 바라보며 자신을 그리기 시작했고, 자연스럽게 '나는 누구인가'를 자문하며 스스로 성찰하려 노력했다. 미국의 사회학자 찰스 쿨리는 거울 자아 이론을 통해 타인의 시선과 기대가 거울의 역할을 한다고 보았다. 거울을 보며 외모를 가꾸고 정비하듯 다른 사람의 시선과 평가를 거울삼아 자신의 인격을 형성하고 자아를 형성해 간다는 것이다.

거울 자아는 크게 세 단계로 나뉜다. '인식의 단계'에서는 다른 사람의 눈에 비친 자신의 모습을 상상하며 스스로 성찰하려 한다. '평가의 단계'에서는 성찰한 자신의 모습을 다른 사람들이 어떻게 생각하고 평가할지 상상한다. '변화의 단계'에서는 다른 사람들이 생각한 자신을 어떻게 바꿀 수 있을까 고민하며 변화를 모색한다. 이 과정에서 다른 사람이 나의 행동을 긍정적으로 인정하면 긍정적으로 받아들인다. 반면 부정적으로 평가한다고 느껴지면 부정적으로 자아상이 형성되거나 이를 개선하려 노력한다.

이 이론의 대표적인 예로 SNS를 들 수 있다. 처음에는 자신의 추억을 남기기 위해서 SNS를 시작하던 사람이 어느 순간 타인이 누른 '좋아요'와 댓글을 보고 그들의 기대에 부합하려 노력한다. 원래 SNS를 하려던 목적과는 다른 방향으로 흘러가게 된다. 타인의 기대와 응원은 자신에게 긍정적인 영향을 줄 수 있지만, 정체성에 혼란을 주는 부정적인 영향을 끼칠 수도 있다.

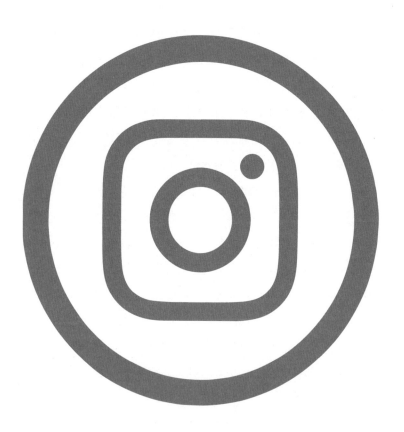

결맞추기 원리

Matching principle

자신이 자주 만나는 사람들을 둘러보면 외모건 성격이건 자신과 일부 유사한 부분이 있음을 발견할 수 있다. 자신과 정반대인 사람과 친할 수도 있지만 일부에 가깝다. 오랜 연구를 통해 인간은 자신과 비슷한 사람에게 끌린다는 것이 증명되었다. 특히 외모, 교육 수준, 인종, 종교 등이 중요한 요소라고 한다. 이처럼 자신의 가치관, 태도, 성향 등과 비슷한 사람에게 호감을 느끼는 것을 결맞추기 원리라고 부른다.

이러한 원인으로는 무의식에서 나오는 인간의 본능 같은 습성을 들 수 있다. 미국의 심리학자 돈 번은 실험 참가자들에게 사람의 성향을 판단할 수 있는 설문지를 작성하게 했다. 설문지 작성 후 대기 중인 사람에게 맞은편에 앉은 참가자가 작성한 설문지라 말하며 그 사람의 인상을 물었다. 설문지는 사전에 조작되었다. 그 결과 성향과 태도가 비슷한 비율이 높을수록 상대에 대한 호감이 높아졌다. 성장 환경, 성별, 나이에 상관없이 여러 집단에서 비슷한 결과를 얻었다. 이 밖에도 미국의 심리학자 아얄라 말라크 파인스는 자신과 성격이 비슷한 사람은 자기 성격의 안정성을 유지하는 데 도움을 준다고 보았다.

걸맞추기 원리에서 가장 핵심은 역지사지易地思之이다. 어떠한 상황에 부딪쳐도 유사한 사람끼리는 그 사람의 입장이 되어서 공감해 줄 수 있다. 서로 공감을 하는 것만으로도 관계를 깊게 발전시켜 나갈 수 있다.

....

tip

부부는 살아가며 점점 닮는다고 한다. 그러한 원인으로 동일한 식단 및 기후와 더불어 같은 정서를 느끼는 것을 꼽는다. 같은 정서는 비슷한 표정을 짓게 하여 결국에는 닮은 외모로 만들어 가는 것이다.

게슈탈트 기도문

The Gestalt prayer

心

　　　'게슈탈트 치료법'의 창시자인 프리츠 펄스가 1969년에 쓴 시이다. 게슈탈트Gestalt는 독일어로 형태, 구조, 이미지 등을 뜻하며, 게슈탈트 치료법은 인본주의에 기반을 두어 '지금-여기'에 집중하여 내담자의 지각에 초점을 맞추는 심리 치료법이다. 기도문은 타인을 통해 욕구를 충족할 것이 아니라 자신의 욕구에 따라 살아야 한다고 말한다.

I do my thing and you do your thing.

I am not in this world to live up to your expectations,

And you are not in this world to live up to mine.

You are you, and I am I,

and if by chance we find each other, it's beautiful.

If not, it can't be helped.

나는 나의 일을 하고 당신은 당신의 일을 합니다.

나는 당신의 기대에 부응하기 위해 이 세상에 있지 않습니다.

당신도 나의 기대에 따르기 위해 이 세상에 존재하지 않습니다.

당신은 당신이고, 나는 나입니다.

우연히 우리가 서로를 발견한다면 그것은 아름다운 일입니다.

만약 그렇지 않다면 그 또한 어쩔 수 없는 일입니다.

겔렌데 매직

Gelände magic

스키장에서 만난 이성이 더 매력적으로 보이는 현상을 말한다. 겔렌데Gelände는 스키장에서 스키를 탈 수 있도록 정비해 놓은 곳으로 슬로프slope의 독일어이다. 이러한 현상이 발생하는 데는 심리적, 시각적 효과를 들 수 있는데, 심리적으로는 일상의 공간을 벗어나는 데서 오는 기대감, 설렘이 있다. 더불어 스키, 보드와 같은 격한 운동을 하는 사람들은 동일한 흥분과 긴장을 공유하며 서로 유대감을 가진다. 시각적으로는 설면의 빛 반사와 야간의 조명으로 인해 미백 효과가 발생하며, 스키장의 낮은 기온으로 인해 얼굴에는 홍조가 떠오른다. 즉 설원의 분위기가 단점은 가려 주고 장점을 부각한다.

경로 의존성 법칙

Law of path dependency

우리가 알고 있는 키보드의 영어 자판 배열은 'QWERTY' 순서이다. 이 배열은 1868년 발명된 수동식 타자기에서 시작되었으며, 당시 타자기를 빨리 치면 타자기의 봉이 튀어나와 서로 엉키게 되는 현상을 방지하기 위해 고안되었다. 이후에 컴퓨터의 성능이 발달함에 따라 고속으로 타자를 쳐도 봉이 엉키지 않게 되었으며, 1982년 미국표준협회ANSI에서는 새 자판 체계를 발표했다. 그러나 사람들은 이미 익숙해져 버린 불편을 고수했다. 이처럼 처음 만들어진 경로에 의존하기 시작하면 시간이 흘러 그 경로가 비효율적이란 사실을 알고도 벗어나지 못하는 경향을 경로 의존성 법칙이라 말한다. 미국 스탠퍼드대학교의 폴 데이비드 교수와 산타페연구소 브라이언 아서 교수가 명명했다.

사람들은 시대가 변하며 자신 또한 변화에 순응해야 할 수도 있음을 인식하면서도 오랫동안 몸에 밴 익숙한 불편을 선호해 어떠한 직접적인 피해가 오지 않는다면 경로 의존성을 유지하려 한다. 익숙함이 내성이 되어 버린 것이다. 이는 여러 선택지 중에 효율적인 답안을 선택하려는 성향과는 다소 거리가 있다.

기존의 경로를 벗어나는 것을 정답이라 말할 순 없다. 다만 시간이 흐를수록 경로를 변경하기 위해서는 더 많은 노력과 비용이 필요할 수 있음을 인지하는 것이 좋다. 만약 어떠한 이유로 경로를 전환했다면 자신의 선택을 믿고 앞으로 전진하는 용기가 필요하다.

Gordon Allport

고든 올포트

미국의 사회심리학자 고든 올포트는 성격심리학의 창시자 중 한 명으로 불린다. 30여 년 동안 하버드대학교에서 심리학 교수로 지내며 개인의 성격과 사회문제를 연구했다. 오스트리아 빈에서 정신분석의 대가인 지그문트 프로이트를 만나 이야기를 나누었으나 정신분석에 대한 감명보다는 한계점을 깨닫고 비판의 시선을 가졌다고 알려졌다. 그는 인간의 무의식에 자리 잡은 보이지 않는 무언가를 밖으로 꺼내기보다는 겉으로 보이는 의식, 동기 등을 연구하는 것을 의미 있게 여겼다. 또한 인간의 행동이 효과의 법칙으로는 설명이 힘들다고 말하며, 인간을 이해하기 위해서는 고찰이 필요하다고 주장했다.

올포트의 대표적인 이론으로는 특질 이론trait theory을 들 수 있다. 이 이론은 성격의 개인차를 인정하고 그 차이를 측정하는 방법에 초점을 둔다. 특질을 어떤 문화에 속한 많은 사람이 보편적으로 가지는 '공통 특질'과 개인마다 독특하게 나타나는 '개인 특질'로 구분하고, 한 개인을 정의하는 데 필요한 단어가 4000개 이상이라고 보았으며, 개인 특질을 다시 지배적 특질, 중심 특질, 보조 특질(혹은 이차적 특질)로 나누었다.

올포트의 이론은 지나치게 개인의 특성에만 집중한 나머지 다른 외적인 것을 소홀히 했다는 점에서 한계를 가진다고 본다. 그러나 성격 분야에서 선구적인 역할을 맡아 인간에 대한 이해도를 한층 높였다는 점에서 심리학에 많은 공헌을 했다고 볼 수 있다.

고백 효과

Confession effect

사람들은 조금씩 죄의식을 가지고 살아간다. 범죄를 저질렀다기보다는 대체로 누군가를 도와주지 못했거나, 누군가에게 손해를 입혔다고 생각하기 때문이다. 그러한 죄의식을 덮기 위해 타인에게 선행을 베풀기도 한다. 그런데 자신의 죄를 누군가에게 고백하면 죄의식이 가벼워져 타인을 돕는 행동이 줄어든다. 이러한 심리 현상을 고백 효과라고 부른다. 사람의 마음에 존재하는 죄의식이 사회에 선행을 유발하는 동기로 작용하지만, 누군가에게 자신의 죄를 고백하면 용서를 받았다고 스스로 합리화한다. 그 순간 선행 동기가 사라지는 것이다.

tip

가톨릭 신자가 신부에게 자신의 죄를 고백하고 용서받는 일을 뜻하는 고해성사를 영어로 'confession'이라 한다.

고슴도치의 딜레마

Hedgehog's dilemma

추워서 난로와 맞닿을 정도로 가까이 다가서면 화상을 입을 수 있다. 그렇다고 멀리 떨어지면 온기가 느껴지지 않는다. 우리는 자연스럽게 따뜻하면서 다치지 않을 거리를 찾는다. 살아가며 필수로 여기면서도 가장 어렵다고 느끼는 인간관계도 마찬가지다. 상대와 너무 가까우면 편해진 탓에 의도치 않게 상처를 입을 수 있고, 멀면 외로움을 느낀다. 애석하게도 난로와 달리 사람과 적정한 거리를 찾기란 쉽지 않다.

독일의 철학자 쇼펜하우어는 저서 『쇼펜하우어의 행복론과 인생론』(을유문화사, 2023)에서 이러한 인간의 애착 형성의 어려움을 고슴도치의 딜레마라 칭했다. 고슴도치들이 추운 날씨에 온기를 나누려고 모이지만, 날카로운 가시 때문에 일정 거리를 두어야 하는 현상에 빗대어 설명한 것이다. 이후 프로이트가 1921년에 출간한 그의 저서 『집단 심리학과 자아 분석』에서 쇼펜하우어의 이야기를 각주로 인용하면서 심리학의 영역으로 인정되었다. 프로이트는 고슴도치의 딜레마가 없는 관계는 어머니와 아들뿐이라고 보았다.

모든 사람은 저마다 뾰족한 가시 하나쯤은 가지고 있다. 내가 일방적으로 건네는 온기가 가시가 되어 상대를 찌를 수 있다. 상대를 존중하고 배려하는 게 중요하다. 스스로의 자립과 상대와의 일체감이라는 두 개의 욕구 사이에서 균형점을 찾는 방법 중 하나이다.

고양이 걷어차기 효과

Kick the cat effect

　　어떤 상황으로 인해 생긴 분노나 스트레스를 길
거리에 있는 고양이와 같이 상황과 무관한 대상에게 표출하는
현상을 말한다. 분노를 던진다고 하여 화 던지기라고도 한다. 나
쁜 감정이 또 다른 나쁜 감정으로 전염되는 경우는 주변에서 심
심치 않게 볼 수 있다. 한 예로 회사의 사장이 매출 하락을 이유
로 부장을 나무라면, 부장은 사무실로 돌아와 팀장에게, 팀장은
대리, 대리는 사원, 사원은 신입사원에게 작은 이유를 들어가며
분노를 이어 가는 경우가 있다.

　　부정적인 감정을 제때 해소하지 못하면 그 감정은 타인에게

전달된다. 스스로 티를 내지 않는다고 생각해도 자세, 표정, 몸짓에서 드러나기 마련이고, 자신도 모르는 사이에 상대에게 감정이 옮겨진다. 이런 전달은 대부분 사회적 지위가 높은 사람에게서 낮은 사람에게로 혹은 강자에게서 약자에게로 이루어진다. 그리하여 뒹굴다가 뜬금없이 걷어차인 고양이나, 들어온 지 며칠도 안 된 신입사원은 최약자로서 부정적 감정 받이가 된다.

하나의 감정이 타인에게 연쇄적으로 이어지는 것은 자연스러운 일이다. 심리학자들은 부정적인 감정이 바이러스처럼 다른 사람의 마음에 빠르게 침투한다고 한다. 이 또한 자연스러운 현상이지만 지속을 끊을 필요가 있다. 이러한 현상은 몸과 마음에 크고 작은 손상을 입히고, 더 나아가 병들게 한다. 부정적 감정은 감정을 이성으로 통제하는 전두엽과의 연결 통로가 약해져 감정조절이 제대로 안 되면서 발생한다. 부정적 감정을 순간의 의지로 손쉽게 끊기란 여간 어려운 일이 아니다. 그럼에도 우리는 자신과 상대를 위해서 노력해야 한다.

스스로 감정을 조절하고 통제하는 법을 알고, 자신의 감정이 무엇인지 들여다봐야 한다. 진짜 감정이 무엇인지 아는 것이 중요하다. 다음으로 상대의 감정을 이해하려 해야 한다. 내가 분노를 표출했을 때 역지사지의 마음으로 상대가 어떤 상처를 받을지 한 번쯤 생각해 보는 것이다. 마지막으로 자신의 분노를 밖으로 표출할 통로를 찾아야 한다. 명상, 운동, 글쓰기 등 방법은 많다. 조금은 냉철하고 담담하게 그 순간을 넘어갈 수 있어야 한다. 감정이 태도가 되지 않도록 노력해야 한다.

고전적 조건 형성

Classical conditioning

특정 반응을 이끌어 내지 못하던 조건 자극이 그 반응을 무조건적으로 이끌어 내는 무조건 자극과 반복적으로 연합되면서 무조건 반응과 유사한 조건 반응을 일으키게 하는 원리를 말한다. 행동주의 심리학의 이론 중 하나로서 러시아의 생리학자인 이반 파블로프를 통해 알려졌다. 이 이론의 가장 유명한 실험으로 알려진 파블로프의 개 실험을 예로 들어 보자.

개가 먹이(무조건 자극)를 보면 침(무조건 반응)을 흘린다.
먹이(무조건 자극)를 줄 때 종(조건 자극)을 먼저 치고 준다.
일정 시간이 흐르면 종(조건 자극)만 쳐도 개가 침(조건 반응)을 흘린다.

고전적 조건 형성은 경험을 통해 학습하고 새로운 환경에 놓여도 이전의 경험을 통해 적응할 수 있음을 확인시켜 준다.

공돈 효과

House-money effect

心

　　가끔 옷에서 돈을 발견할 때가 있다. 분명 자신의 돈일 테지만 뭔가 공돈이 생긴 듯한 느낌이 든다. 만약에 그날 좋은 꿈까지 꿨다면 그 돈으로 평소에 잘 사지 않던 복권을 사려 할 것이다. 애석하게도 대부분 당첨과는 거리가 멀다. 도박에서도 이와 비슷한 경험을 할 수 있다. 돈을 따면 대부분 그 돈을 자신의 돈이 아닌 공돈으로 여긴다. 자연스럽게 그 돈을 도박에 건다. 벌면 좋고, 공돈이기 때문에 잃어도 괜찮다고 여기는 것이다. 이처럼 우연히 이익이 발생했을 때 이전보다 더 큰 위험을 감수하는 현상을 공돈 효과 혹은 하우스 머니 효과라고 한다. 미국의 경제학자 리처드 세일러가 명명했다.

　　투자심리학의 권위자인 존 노프싱어 교수는 이와 관련된 재미있는 실험을 진행했다. 동전을 던져서 앞면이 나오면 자신이, 뒷면이 나오면 상대가 이기는 게임이었다. 실험 결과 돈을 잃은 사람은 41%가 재도전했지만, 돈을 번 사람은 77%가 재도전했다. 즉 돈을 번 사람은 더 큰 위험을 감수하는 위험 추구 성향이 높아짐을 알 수 있다.

　　백화점 상품권은 공돈 효과를 적극 활용한 마케팅 기법이다. 예를 들어 20만 원 이상 물건을 구매하면 1만 원 상품권을 준다. 만약에 19만 원어치를 샀다면 상품권을 받기 위해 1만 원어치를 더 삼으로써 계획에 없던 소비를 진행한다. 1만 원 상품권도 대체로 나중에 백화점에서 사용하게 된다.

　　공돈이 더 많은 돈을 불러올 수 있지만, 조금 더 유용하게 사용하기 위해서는 욕심을 잠시 내려놓고 그 순간에 만족하는 자세가 필요하다.

공유지의 비극
The tragedy of the commons

누구나 자유롭게 사용할 수 있는 공공 자원에 어떠한 규칙이 없을 때 개인들이 공공 자원을 남용함으로써 고갈시키는 현상을 말한다. 미국의 생물학자 개릿 하딘이 『사이언스』에 발표한 논문을 통해 처음 언급되었다. 이 글은 당시 시장경제 중심이던 사상과 결이 달라 상당한 파급 효과를 불러왔다.

공유지의 비극은 본래 생태학적 의미로 접근했으나, 현재는 심리학, 경제학, 사회학 분야의 행동 분석에 사용된다. 대표적인 사례로 마을의 공동 목초지를 들 수 있다. 사람들은 공유지를 먼저 차지하는 사람이 더 큰 혜택을 본다고 생각하고, 더 많은 이득을 보기 위해 목초지에 자신의 가축을 더 많이 방목한다. 이는 자연스럽게 과도한 방목으로 이어져 목초지가 황폐해지고 결과적으로 가축이 소멸되는 비극을 낳는다. 이러한 기반에는 자신이 이익을 얻을 수 없더라도 다른 사람이 이익을 가져가면 나만 손해를 볼 수 있다는 타인에 대한 불신과 '나 하나쯤이야'라는 개인의 이기심이 놓여 있다.

하딘은 구성원 모두가 사용할 수 있는 공유지에서 보장되는 자유는 모두를 파멸로 이끈다고 주장했다. 학자들은 하딘이 잘 관리된 공유지가 아닌 아무나 쉽게 접근하는 공유지를 예로 들었다는 점 등을 비롯해 여러 한계점을 지적했다. 핵심은 비극이 항상 나타나지 않도록 해결할 수 있다는 것인데, 공유지의 비극을 해결하는 방법으로 정부의 규제, 사유권 확립, 공동체 구성원의 자율적 협조 등을 들었다. 어떤 방안이 좋은지에 대해서는 정답이 없다. 다만 무분별한 욕심이 모두에게 부정적인 결과를 가져다준다는 것은 변함없는 사실일 것이다.

과잉 적응 증후군

Workaholic

일을 강박처럼 여기며 과도하게 열심히 하는 사람이 있다. 이들은 대개 개인 생활을 희생하면서까지 직장이나 업무에 몰두한다. 인간관계도 원래 알고 지내던 가족과 친구가 아닌 일과 관련한 관계에 더욱 집중한다. 이러한 현상을 과잉 적응 증후군 혹은 워커홀릭Workaholic이라고 말한다. 워커홀릭은 미국의 심리학자인 웨인 오츠의 저서 『워커홀릭의 고백 Confessions of a Workaholic』에서 처음 명시되었다.

독일의 신경정신과 의사인 페터 베르거는 과잉 적응 증후군을 세 가지로 구분했다. 직장 혹은 일터에서 본인의 일을 마치고 귀가해도 다시 일하는 사람, 자신이 일에 빠진 사실을 인지하고 여가나 취미 활동을 즐기려 노력하는 사람, 어떤 일이든 가리지 않으며 건강은 생각하지도 않고 휴식 없이 일하는 사람이다.

과잉 적응 증후군 현상을 겪는 사람들은 한정된 시간 동안 엄청나게 많은 일을 처리해 내는 에너지를 가진 것으로 보이지만, 실상은 과도한 피곤과 스트레스에서 벗어나지 못한다. 이 증상을 겪는 사람들에게 비슷하게 발견되는 현상으로는 비만, 고혈압, 강박증, 심장마비, 이혼 등을 꼽을 수 있다.

일에 몰두함으로써 잡념에서 벗어날 수 있다. 또한 경쟁이 치열한 사회에서 일정 이상의 일에 에너지를 쏟는 것을 자연스러운 일로 여길 수 있다. 다만 그 과정이 내면적 충족을 위한 것인지 단지 사회에서 살아남기 위한 것인지를 돌이켜 볼 필요가 있다. 자신이 왜 이 일을 하는지에 대한 목적을 깨닫고 일을 해 나가는 게 중요하다.

관람 효과

Audience effect

　사람이 일, 운동, 작업 등을 위해서 어떤 행동을 할 때, 타인이 보고 있다는 사실에 심리적 영향을 받음으로써 그 행동의 양, 속도, 질 등에 변화를 일으키는 것을 말한다. 한 예로 스포츠 선수들이 인터뷰에서 경기장에 관중이 많이 찾아오면 그만큼 더 집중하여 좋은 결과를 낸다고 말하는 것을 들 수 있다. 그런데 행위자의 능력, 성격, 숙련도, 관람자와의 사회적 관계 등에 따라 효과가 다르게 작용하므로, 그 효과가 이득일지 손해일지 일률적으로 규정하긴 어렵다. 이 말은 행위의 종류에 따라 관중 효과, 관객 효과로도 불린다.

"
광신자는
어디에서
오는가? 대부분
창조적이지 못한
지식층에서
나온다.
"

길 위의 철학자로 불리는 에릭 호퍼는 광신자의 심리를 분석하려 노력했고, 이를 종교만이 아닌 민족운동, 사회혁명 등 대중운동의 영역으로 확대했다. 그는 광신자가 어떠한 이상이나 강령에 공감하기보다는 자기 과신과 현실을 혐오하는 데서 비롯된다고 보았다. 지식인은 대중운동이 일어나기 위한 기반을 닦는 사람으로서 사회집단이 지속해서 동기를 유발할 수 있게 한다. 다만 명예욕이 강한 지식인은 권력과 변절에 취약하여 광신자가 될 가능성이 제일 크다고 여겼는데, 그러한 인물로 히틀러, 레닌, 무솔리니, 로베스피에르 등을 들었다. 이러한 광신자들로 인해 대중운동은 극단적으로 이뤄지는 것이다.

〈굿 윌 헌팅〉
Good Will Hunting

　　〈굿 윌 헌팅〉은 1997년 구스 반 산트 감독이 제작한 영화로서 심리학을 이야기할 때 늘 언급되는 작품 중 하나이다. MIT 청소부인 월은 엄청나게 복잡한 문제도 쉽게 풀어낼 정도로 천재적인 두뇌를 가지고 있지만, 어린 시절의 상처가 트라우마로 남아 마음의 문을 굳게 닫은 채 세상을 삐딱하게만 바라보려 한다. 영화는 그러한 월이 심리학자 손을 만나면서 벌어지는 일을 담았는데, 심리 상담자와 내담자의 이상적인 관계를 잘 보여 준다. 상담자인 손은 내담자인 월에게서 예전의 자신의 모습을 발견한다. 그는 월이 자신의 이야기를 꺼낼 때까지 서두르지 않는다. 그저 공감하고 기다려준다. 내담자가 직면한 문제를 스스로 판단하고 처리하도록 도우려 하는 것이다. 월은 손의 노력으로 점점 마음의 문을 열고, 조금씩 변화를 마주하게 된다.

---

tip

손이 월에게 건네는 대사인 "네 잘못이 아냐(It's not your fault)"는 영화를 상징하는 대사이자 상담자가 내담자에게 건넬 수 있는 최고의 진심 어린 표현이다.

It's not
your fault

권위 효과

Authority effect

지위가 높고 사람들의 존중을 받는 사람이 있다면 그의 말과 행동은 다른 사람의 주의를 끌기 쉽고 믿음을 준다는 것을 가리키는 현상이다. 똑같은 의견을 제시해도 누가 말하느냐에 따라 반응이 달라지는 이유이다. 1973년 알버트아인슈타인 의과대학의 마이런 폭스 박사가 의학 전문가들에게 의료 교육 강의를 진행했고, 참석자들은 강연에 매우 만족스러워했다. 하지만 이는 미국의 심리학자 도널드 나프툴린이 진행한 실험으로 폭스 박사는 전문가가 아닌 무명 배우였다. 강연 내용도 주제와 비슷한 내용을 짜깁기했을 뿐이었다. 이를 통해 나프툴린은 권위자 같은 외적 모습과 말투가 사람의 신뢰에 끼치는 영향을 밝혔다. 권위 효과는 안정감을 중요시하는 인간의 심리상 자연스러운 현상이라고 볼 수 있다. 다만 잘못된 권위를 맹목적으로 따르다가는 자신뿐만 아니라 주위에까지 영향을 미칠 수 있음을 상기해야 한다.

권태기

Seven year itch

연인, 부부간에 어느 정도 시간이 지나면 관계에 권태를 느끼는데, 이는 상대에게서 새로운 모습에 대한 자극이 줄어들어 생기는 연인 간의 자연스러운 현상으로 본다. 이를 잘 표현한 영화로 1955년 개봉한 〈7년 만의 외출〉을 들 수 있다. 영화는 아내와 아이가 여행을 가 혼자 남은 남자 주인공이 매력적인 젊은 여성을 만나면서 벌어지는 일들을 담았다. 세계적인 영화배우 마릴린 먼로의 대표작으로도 널리 알려져 있다. 영화에는 모든 남자가 결혼 7년째가 되면 바람을 피운다는 통계를 실은 논문이 등장한다. 영화의 원제인 'The Seven Year Itch'는 이 논문에서 인용되었으며, 남녀가 사랑에 빠져 결혼을 하고 사랑이 식는 기간이 7년이란 뜻을 담고 있다. 서로 간의 건강한 관계를 위해서는 권태기를 부정하기보다 권태를 인정하고 이를 극복하려는 노력이 중요할 것이다.

---

tip
결혼한 사람 간의 권태기를 영어로 'seven year itch'라고 표현한다.

귀인 이론

Attribution theory

우리는 어떠한 일이 끝나면 결과를 마주하고 그에 대한 원인을 찾는다. 원인을 개선하여 다음에는 더 좋은 결과를 만들기 위해서이기도 하며, 원인을 탓함으로써 스스로 위안을 삼기 위해서이기도 하다. 오스트리아의 심리학자 프리츠 하이더는 1958년에 출간한 저서 『대인관계의 심리학 The Psychology of Interpersonal Relations』에서 이러한 추론 과정을 귀인 이론이라 칭했다.

귀인은 행위자의 기질, 성격, 태도 등 내부 요소로 귀인하는 내부 귀인(혹은 기질적 귀인)과 외부 압력, 사회적 규범 등 외부 요소로 귀인하는 외부 귀인(혹은 상황적 귀인)으로 나뉜다. 하이더는 관찰자가 타인의 행동에 대한 귀인 과정에서 내부 요인은 과대평가하고 외부 요인은 과소평가하는 기본적 귀인 오류를 범하기도 한다고 밝혔다. 일상생활에서 귀인 이론이 중요한 이유는 귀인의 결정이 우리의 감정, 태도, 행동에 영향을 미치기 때문이다. 약속 시간이 지나도 나타나지 않는 상대를 기다릴 때가 있다. 여러 이유가 있겠지만 늦는 이유가 어디에 귀인하는지에 따라 순간의 감정과 이후에 그 사람을 대하는 행동까지 영향을 미치게 된다. 우리는 귀인의 옳고 그름이 아닌 행위의 원인을 명확하게 함으로써 미래의 불확실성을 줄일 수 있다. 단 귀인 과정에서 발생할 수 있는 여러 오류를 이해하고 잘못되었을 수 있음을 인정하는 것이 필요하다.

기펜의 역설

Giffen's paradox

　　일반적인 수요 법칙에선 어떤 재화의 가격이 떨어지면 그 재화의 수요가 늘고, 가격이 오르면 수요가 줄어든다. 가격의 변화는 구매 선택에서 중요한 역할을 한다. 그런데 언제나 그렇듯 시장에는 예외가 존재한다. 재화의 가격이 떨어졌는데도 수요가 감소하거나 그 재화보다 우등한 재화를 소비하여 해당 재화의 수요가 감소하는 현상을 기펜의 역설이라 한다. 영국의 경제학자 로버트 기펜의 이름에서 유래되었다. 이후 영국의 경제학자 앨프리드 마셜은 저서 『경제학원리Principles of Economics』(한길사, 2010)에서 기펜의 역설에 해당하는 재화를 기펜재라 칭하였으며, 기펜재의 가격이 하락하면 소비자의 실질소득이 상대적으로 증가하기에 그 재화보다 우등한 재화(우등재)를 찾는다고 보았다.

　기펜의 역설에 해당하는 대표적인 사례로 아일랜드 대기근을 들 수 있다. 1845년 화산 폭발로 인해 기근이 들어 아일랜드의 감자 가격이 급격히 올랐으나 감자 수요는 하락하지 않고 계속 상승했다. 당시 감자는 다수를 차지하던 하층민이 저렴하게 사 먹던 먹거리였다. 감자 가격이 올랐으나 대체할 것이 없어서 감자의 수요가 증가할 수밖에 없었다. 대기근이 끝나고 감자 공급이 늘어나면서 가격이 하락했을 때는 수요가 늘어나지 않았다. 사람들은 더는 감자를 먹고 싶지 않은 마음에 오히려 여윳돈으로 고기를 사 먹었다. 일반적인 수요 공급의 법칙이 적용되지 않았음을 알 수 있다.

다만 일상에서 기펜재의 예로 고무신, 연탄, 마가린 등을 들 수 있으나 현실에서 명확하게 규정하기란 어렵다. 재화를 찾기도 어려울뿐더러 각자의 상황에 따라 재화의 범주가 달라지기 때문이다.

tip

연구자에 따라 아일랜드 대기근 당시 감자 가격이 올라도 수요가 줄지 않았다는 역사적 사실을 찾기 어렵다고도 한다.

깨진 유리창의 법칙

Broken windows theory

길거리를 걷다가 가끔 건물이나 자동차 유리창이 깨져 있는 것을 본다. 처음에는 '아, 유리창이 깨졌구나'라고 생각하겠지만, 며칠 동안 상태가 그대로이면 그 대상의 소유주가 관리를 제대로 안 한다는 인식을 가지게 된다. 1982년 미국의 범죄심리학자인 제임스 윌슨과 조지 켈링은 이러한 현상을 두고 깨진 유리창의 법칙이란 개념을 창안했다. 깨진 유리창을 그대로 놔두면 그 지점을 중심으로 범죄가 확산된다는 이론으로, 사소한 문제를 방치하면 큰 문제로 이어질 가능성이 크다는 의미다.

이 이론이 적용된 대표 사례는 뉴욕의 거리를 들 수 있다. 1980년대 뉴욕은 범죄율을 비롯해 여러 사회문제 발생률이 높았다. 1994년 뉴욕 시장으로 선출된 루돌프 줄리아니는 이러한 문제를 해결하기 위해 지하철의 낙서를 지우고 쓰레기를 함부로 버리는 행위를 철저하게 단속했다. 그 결과 뉴욕의 범죄율이 70%가량 급감하게 되었다.

우리의 일상에서도 이 법칙은 흔히 볼 수 있다. 사람들은 건물 디자인이 아름답고 음식이 아무리 맛있다 하더라도 화장실이 더럽거나 직원이 불친절하면 더는 그곳에 가지 않으려 한다. 기업은 직원 서비스 교육, 매장 청결 등의 노력을 통해 이러한 부분을 해소하려 노력해야 한다. 깨진 창문이라 할지라도 빠르고 정확하게 해결한다면 오히려 고객의 신뢰를 확보할 수 있다.

〈꾸뻬 씨의 행복 여행〉

Hector and the Search for Happiness

프랑스의 저명한 정신과 의사인 프랑수아 를로르의 자전적 소설을 원작으로 한 영화이다. 평범한 삶을 살아가던 정신과 의사 헥터는 늘 자신이 불행하다고 생각하는 환자들을 보며 행복이 무엇인지 자문한다. 영화는 그에 대한 답을 찾기 위해 그가 각국을 여행하며 벌어지는 일들을 담았다. 대부분 사람은 행복을 삶의 목적으로 삼으며 살아간다. 그러나 행복의 정의조차 제대로 내리지 못한 사람이 많다. 우리는 꾸뻬 씨가 걸어가는 길을 통해 행복이 무엇인지, 행복을 위해 해야 할 일이 무엇인지를 알아 갈 수 있다. 특히 물질적 풍요로 인한 정신적 만족을 행복으로 여기는 많은 사람에게 의미 있는 질문을 던지는 작품이다.

tip

소설의 원제는 "헥터의 행복 찾기 여행(Le Voyage d'Hector ou la Recherche du Bonheur)"이다. 그런데 소설이 한국에서 처음 번역될 때 헥터 대신 프랑스인 뉘앙스가 느껴지는 이름인 '꾸뻬'를 넣은 제목이 만들어졌고, 영화도 소설의 제목을 그대로 따랐다.

"나는 내가 추구하고자 하는
바로 그것이다."

성격심리학의 창시자로 불리는 고든 올포트는 오랜 시간 개인의 성격에 관해 다양한 연구를 진행했다. 그는 건강한 성격을 성숙한 성격으로 보았으며, 사람마다 성격의 개인차를 인정하는 것이 중요하다고 했다. 또한 성숙한 성격을 이루는 요소 중 자아의식을 확대함으로써 자기 개념을 명확히 하는 것을 중요시했다. 표제 문장으로 쓰인 이 인용문은 자기 개념과 자아정체성을 중요히 여기는 올포트의 성향을 보여 준다. 사람들은 대부분 사회에서 자신에게 요구하는 것을 따르는 과정 중에 내면에서 느끼는 부정적인 감정을 외면하고 억누른다. 겉으로 드러나는 긍정적인 면뿐 아니라 내면에 감춰 둔 부정적인 면까지 모두 받아들이고 사랑해야 건강한 성격을 가질 수 있다.

나르시스 콤플렉스

Narcissus complex

사람은 자신을 과대평가하는 부분이 있다. 그것이 타인에게 드러나느냐 그렇지 않느냐의 차이일 뿐인데, 그 수준이 과한 애착으로 이어지면 일련의 문제를 유발하기도 한다. 이를 나르시스 콤플렉스, 나르시시즘이라고도 한다. 흔히 말하는 왕자병, 공주병이 이에 속한다. 나르시시즘은 1899년 독일의 정신과 의사 파울 네케가 명명한 것으로 그리스 신화 속 물에 비

친 자신을 사랑하다 죽은 소년인 나르키소스에서 유래했다. 나르키소스가 있던 자리에서 피어난 꽃이 수선화이며, 수선화의 꽃말은 자기 사랑(자기애)이다.

이 콤플렉스는 일종의 자아도취 현상으로 성격 장애의 여러 유형 중 하나인 자기애성 성격 장애로 여겨진다. 유전적 원인이 있다고 여겨지지만, 일반적으로 어렸을 적 가졌던 자기애가 환경적인 문제로 인해 타인에게 이동하지 않아 성인이 되어서 굳어진 결과라 이야기된다.

이 증상을 겪는 사람은 자신의 성취와 능력을 과장하고, 타인에게 특별한 대우와 칭찬을 받기를 원한다. 또한 자신이 가진 문제는 남달라 특별한 사람만 이해할 수 있다고 믿으며, 타인을 자신의 목적을 위한 수단으로 여긴다. 구성원에게 심적인 피해를 주어 사기를 떨어지게 만들기도 한다. 이러한 태도는 스스로 멋져 보일지라도 타인에게는 그저 오만하고 건방진 모습으로 보일 수 있다. 물론 적절한 자기애는 삶의 활력소를 가져다준다. 다만 자신을 아끼는 사람이 떠나기 전에 자신의 모습을 돌이켜 볼 필요가 있다.

나폴레옹 콤플렉스

Napoleon complex

프랑스의 황제 나폴레옹은 상대적으로 키가 작았고, 체격도 빈약한 편이었다. 프랑스 본토와 떨어진 코르시카 섬의 하급 귀족 출신으로 주류 가문도 아니었다. 그럼에도 그가 한 시대를 풍미할 수 있었던 이유 중 한 가지로 열등감에 의한 보상심리를 들 수 있다. 나폴레옹은 누군가 자신을 부족하게 여길 것을 대비해 과장된 행동을 하거나 공격적인 태도를 취했는데, 이러한 나폴레옹의 행동에 빗대 키가 작은 사람이 보상심리로 공격적이고 과장된 행동을 하는 경우를 나폴레옹 콤플렉스라고 한다. 그런데 역사학자들은 나폴레옹의 키를 167cm 전후로 추측한다. 당시 서유럽의 평균 신장이 165cm 전후라고 보기 때문에 나폴레옹의 키가 작았다는 것은 오해에 가깝다.

tip
여러 연구에 따르면 키가 작은 사람이
공격적이며 적극적인 성향을 보인다고 하나,
반대로 키가 큰 사람이 더 공격적이었다는
실험 결과도 있다.

남은 자의 증후군

After downsizing disease syndrome

회사에서 구조조정 이후 남은 사람들이 겪게 되는 병리적 증상을 말한다. ADD 증후군이라고도 부른다. 외상 후 스트레스 증후군의 일종으로 불안, 우울증, 공허감 등을 동반하며, 일반적으로 3단계의 변형을 가진다. 정신적 혼돈기인 1단계에서는 내일이라도 자신이 실직 대상자가 될 수 있다는 불안감에 모든 것이 복잡하고 혼란하다. 불안은 믿었던 회사의 불신으로 이어진다. 정신적 억압기인 2단계에서는 상황에 순응하며 어떻게든 살아남으려 노력한다. 정신적 황무지기인 3단계에서는 눈앞에서 벌어지는 현실에 무감각해진다. 살아남기 위해 안간힘을 써 온 자신에게 모멸감을 느끼며 삶에 회의를 느낀다. 이 증후군은 스스로 감정을 조절하려 노력하면서, 터놓고 이야기할 수 있을 정도로 신뢰하는 사람과 충분한 대화를 나눔으로써 증상을 완화할 수 있다.

day
39

넛지 효과
Nudge effect

　　네덜란드 암스테르담 스키폴공항은 남자가 화장실에서 소변을 볼 때 소변이 밖으로 튀는 것을 방지하고자 소변기 안에 파리 한 마리를 그려 넣었다. 그 결과 소변기 밖으로 새는 양이 80%나 줄어들었다. 소변으로 파리를 조준하는 재미로 인해 발생한 일이었다.

넛지 효과란 이처럼 별도의 강압 없이 부드러운 개입으로 사람들이 더 좋은 선택을 할 수 있도록 유도하는 방법인 '넛지'로 발생하는 현상을 의미한다. 'nudge'는 '팔꿈치로 슬쩍 찌르다', '주위를 환기시키다'라는 뜻이다. 2008년 미국의 경제학자 리처드 세일러와 법률가 캐스 선스타인이 쓴 세계적인 베스트셀러 『넛지』(리더스북, 2009)에서 언급되었다. 책에서는 넛지를 '선택을 유도하는 부드러운 개입'이라 명명했다.

책에서는 사람들이 결정을 내리도록 정황이나 맥락을 만드는 사람을 선택 설계자라고 칭했다. 한 예로 학교 영양사는 급식 메뉴에 변화를 주지 않은 상태에서 음식의 진열을 바꾸는 것만으로 학생들에게 건강에 이로운 음식을 더 많이 선택하도록 유도할 수 있다.

학자들은 넛지로 인해 발생하는 효과에도 한계가 있음을 이야기한다. 넛지는 도구일 뿐 설계자의 마음에 따라 얼마든지 문제가 발생할 수 있다는 것이다. 이를 피싱 사기phishing라고도 부른다. 이러한 한계를 극복하기 위해서는 사람들의 삶을 개선시키려는 사람들의 태도가 중요할 것이다.

....

tip

식품 표기 사항에 소비자가 제대로 보기 힘들 정도로 작은 글씨로 부작용 및 주의사항 등을 표기하거나, TV 홈쇼핑에서 상담만 받아도 사은품을 주겠다고 안내하면서 신상정보를 획득하는 방식을 넛지를 악용한 사례로 볼 수 있다.

노시보 효과

Nocebo effect

약을 올바르게 처방했음에도 환자가 의심하거나 부작용이 있다고 믿으면 약효가 제대로 발휘되지 않는 현상을 말한다. 1961년 미국의 의사인 월터 케네디가 명명했다. 라틴어로 'nocebo'는 '해를 입게 되다'란 뜻을 지닌다. 노시보 효과는 어떤 해도 끼치지 않는 물질이 병을 발생시킬 뿐 아니라 심지어 죽음에 이르게 한다. 1942년 미국의 생리학자 월터 캐넌이 소개한 부두 죽음Voodoo death이 그 사례이다. 애니미즘적 민간신앙인 부두교의 주술사가 내린 저주로 원시인 다수가 죽은 사건이다. 캐넌은 이 사례를 통해 두려움으로 인한 극심한 스트레스가 죽음까지 불러올 수 있음을 밝혔다. 플라세보 효과가 기대감으로 긍정적인 효과를 불러온다면, 노시보 효과는 부정적인 신념이 부정적인 효과를 불러올 수 있음을 증명한다.

단순 노출 효과

Mere exposure effect

day
41

　　사람들은 이름을 모르는 사람이라도 지속해서 마주하면 익숙함을 넘어 친근함과 호감을 느끼는 경우를 종종 경험한다. 이처럼 접촉 횟수가 증가함에 따라 친근감이나 호감이 올라가는 현상을 단순 노출 효과라고 한다. 미국의 사회심리학자 로버트 자이언스가 처음으로 제시하여 자이언스 효과라고도 불린다. 자이언스는 직접 만나지 않고 단순히 몇 번 본 것만으로 호감이 생길 수 있다고 여겼다. 자이언스는 12장의 얼굴 사진을 무작위로 6개 묶음으로 나눈 후 대학생들에게 보여 줬다. 보여 주는 횟수를 0회, 1회, 2회, 5회, 10회, 25회로 한 다음, 호감 정도에 따라 사진 배열을 요구했는데, 노출 횟수와 호감도가 상관관계를 이뤘다. 즉 모르는 사람의 얼굴도 계속 반복해서 보면 친근감이 생겨 호감을 느끼게 되는 것이다.

　　노출의 빈도가 증가하면 심적 거리가 가까워져 서로를 이해하는 정도가 깊어진다. 교류에서 오는 친밀도가 높아지면 낯선 사람과의 교류보다 훨씬 수월해진다. 자연스럽게 호감도는 상승하는 것이다. 자이언스는 단순 노출이 호감 형성의 필요충분조건은 아니지만 다른 조건이 같은 경우 호감도에 중요한 역할을 맡는다고 보았다. 즉 상대에게 호감을 사고 싶다면 자주 만나는 것이 필요하다.

단순 노출 효과는 드라마, 광고, 뉴스 등에서도 적극적으로 활용된다. 특정 상품을 PPL(간접광고)로 반복해서 보여 주거나, 특정 정책을 반복해서 노출시키는 것이다. 자주 노출되는 자극을 소비자는 긍정적으로 받아들이게 된다. 대신 지나친 반복은 소비자의 피로를 불러 거부감을 유발할 수 있다는 한계점도 존재한다.

"당신의 운명은 의식과 무의식이
합작한 결과이다."

정신의학 분야의 개척자로 불리는 카를 융의 자서전 첫머리는 "나의 생애는 무의식이 나 자신을 실현한 역사다"라고 기술되어 있다. 그만큼 카를 융은 무의식에 깊은 관심을 두었다. 특히 무의식을 각각의 개별적인 영역으로 둔 프로이트와 달리 개인의 무의식 저변에 집단무의식이 있음을 주장한 것은 카를 융의 위대한 업적으로 여겨진다. 그러나 카를 융은 무의식만으로는 인간의 삶의 질을 높일 수 없다고 보았다. 무의식을 의식화하지 않으면 무의식이 삶의 방향을 결정한다고 했으며, 그것을 운명이라 불렀다. 그는 의식과 무의식이 조화롭게 어우러져야 삶의 질을 높일 수 있다고 주장했다.

Daniel
Goleman

대니얼 골먼

미국의 심리학자인 대니얼 골먼은 감정지능
인 EI(Emotional Intelligence) 개념을 체계화했다. 1990년대까지 사
람들은 지능 발달지수인 IQ(Intelligence Quotient)를 통해 자신이
살아갈 삶을 예측하고 판단했다. 그런데 골먼은 1995년 출간
한 저서 『EQ 감성지능』(웅진지식하우스, 2008)을 통해 감성지수인
EQ(Emotional Quotient)가 IQ보다 중요하다고 말하며, 선천적으로
타고난다고 여긴 IQ와 달리 EQ가 성장 환경에서 학습을 통해 개
발될 수 있다는 점에 큰 차이를 두었다. 또한 그 과정이 단순히
교육에 머무는 것이 아닌 수양과 같은 개념에서 기회가 발생한
다고 여겼다. 골먼의 이론은 초월적 명상, 요가, 불교 등의 사상
에서 영향을 받았다고 알려졌다.

그는 특히 직장 내 리더십에서 감성지능이 중요하다고 보았

는데, 감성이 뛰어난 리더가 조직의 동기를 불러일으키고 유지할 수 있는 반면, IQ가 업무 수행 능력에 미치는 영향은 전체의 25% 정도에 불과하다고 주장했다.

골먼은 다양한 감성 요소 중 다섯 가지 능력이 중요하다고 말했다. 자기의 감성을 지각하는 능력, 자기의 감성을 조절하는 능력, 자기 동기부여 능력, 타인의 감성을 지각하는 능력, 대인 관계 조절 능력이다. 골먼은 리더가 조직 구성원에게 가장 적합한 리더십 유형을 선택해 자유자재로 구사해야 한다고 말했다. 골먼은 이후 사회지능인 SI(Social Intelligence)와 에코지능인 EI(Ecological Intelligence)의 중요성을 이야기하며 지능 개념의 폭을 확장했다.

대니얼 길버트

Daniel Gilbert

　　미국 하버드대학교 심리학 교수인 대니얼 길버트는 행복론의 권위자로 불린다. 행동경제학의 개척자로 여겨지는 대니얼 카너먼의 영향을 받아 인간의 행복에 관심을 두었다고 알려졌다. 길버트가 추구하는 행복은 단순한 자극의 관점이 아닌 과학적 데이터와 분석에 근거한다. 2005년 출간한 저서 『행복에 걸려 비틀거리다』(김영사, 2006)를 통해, 그는 우리가 미래에 행복해지기 위해서 어떤 계획을 추구하지만 실제로 그 계획에서 기쁨을 찾을 가능성은 많지 않다고 말했다. 또한 과거의 일에 아쉬움을 가짐으로써 놓친 행복의 가치를 과대평가한다고 여겼다. 그는 결국 행복이란 특별한 비법에 있다기보다 현재에 충실하며 인간관계와 일상을 즐기는 것에서 시작된다고 보았다.

Daniel
Kahneman

대니얼 카너먼

　　대니얼 카너먼은 경제학에 심리학을 접목한 학문인 행동경제학의 아버지로 불린다. 행동경제학이란 심리학, 사회학 등 다양한 학문의 관점에서 인간의 행동을 해석하는 경제학의 한 분야이다.

　카너먼을 이해하려면 기대효용에 대한 이해가 우선되어야 한다. 전통적인 경제학의 의사 결정 이론은 인간의 합리성에 기대어 다양한 원리를 제시하고, 논리적인 과정을 통해 의사 결정을 함으로써 기대효용expect utility을 극대화한다고 가정했다. 반면에 카너먼은 인간의 이성이 판단을 제대로 지배하지 못하며, 인지적·감성적 오류가 합리적 의사 결정을 방해하여 오히려 비합리적인 선택을 한다고 주장했다.

　이러한 관점을 세상에 널리 알린 이론이 '전망 이론prospect

theory'으로, 1979년 그가 이스라엘의 심리학자 아모스 트버스키와 함께 기대효용 이론의 대안으로 창안했다. 이 이론은 불확실성을 수반하는 의사 결정에 직면할 때 나타나는 특이형태를 설명한다. 이를 통해 사람들이 불확실한 이익보다 확실한 이익을 선호하며, 확실한 손실보다 불확실한 손실을 선호한다고 밝혔다.

전망 이론에 기반한 카너먼의 다양한 연구는 경제학에서 혁신성을 인정받아 2002년 노벨경제학상을 수상했다. 심리학자이자 비경제학자 중 최초의 업적이었다. 카너먼의 대표 저서인 『생각에 관한 생각』(김영사, 2018)은 인간이 논리적으로 어떤 오류를 범하는지, 이성적 사고에서 어떻게 벗어날 수 있는지를 자세히 설명하고 있다.

대조 효과

Contrast effect

왼손을 뜨거운 물에, 오른손을 차가운 물에 넣은 다음 두 손 모두 미지근한 물로 옮기면 왼손은 따뜻하다고 느끼지만, 오른손은 뜨겁다고 느낀다. 이처럼 같은 대상이라도 비교군에 따라 다르게 인식되는 현상을 대조 효과라고 부른다. 대조 효과는 인간이 가진 심리적 편향으로 기업이 제품을 판매하거나 서비스를 제공할 때 차이를 만든다. 예를 들어 제품을 받는 데 한 달이 남은 고객에게 판매처 직원에게서 전화가 온다. 직원이 항공편 문제로 대부분 제품이 예정보다 3주 늦게 배송될 예정이지만, 해당 고객의 제품은 1주만 늦어진다고 말한다. 이때 고객은 배송 일정이 연기되었음에도 다른 제품의 상황과 대조함으로써 심리적인 안도감을 느끼게 된다.

더 큰 바보 이론

Greater fool theory

투자에서 가장 큰 이득을 볼 수 있는 방법은 상품을 저렴한 가격에 구매하여 비싼 가격에 판매하는 것이다. 가격은 상대성을 띠는 만큼 정해진 기준이 없으나 사람들이 통상적으로 인지하는 기준은 존재한다. 그런데 가끔은 상품의 가격이 비싸다고 여겨도 투자에 진입하기도 한다. 자신이 비싼 가격에 매입한 바보라 할지라도 자신보다 더 비싼 가격에 매입할 더 큰 바보가 있다고 믿기 때문이다. 이를 더 큰 바보 이론이라고 한다.

이 이론은 영국의 경제학자 존 메이너드 케인스가 제시했다. 그는 야성적 충동animal spirit이라는 인간의 본성이 작용할 때 이런 심리가 발생한다고 보았다. 일반적으로 비이성적인 기대와 믿음으로 형성되기에 상품의 본질적인 가격이나 가치는 뒷전으로 여기게 된다.

이 용어는 시장이 과열되었거나 이상기류가 형성될 때 주로 언급된다. 대표적인 사례로 17세기 네덜란드의 튤립 파동이 있다. 당시 부자를 비롯해 일반인 사이에서도 튤립 수요가 폭증하면서 튤립 가격이 한 달 만에 수십 배가량 치솟았다. 그러나 얼마 후 법원에서 튤립의 재산적 가치를 인정할 수 없다는 판결이 나오면서 가격이 최고치 대비 수천분의 1로 무너졌다. 20세기 말 발생한 닷컴 버블도 또 다른 대표 사례로 볼 수 있다.

이 이론을 통해 우리는 투자를 비롯해 어떠한 선택을 할 때 객관적이고 냉철한 시각이 얼마나 중요한지 알 수 있다. 그렇지 않으면 자신이 가장 큰 바보가 될 수 있다.

....

tip

최근 암호화폐에 투자하는 사람들과 관련해 더 큰 바보 이론이 다시 주목받는 것은 시장이 과열되었음을 알려 주는 경고음일지도 모른다.

day
48

더닝크루거 효과
Dunning-Kruger effect

능력이 부족한 사람이 자신의 능력이나 재능을 과대평가하고, 반대로 능력이 뛰어난 사람이 자신의 능력을 과소평가하는 현상을 말한다. 1999년 코넬대학교의 대학원생 저스틴 크루거와 사회심리학 교수인 데이비드 더닝이 학부생을 대상으로 한 인지편향 실험을 진행했다. 학부생들에게 독해력, 운전, 유머 감각 등의 논리적 사고 시험을 치르게 한 뒤 자신의 예상 성적 순위를 제출하도록 했다. 성적이 낮은 학생은 예상 순위를 높게 평가했고, 높은 학생은 낮게 평가했다. 연구자는 능력이 없는 사람의 실수와 잘못은 자신에 대한 오해에 원인을 두고, 능력이 있는 사람의 실수와 잘못은 다른 사람이 더 잘할 것이란 오해에 원인을 둔다고 결론 내렸다.

던바의 법칙

Dunbar's law

150

영국의 문화인류학자인 로빈 던바는 원숭이, 침팬지 같은 영장류를 대상으로 사교성 연구를 진행하여 대뇌 영역인 신피질이 클수록 알고 지내는 친구가 많음을 밝혔다. 그러나 사회적 수용 한계 능력으로 최대치가 150명이라 하였는데, 이를 던바의 수Dunbar's number라고 한다. 던바는 이 수치가 사람을 사귀는 데 타고난 재주가 있는 사람이라도 큰 차이를 두지 않는다고 주장했다. 그러한 근거로 호주, 뉴기니, 그린란드 거주 원시부족의 마을 주민 수가 평균 150명이며, 역사적으로 봤을 때 효과적인 전투를 위한 최적 인원이 150명인 점 등을 들었다. 이 법칙은 경영학에도 전파되었고, 많은 기업에서 150명을 기준으로 조직을 개편하려 했다. 던바의 법칙은 단순히 150이라는 숫자의 중요성보다 인간의 사회적 상호작용에 대한 이해라는 점에서 사회심리학, 인간학 등에 널리 활용된다.

tip

던바는 던바의 수가 일생에 걸쳐 조금씩 달라진다고 보았다. 10대 후반에서 20대 초반 사이에 정점을 찍으며, 30대에 150명 정도에 머무르고 오랫동안 유지되다가 60대 후반부터 감소한다고 보았다.

David
Myers

데이비드 마이어스

　　미국의 사회심리학자인 데이비드 마이어스는 대중에게 심리학을 쉽게 전파하기 위해 쓴 도서를 비롯해 심리학 개론, 사회심리학 교재 등 10여 권의 저서를 집필했다. 그중 심리학의 교과서라 불리는 『마이어스의 심리학』(시그마프레스, 2022)은 단순 연구 결과만이 아닌 심리학자들이 연구하는 방법을 보여주려 노력하는 책으로, 심리학을 공부하는 사람이라면 반드시 읽고 공부해야 한다고 여겨진다. 그는 1989년에 아내와 함께 비영리 단체를 지원하는 재단을 만들었으며 빈민 가정을 지원하는 데 많은 힘을 쏟고 있다.

데이비드 번스

David Burns

미국의 심리학자인 데이비드 번스는 인지행동 치료의 세계 최고 권위자로 불린다. 2008년 출간된 베스트셀러 『필링 굿』(아름드리미디어, 2011)의 저자이기도 하다. 한 조사에 따르면 이 책은 정신 건강 전문가 500명을 대상으로 한 우울증 치료 관련 권장 도서에서 1위를 차지하기도 했다. 번스는 우울증 환자에게 우울한 감정에 집중하지 말고 그 감정을 유발하는 생각에 집중하라고 말했다. 생각이 감정을 만든다고 보고, 왜 자기 생각이 잘못되었는지 논리적으로 증명할 수 있다면 우울증의 증상 중 많은 부분이 해결될 것이라고 했다. 그는 부정적인 감정을 스스로 잘 조절한다면 긍정적인 삶을 살아갈 수 있다고 보았다.

....

tip

번스는 타인과 건강한 관계를 맺기 위해 자기감정 표현하기, 공감하기, 존중하기를 권했다.

데이비드 웩슬러

David Wechsler

미국의 심리학자 데이비드 웩슬러는 평생을 지능 검사 개발에 바쳤다. 당시 주로 활용되던 비네 지능검사가 지적 능력만을 평가한다고 판단하여 조금 더 다양한 영역이 지능검사에 포함되길 바랐고, 그 결과 1939년 웩슬러-벨뷰 지능검사를 개발했다. 이후 1955년 웩슬러 성인 지능검사로 개명했다. 검사는 16세 이상 성인용(WAIS), 만 6~16세 아동용(WISC), 만 4~6세 유아용(WPPSI)으로 구분된다. 검사는 동일한 연령 집단에서 개인이 상대적으로 어느 위치에 있는지를 나타내며, 기준을 100, 표준편차를 15로 두어 85~115구간을 평균으로 본다.

tip

우리나라에서는 보통 K-WAIS, K-WISC, K-WPPSI로 사용한다.

도도새 효과
Dodo bird effect

미국의 심리학자 솔 로젠윅이 이름 붙인 용어로 소설 『이상한 나라의 앨리스』에 나오는 도도새의 판결에서 유래하였다. 도도새는 인도양의 작은 섬인 모리셔스에 살았던 날지 못하는 새로 포르투갈어로 'dodo'는 바보, 멍청이란 뜻을 담고 있다. 소설에서 도도새는 물에 젖은 사람들에게 옷이 마를 때까지 호수 주변에서 경주하도록 한다. 그리고 경주가 끝난 후 모두가 승자라는 판결을 내린다. 로젠윅은 이를 차용하여 심리학에서 누구나 자기 이론이 독특하며 우수하다고 주장하지만, 각각의 심리 기법은 방법만 다를 뿐 비슷한 효과를 가져온다고 주장했다. 심리 치료의 발전을 위해서는 소모성 짙은 경쟁보다 정확한 연구 설계와 분석, 사람에 대한 관심 등이 더 중요함을 알 수 있다.

돈후안 증후군

Don Juan syndrome

여성 1003명을 품었다고 알려진 돈 후안은 실존 인물이 아닌 전설로 내려오는 가상의 인물이다. 이 인물의 매력은 문학적으로 매우 뛰어나 햄릿, 돈키호테, 파우스트와 함께 유럽 문학의 4대 캐릭터로 꼽히기도 한다. 돈 후안은 수많은 작품에서 재탄생했지만, 그를 나타내는 단어는 호색꾼, 탕아, 농락자, 성 중독자 등 일관성을 이룬다. 이처럼 성욕이 과다하여 성행동을 통제할 수 없거나 사랑이 없는 성관계에 관심을 갖는 남성의 특징을 돈후안 증후군 혹은 돈후아니즘Don Juanism이라고 한다. 심리학자들은 이러한 이유로 무의식 속에 숨은 열등감과 동성애적 충동을 들기도 한다.

tip
돈 후안을 최초로 등장시킨 작품은 1630년경 에스파냐의 극작가 티르소 데 몰리나가 쓴 희곡 『세비야의 난봉꾼과 석상의 초대』이며, 돈 후안을 가장 널리 알린 작품은 1787년 모차르트의 오페라 〈돈 조반니〉이다.

디드로 효과

Diderot effect

한 가지 물건을 구입한 후 그 물건과 어울리는 제품들을 계속 구매하여 또 다른 소비로 이어지는 현상을 일컫는다. 프랑스의 철학자 드니 디드로가 1769년 발표한 에세이 「나의 오래된 가운을 버림으로 인한 후회Regrets sur ma vieille robe de chambre」에서 친한 친구에게서 붉은 가운을 선물 받았는데, 자신의 낡은 가구들과 어울리지 않아 그 가운과 어울리는 분위기로 모든 가구를 바꾸었음을 이야기한 데서 비롯되었다. 이후 미국의 인류학자인 그랜트 매크래켄이 『문화와 소비』(문예출판사, 1996)에서 디드로 통일성을 언급하면서 본격적인 소비 현상으로 인식되었다.

디드로 효과의 원인으로는 정서적, 문화적인 측면에서 소비자가 동질성을 추구하는 심리를 이야기한다. 또한 사회적 지위와 같은 자기표현의 수단을 이유로 들기도 한다. 시각적으로 명확한 제품일수록 효과가 더 커진다고 본다. 이를 마케팅에 효과적으로 적용하는 대표 기업으로 애플을 들 수 있다. 심플한 디자

tip

온라인 광고에서 흔히 볼 수 있는 'xx 신발과 어울리는 oo 옷'도 디드로 효과를 활용했다고 볼 수 있다.

인과 더불어 자체 개발한 ios를 통해 사용자 간의 유대감을 강화해, 단순히 핸드폰뿐만 아니라 그와 관련된 제품을 소비자가 계속 구매하도록 이끈다.

디드로 효과는 브랜딩, 마케팅 측면에서 매우 긍정적이지만, 소비자 입장에서는 과소비와 지나친 욕심을 불러일으킨다는 점에서 주의할 필요가 있다.

디아나 콤플렉스

Diana complex

　　알프레트 아들러의 개인심리학에서 소개된 개념으로 여성에게서 남성적인 특성과 행동이 인식되는 현상을 말한다. 이 콤플렉스가 있는 여성은 여성으로서 독립심이 강하여 남성적 직업을 선택하기도 하며, 독신으로 머물거나 결혼하여 남편을 비非남성화한다. 이 콤플렉스는 여자가 남자가 되고자 하는 마음과 억압된 욕망에서 비롯된다고 본다. 로마 신화에 나오는 사냥의 여신, 달의 여신이라 불리는 디아나에 빗댄 용어이다. 디아나는 그리스 신화에 나오는 올림포스 12신 중 한 명인 아르테미스와 동일시되는데, 아르테미스는 은활과 금화살을 들고 숲에서 짐승을 사냥하는 처녀신의 모습으로 등장한다.

떠벌림 효과
Profess effect

2019년 방탄소년단BTS은 세계 최고의 음악 시상식으로 불리는 그래미 어워드에서 시상자로 나서 다시 한번 그래미에 돌아오겠다는 말을 남긴다. 이후 2020년에 그래미 어워드에서 공연을 하고, 2021년에 아시아인 최초로 베스트 팝/듀오 그룹 퍼포먼스 부문에 후보로 오른다. 이처럼 자신이 달성하고자 하는 목표를 공개함으로써 사람들의 지원을 받아 목표를 성취하도록 하는 현상을 떠벌림 효과라 부른다. 미국의 심리학자인 모턴 도이치 박사와 해럴드 제라드 박사의 실험에서 유래되었다. 연구자는 피실험자를 A, B, C 세 집단으로 분리하여 집단마다 다른 조건을 제시한 후에 각자의 의견이 얼마나 바뀌었는지 확인하였는데, 상대적으로 두 집단보다 더 많은 사람에게 자기 의견을 밝힌 C 집단은 5.7%만이 참가자의 의견이 바뀌었다. 또한 의견을 알리는 대중의 수가 많을수록 효과가 더 좋아졌다. 생각을 공개적으로 드러내면 타인에게 괜찮은 사람으로 보이고 싶은 욕구를 기반으로 책임감이 증가할수 있으며, 한 번의 실패를 겪더라도 재도전할 힘을 가지게 된다.

I WILL BE BACK

day
58

〈라쇼몽〉
羅生門

1951년 베네치아 국제 영화제 황금사자상 수상작인 〈라쇼몽〉은 일본 영화계의 거장 구로사와 아키라 감독의 대표작 중 하나이자 세계 고전 명작으로 손꼽힌다. 영화는 한 사무라이의 죽음을 두고, 이 죽음을 둘러싼 네 명의 엇갈린 진술을 중심으로 흘러간다. 영화의 가장 큰 특징은 플래시백을 통해 하나의 사건을 여러 가지의 시각으로 재현하는 방식에 있다. 이는 관객들에게 진실의 실체를 가리는 역할을 한다. 이처럼 같은 사건을 두고도 주관적 관점에 따라 사실을 달리 해석하는 현상을 심리학 용어로 라쇼몽 효과Rashomon effect라고 부른다.

....

tip
객관적 진실이란 존재하는가?

램프 증후군

Lamp syndrome

　　우리는 외출할 때 집 형광등 불은 껐는지부터 시작하여 집을 구매할 수 있는지까지 하루에 많은 것을 걱정하고 불안해한다. 걱정과 불안은 인간 본연의 감정이다. 그런데 누군가는 전혀 일어나지 않을 일마저 지나치게 걱정하고 불안해한다. 이러한 현상을 램프 증후군이라고 부른다. 중동의 설화집 『천일야화』에 나오는 「알라딘과 요술램프」에서 이름을 빌려왔다. 알라딘이 램프를 문질러 지니를 불러내듯이 스스로 걱정과 불안을 불러내는 것이다.

　최근 램프 증후군을 경험하는 사람들이 늘어나고 있다. 그 이유로 크게 세 가지를 들 수 있다. 먼저 사회 구조의 변화이다. 일상이 단순하고 규칙적이었던 옛날과 달리 요즘 사회는 몇 년 뒤의 미래에 무슨 일이 일어날지 알 수 없을 정도로 복잡해지고 있다. 다음으로 공동체의 해체이다. 핵가족화, 고령화로 인한 독거노인 및 1인 가구가 증가하고 있다. 주변에 자신의 고민을 툭 터놓고 이야기할 만큼 의지할 사람이 부족해지면서 걱정을 쌓게만된다. 마지막으로 미디어의 발달이다. 이제는 시간과 장소에 상관없이 다른 나라의 소식까지 핸드폰을 통해 접할 수 있다. 기사는 대부분 걱정을 불러일으킬 만큼 부정적이다. 이로 인해, 이러한 일들이 주위에서 발생할 확률이 낮음에도 마치 지금 당장에라도 사건이 터질 것 같은 걱정과 불안을 느끼게 된다.

　적당한 수준의 걱정과 불안은 외부의 위협에서 자신을 보호하고 안전을 추구하도록 하는 긍정적인 부분이 있다. 날카로운 발톱을 가진 야생의 동물로부터 인간이 살아남을 수 있었던 이유이다. 그러나 지나친 걱정과 불안은 학업, 대인관계뿐 아니라 건강에 악영향을 미친다. 심리학자들은 대부분의 불안 장애는 과도한 스트레스나 심리적인 외상을 통해서 병적 불안을 유발한다고 본다. 심리적 이완을 통해 스트레스를 조절하는 것이 최우선으로 이뤄져야 한다. 경쟁에서 살아남기 위해 무조건 잘하고 완벽해야 한다는 부담감을 내려놓고 최대한 여유로운 마음으로 상황을 마주해야 한다. 근본적인 해결책은 아니지만 어떠한 상황에서는 '될 대로 돼라'라는 식의 마음가짐이 나을 수 있다. 걱정을 일부 내려놓는 방법이다. 더불어 적절한 휴식과 취미 활동도 중요하다.

미국의 심리학자 어니 젤린스키는 걱정의 합을 100으로 두었을 때 우리가 걱정함으로써 결과를 바꿀 수 있는 확률이 4%라고 한다. 즉 우리가 하는 걱정의 96%는 불필요한 것에 가깝다. 결과가 바뀌지 않을 96%를 위해 과다한 에너지를 소비하는 것은 효율적으로나 효과적으로나 좋지 않다. 지금 이 순간에 집중하기 위해서는 불필요한 걱정과 불안을 잠시 내려놓아야 한다.

랭어의 실험
Langer's experiment

미국 하버드대학교 심리학과 교수 엘런 랭어는 상대를 설득하는 데는 이유를 제시하는 것이 효과적이라고 여겼다. 이를 증명하기 위해 복사하려고 줄을 선 사람들을 대상으로 실험을 진행했다. 늦게 온 사람이 앞사람에게 양보를 구하는 일이었다. 첫 번째 실험에서는 "죄송합니다. 제가 먼저 하면 안 될까요?" 같은 말을 했다. 두 번째 실험에서는 "죄송합니다. 제가 먼저 하면 안 될까요? 왜냐하면 중요한 미팅이 있습니다" 같은 말을 했다. 실험 결과 첫 번째 실험에서는 약 60%의 양보를 얻었고, 두 번째 실험에서는 약 94%의 양보를 얻었다. 여기까지만 보면 타당한 이유만큼이나 정중한 태도가 큰 영향을 미쳤다고 생각할 수 있다.

연구팀은 세 번째 실험을 진행하며 "죄송합니다. 제가 먼저 하면 안 될까요? 왜냐하면 지금 복사를 해야 합니다"와 같은 말을 했고, 그 결과 약 93%의 양보를 얻었다. 즉 앞뒤가 논리적으로 이어지지 않음에도, '왜냐하면' 같은 특정 단어가 상대의 심리에 큰 영향을 미친 것이다. 우리는 오랜 경험을 통해 '왜냐하면' 뒤에는 합당한 이유가 따라온다고 생각하기 때문이다.

사람들은 이치에 맞는 합당한 이유를 듣기를 원한다. 타당성과 논리성은 신뢰와 직접적인 연관성을 가진다. 랭어의 실험을 통해 특정 단어 하나만으로도 신뢰성을 높일 수 있음을 알 수 있다.

because...
so...
therefore...
the reason is...
thus...

....

tip

이후 연구자들은 다양한 실험을 통해 왜냐하면(because)과 비슷한 효과를 보이는 단어로 그러니까(so), 그러므로(therefore), 이유는(the reason is), 따라서(thus) 등을 들었다.

레밍 효과
Lemming effect

자신만의 어떠한 기준 없이 남들이 하는 행태를 무작정 따라 하거나 동조하는 쏠림 현상을 의미한다. 이는 들쥐의 일종인 레밍의 행동에 빗댄 용어로, 레밍은 특정 지역에서 숫자가 엄청나게 불어나면 일부를 제외하고 집단으로 바다에 뛰어들어 집단 자살을 택하는 행동을 취한다. 레밍 효과는 최근 2030 세대에서 주로 보이는 재테크 방식을 설명하는 데 사용되기도 한다. 자신만 뒤처지는 것 같다는 사회적 불안으로 인해 소위 '영끌', '빚투'로 주식 등에 투자하는 것인데, 문제는 어떠한 기준을 두고 기업을 분석한 후 투자하는 것이 아닌, 군중 심리에 휘말려 어떤 기업인지도 모른 채 투자를 하는 데 있다. 이러한 투자는 결국 레밍이 집단 자살을 택하는 행동처럼 부정적인 결과를 불러올 수 있음을 항상 주의해야 한다.

레이니어 효과

Rainier effect

미국 워싱턴 호수 왼편에 자리한 워싱턴대학교에서 호수 방향에 체육관을 짓기로 결정했다. 교직원들은 시애틀 남쪽에 있는 레이니어산과 워싱턴 호수의 아름다운 풍광을 감상할 수 없다는 이유로 건설을 반대했다. 교직원들이 다른 곳보다 20% 정도 적은 급여를 받으면서도 학교를 떠나지 않았던 이유는 주변의 아름다운 풍경 때문이었다. 결국 학교 측은 체육관 건립 계획을 수정했다. 이후 심리학자들은 임금만큼이나 환경이 중요한 현상을 레이니어 효과로 칭했고, 여기에서 환경에는 자연환경뿐 아니라 기업 정신, 조직 내 분위기 등 인문환경도 포함되었다.

tip

레이니어산은 시애틀에서 95km 떨어져 있는 레이니어 국립공원의 활화산이다. 한 단체에서 선정한 가장 위험한 활화산 16개 가운데 하나이지만 4392m라는 높이에서 뿜어내는 위상은 압도적인 풍광을 보인다고 알려졌다.

로널드 데이비드 랭

Ronald David Laing

1927년 스코틀랜드에서 태어난 로널드 데이비드 랭은 저명한 정신의학자이다. 특히 인격의 여러 측면에 걸쳐 광범위한 이상 증상을 일으키는 정신질환인 조현병의 일반적인 관점을 변화시키려 노력했다. 랭은 1960년에 출간된 저서『분열된 자기』(문예출판사, 2018)를 통해 조현병이 생물학적 질병이라는 당시 사회적 통념에 이의를 제기했다. 조현병은 자신이 참을 수 없는 외부 세계에 대한 반응이며, 조현병 환자를 마음 깊숙이 담긴 자신의 숨겨 둔 이야기를 귀 기울여 들어 줄 누군가를 찾는 사람이라 이야기했다. 랭의 주장은 당시 조현병에 대한 엄청난 인식의 전환을 가져왔다.

로미오와 줄리엣 효과

Romeo and Juliet effect

셰익스피어의 4대 희곡 중 대중에게 가장 사랑받는 『로미오와 줄리엣』에서 두 남녀 주인공은 원수 가문이라는 이유로 양쪽 집안의 반대에 부딪혀 사랑에 어려움을 겪는다. 이에 대한 반발로 서로 간의 애정이 더욱 깊어지지만 두 사람의 사랑은 결국 죽음이란 비극으로 끝이 난다. 이처럼 부모나 주변의 반대가 심할수록 애정이 더 깊어지는 현상을 로미오와 줄리엣 효과라고 부른다. 원인으로는 반발 심리와 인지부조화를 들 수 있다. 사랑뿐 아니라 자유를 위협받거나 주변에서 자신의 생각이 심한 반대에 부딪힐 경우 원상태로 회복하기 위해 더 강하게 저항하는 것이다.

로버스 동굴 공원 실험

Robbers Cave experiment

집단 내에서 관계 형성과 집단 갈등이 일어나는 과정이 세밀하게 드러나는 대표적인 실험으로, 1954년 사회심리학의 창시자 중 한 명인 무자퍼 셰리프가 고안했다. 셰리프는 미국 오클라호마 주립공원 내 로버스 동굴 근처의 야영장에서 실험을 진행했다. 12세 전후의 백인 중산층 가정에서 자란 비슷한 조건을 가진 소년 24명을 무작위로 2팀으로 나눴다.

각 집단은 서로의 존재를 모른 채 운동, 놀이를 하며 각자만의 방식으로 협력을 다지고 유대감을 형성했고, 2주 후 서로의 존재를 알게 되었다. 그들은 상대의 존재만으로 동요했고, 경쟁심을 가졌다. 팀 대항 운동 경기를 진행했고, 연구자는 트로피와 메달을 준비했다. 처음에는 단순한 승부욕 정도였으나 시간이 지날수록 야유, 언어폭력, 물리적 폭력까지 발생했다. 원래 일부러 분열을 조장한 후 서로 융화되는 과정을 연구하려 했으나, 예상보다 훨씬 격렬해져 바로 갈등을 해소하려 했다. 그러나 교육, 설득, 대화 등이 통하지 않았고, 결국 연구진이 두 팀의 공동의 적이 되어 서로 협력하는 관계를 만들어 갈등을 해소시켰다.

정치, 외교에서는 이 실험과 같이 외부의 적을 만들어 내부의 결속을 다지는 방법을 자주 사용한다. 이는 일상에서도 충분히 적용될 수 있다. 친구나 형제간의 갈등이 발생했을 때 단순한 화해를 유도하기보다는 서로가 협력하는 과제를 제공하는 것이 갈등을 해소하는 좋은 방법이 될 수 있다.

Robert Cialdini

로버트 치알디니

미국의 사회심리학자 로버트 치알디니는 설득에 관한 세계 최고의 권위자로 불린다. 1984년 출간된 세계적인 베스트셀러 『설득의 심리학』(21세기북스, 2019)의 저자이기도 하다. 행동심리학의 바이블로 일컬어지는 이 책에서 치알디니는 미래 사회는 지식의 반감기가 가속되고 정보의 양이 폭발적으로 증가하여 선택과 결정에 대한 사람들의 정서적인 동요 및 혼란을 불러온다고 했다. 또한 이를 해소하기 위해 자신도 모르는 사이에 상대에게 여섯 가지 방법으로 설득당할 수 있다고 보았다. 여섯 가지 방법은 상호성의 법칙, 일관성의 법칙, 사회적 증거의 법칙, 호감의 법칙, 권위의 법칙, 희귀성의 법칙이다. 중요한 것은 설득을 당하더라도 무엇인지 알아야 한다는 것이다. 치알디니는 설득의 방법을 잘 이해하고 대비한다면 조금 더 객관적이면서 합리적인 의사 결정이 가능하다고 보았다.

로젠탈 효과

Rosenthal effect

미국의 심리학자인 로버트 로젠탈 교수가 발표한 이론으로 타인의 기대나 관심으로 인해 좋은 결과를 얻는 피그말리온 효과를 교육심리학에 적용한 것이다. 로젠탈이 캘리포니아의 한 초등학교 학생들을 대상으로 지능검사를 실시했다. 이후 반마다 무작위로 20%가량의 학생들을 선출하여 그 명단을 교사에게 전달하면서 지능지수가 높은 학생 명단이라고 말했다. 8개월 후 동일한 지능검사를 실시했고, 명단에 속한 학생들의 평균 점수가 향상되었다. 교사는 그 학생들에게 칭찬과 격려를 했고, 학생들은 교사의 기대에 부응하려 노력한 결과였다. 실험에서 보이고자 했던 것은 교육자가 학생의 학업뿐만 아니라 심리적인 면에도 큰 영향을 미칠 수 있다는 점이다.

tip ①

교육심리학자 로버트 손다이크는 보통 아이들보다 약간 지능이 떨어지는 다른 아이들을 대상으로 비슷한 실험을 했을 때 별다른 변화가 없었다고 비판했다.

tip ②

칭찬은 고래도 춤추게 한다.

로크 법칙

Locke's law

미국의 심리학자 에드윈 로크가 1968년에 주장한 내용으로 목표를 적절하게 잡으면 도달할 수 있다는 것이다. 로크 법칙은 농구 골대 원리라고도 불린다. 우리가 흔히 보는 농구 골대는 일반 사람에게 도전정신을 불러일으킬 수 있을 만큼의 적정한 높이이다. 만약 더 높았다면 골을 넣기 어려워서, 더 낮았다면 골을 넣기 쉬워서 매력이 떨어졌을 것이다. 목표는 높을수록 좋은 것만이 아니며, 사람들에게 달성 가능성을 합리적으로 제시할 때 가장 잘 자극할 수 있다. 목표를 설정하되 중요한 것부터 하나씩 달성하며 전진해 나가는 것이 좋은 방법이다.

....

tip

로크는 성공의 가능성을 개선할 수 있는 목표 설정 원칙을 다섯 가지로 보았다. 명료함(clarity), 도전(challenge), 헌신(commitment), 피드백(feedback), 업무 복잡성(task complexity)이다.

롤리타 콤플렉스

Lolita complex

미성숙한 여자아이에게 정서적 동경이나 성적 집착을 가지는 현상을 말한다. 러시아의 소설가 블라디미르 나보코프가 쓴 소설 『롤리타』(문학동네, 2013)에서 유래되었다. 소설은 12세 소녀 롤리타에게 집착하는 중년 남자 험버트의 이야기를 담고 있다. 1955년 프랑스에서 발간되었으나 판매금지를 당한 후 1958년 미국에서 다시 발간되었다. 이 콤플렉스의 발생 원인을 일부 성격적 결함으로 인해 비슷한 나이대의 여성과의 접촉에 부담을 느끼는 남성이 여자아이를 대상으로 욕구를 발산하려는 심리로 보는 경향이 있다. 이와는 반대로 성인 여성이 남자아이에게 성적 매력을 느끼는 것을 쇼타로 콤플렉스Shotaro complex라고 한다. 일본 애니메이션 〈철인 28호〉에 나오는 주인공 가네다 쇼타로에서 비롯되었다.

루안 브리젠딘
Louann Brizendine

　　미국의 신경정신과 의사인 루안 브리젠딘은 신경심리학의 권위자로 불린다. 브리젠딘은 호르몬과 신경계의 화학 작용이 여성의 심리에 어떠한 영향을 미치는지 관찰하기 위해 1994년에 미국 최초의 임상연구소인 여성 심리와 호르몬을 위한 클리닉Women's Mood and Hormone Clinic을 창립했다. 여성이 자신의 잠재 가능성을 찾는 데 도움을 주고자 2006년에 『여자의 뇌』(웅진지식하우스, 2019)를 출간했고, 상대적인 관점에서 2010년에 『남자의 뇌』(웅진지식하우스, 2019)를 출간했다. 저자는 두 저서를 통해 남자와 여자 사이의 뇌의 작동 절차가 무엇이 같고 다른지 설명하며, 남성과 여성의 뇌의 변화가 우리 삶에 어떻게 반영되는지 이해한다면 더 나은 관계를 구축하는 데 큰 도움을 줄 것이라고 주장했다.

루키즘
Lookism

외모에 지나치게 집착하는 외모지상주의를 일컫는 신조어이다. 이 단어를 처음 언급한 미국 〈뉴욕타임스〉 칼럼니스트인 윌리엄 새파이어는 인종, 성별, 종교 등에 이어 외모가 새로운 차별 요소로 부상되어 사람들 사이에 불평등을 만들어 내고 있다고 보았다. 외모가 연애, 결혼은 물론 사회생활 전반을 좌우하기 때문에 외모를 꾸미는 데 많은 시간과 노력을 들이게 된다는 것이다. 문제는 외모에 과하게 집착함으로써 병증으로 발전할 수 있다는 점이다. 단순히 꾸미기를 넘어 성형 중독으로 이어질 수 있으며, 이는 심하면 신체 변형 장애body dysmorphic disorder로 나타날 수 있다.

....

tip
국제미용성형외과학회(ISAPS)에 따르면 성형 수술 건수에서 한국은 최상위권이었으며, 인구 대비 성형 수술 횟수는 1위였다.

루핑 효과
Looping effect

사람들이 평소에 인지하지 못하던 특정 사실이 언론매체를 통해 보도되면서 관심이 집중되고 새로운 사실로 받아들여지는 현상을 말한다. 캐나다의 철학자 이언 해킹이 논문에서 처음으로 이 말을 언급했다. 그는 언론의 책임 의식과 보도 태도를 강조했는데, 언론이 보도한 내용이 단순히 사실을 보도하는 데서 그치지 않고 또 다른 사실을 만들어 낼 수 있기 때문이다. 또한 그는 언론은 발생한 사건이나 정보의 본질이 지닌 사회적 무게에 초점을 맞춰야 하며, 조회수를 늘려 수익을 증대하기 위해 자극적인 추측성 기사를 쓰거나 가짜 뉴스로 재생산하는 것은 지양해야 한다고 밝혔다.

리마 증후군
Lima syndrome

1996년 12월 17일, 페루의 수도 리마에서 반군들이 일본대사관을 점거한 뒤 400여 명을 인질로 삼았다. 인질들은 페루 정부군이 기습하여 반군 전원을 사살하기까지 127일 동안 반군들과 함께 지냈다. 그런데 이 기간 중에 반군들은 인질들이 가족에게 편지를 보내도록 해 주고, 미사를 개최하며, 의약품이나 의류 반입을 허용했다. 반군들은 미사를 통해 인질들에게 자신의 신상을 털어놓기도 했다. 이후 심리학자들은 인질범이 포로나 인질들의 상태에 정신적으로 동화되어 그들에게 동정심을 가지면서 폭력성을 거두는 현상을 리마 증후군이라 칭했다. 리마 증후군의 발생 원인은 아직 정확하지 않다. 다만 심리학자들은 사람과 사람 사이에서 일어난 정서적 상호작용이 우리의 상식을 뛰어넘을 수 있음에 동의했다.

....

tip

반군 중 온정적인 사람이 있거나,
인질 수가 반군 수보다 월등히 많아
밀착 관리가 어려워서 발생한 현상이라고
보기도 한다.

리셋 증후군

Reset syndrome

컴퓨터를 하다가 작동이 멈췄을 때 전원을 껐다가 켜면 아무 일 없다는 듯 다시 작동되고는 한다. 이러한 현상이 현실에서도 가능하다고 착각하는 증상을 리셋 증후군이라고 말한다. 무언가 잘못되거나 실수한 부분을 리셋으로 해결할 수 있다고 믿는 것으로, 사람들이 디지털 매체에 의존하는 정도가 높아지면서 발병률이 조금씩 높아지고 있다.

리셋 증후군은 대부분 단순한 착각에 머물지만 일부는 심각한 범죄로 이어지기도 한다. 대표적인 사례가 1997년 5월 일본 고베시에서 발생한 초등학생 토막 살인 사건이다. 경찰은 사건 현장에 나가 시신의 입에서 작은 쪽지를 발견한다. 쪽지에는 게임이 시작되었다고 말하며 경찰을 조롱하는 듯한 내용이 담겨 있었다. 이후 범인이 평소 게임에 과몰입했던 열네 살 소년이라는 점이 밝혀지며 사람들의 놀라움을 자아냈다. 현실과 사이버 세계를 혼동해서 벌어진 결과였다.

....

tip

이 사건에서 범인은 사카키바라 세이토(酒鬼薔薇聖斗)라는 가명을 썼는데, 술, 귀신, 장미, 싸움 등의 의미를 담고 있다.

리셋 증후군은 자존감이 낮은 사람에게 자주 발생한다고 알려져 있다. 현실을 부정하고 외면하려는 태도를 자주 보임으로써 대인관계에도 영향을 미치게 되며, 자기 합리화가 심해지고 잘못의 정도를 정확히 인지하지 못하게 된다고 한다. 증상이 심각해지면 앞선 예처럼 극단적인 결과로 이어진다.

이러한 증상에서 벗어나려면 디지털 매체로부터 멀어져야 한다. 의식적으로 사용 시간과 빈도를 줄여 나가야 한다. 규칙적인 운동, 명상 등으로 자신의 감정을 잘 다스리는 노력도 필요하다. 또한 현실의 실제 커뮤니티에 참여하여 사람들과 교류하는 것도 좋은 방법이다.

리액턴스 효과
Reactance effect

우리는 눈앞에 놓인 평탄한 길을 가지 않고 굳이 험난해 보이는 길을 선택할 때가 있다. 주변에서 그 길을 가지 말라고 할수록 더욱더 가고 싶은 갈망이 생긴다. 이처럼 금지된 것일수록 더욱 하고 싶고, 소유하고 싶은 현상을 리액턴스 효과라고 한다. 우리가 흔히 말하는 청개구리 심보이다. 리액턴스는 교류회로에서 전기의 저항을 가리키는 물리학 용어로, 저항을 많이 받을수록 반발력이 크게 나타나는 현상을 인간의 심리에 반영했다. 상대가 자신에게 무언가를 감추려 하거나 자신이 선택할 수 있는 선택지가 위협당한다고 느껴질 때 더욱 크게 반영된다. 이러한 심리는 마케팅 기법에 주로 적용된다. 홈쇼핑에서 '마감 임박'이라는 글씨가 화면에 나타나는 순간, 시청자의 구매 선택지에 위기감이 조성되어 큰 망설임 없이 전화기를 향해 손을 뻗게 되는 이유이다.

tip
부모님이 시킬수록 공부하기 싫은 이유는 심리학으로 설명이 가능하다.

리플리 증후군

Ripley
syndrome

tip

리플리 증후군을 다룬 대표적인 영화로 〈태양은 가득히〉와 〈캐치 미 이프 유 캔〉이 있다. 그중에서도 〈태양은 가득히〉는 리플리 시리즈의 첫 작품인 『재능 있는 리플리』(그책, 2012)를 원작으로 하였다.

心

　　사람들은 어떠한 상황을 벗어나고 싶거나, 상대에게 주목받기 위해 종종 거짓말을 한다. 대부분 상대방에게 하는 자신의 말이 거짓인 줄 알기에 미안, 후회 등의 감정을 가진다. 그런데 누군가는 자신이 하는 말조차 거짓인지 인지하지 못한 채 거짓된 말과 행동을 일삼기도 한다. 이러한 현상을 리플리 증후군이라고 한다.

　미국의 작가 퍼트리샤 하이스미스가 1955년에 시작해 1991년에 집필을 마친 범죄 소설 리플리 시리즈에서 유래되었다. 이 소설은 주인공인 톰 리플리가 친구이자 재벌의 아들인 디키 그린리프를 살해한 뒤, 그의 인생을 대신 살아가는 내용을 담고 있다. 우리나라에는 2007년 한 인물의 학력 위조 사건을 외국 언론 등에서 보도하면서 대중에게 알려졌다.

　리플리 증후군의 원인으로 크게 열등감과 성취 욕구를 들 수 있다. 처음에는 사소한 거짓말로 시작한다. 자신의 욕구를 충족시킬 수 없어 열등감과 피해의식에 시달리며 거짓말의 횟수와 강도가 달라진다. 리플리 증후군을 앓는 사람은 대개 자존감이 낮다고 알려져 있다. 거짓말로 낮은 자존감을 보호하는 것이다. 이를 반복하다 보니 현실과 허구의 경계마저 무의미해진다.

　전문가들은 자신의 현재 상황을 인지하는 것이 증후군을 극복하는 첫 단계라고 한다. 그렇지 않으면 상대에게 큰 피해를 입힐 뿐만 아니라 내면의 자아가 무너져 버릴 수 있다고 말한다.

링겔만 효과
Ringelmann effect

한 사이트에서 대학생을 대상으로 진행한 학교 내 꼴불견 설문조사에서 '조별 과제에 묻어가는 얌체족'이 1위를 차지했다. 이는 조직 내에서도 빈번히 볼 수 있다. 프로젝트 달성을 위해 파트별로 업무를 진행했으나, 일은 하는 사람만 하는 것이다. 팀으로서 시너지는커녕 파훼될 확률이 높다. 이처럼 한 집단의 구성원 증가와 집단의 역량이 비례하지 않는 현상을 링겔만 효과라고 한다.

1913년 프랑스의 농업 공학 교수인 막시밀리앙 링겔만은 줄다리기 실험을 통해 이 효과를 증명했다. 줄다리기 실험 중 2명이 속한 그룹에서 1명이 발휘하는 힘은 93%, 3명이 속한 그룹에서 1명이 발휘하는 힘은 85%로, 구성원 수를 늘려갈수록 한 사람당 발휘하는 힘의 크기가 점점 줄어들었다. 링겔만은 개인의 집합체는 잠재력을 충분히 발휘하기 어려우며, 이는 집단이 커질수록 심화한다고 보았다.

여기에는 크게 두 가지 원인을 들 수 있다. 한 가지는 자신이 덜 노력해도 다른 사람이 잘하면 된다는 안일한 생각이다. 다른 한 가지는 공동의 목표에 대한 기대가 낮거나 목표에 대한 보상이 적절하지 않다고 판단하기 때문이다.

링겔만 효과는 조직 전체의 목표를 구체화하거나 적절한 보상

을 통해 일부 해소할 수 있다. 그러나 '나 하나쯤이야' 하는 생각을 떨쳐 내지 않는 한 링겔만 효과는 지속될 가능성이 높다. 그럴 때면 자신을 당하는 사람의 입장에 놓아 보는 게 어떨까 한다. 자신의 손을 떠난 화살은 언젠간 자신에게로 돌아온다.

....

tip

동료들이 건네는 진심 어린 칭찬이나 인정만으로도 개인의 노력을 증대시킨다는 연구가 있다. 칭찬은 고래를 춤추게 할 뿐 아니라 조직의 성장도 이끌어 낼 수 있다.

마법의 숫자 7

Magical number seven

흔히 7을 행운의 숫자라 여긴다. 1956년 미국의 심리학자 조지 밀러는 이를 인간의 뇌에 기반한다고 여겼다. 밀러는 자신의 논문 「정보 처리 능력의 한계에 대한 몇 가지 제한: 매직 넘버 7 더하기 또는 빼기 2 The Magical Number Seven, Plus or Minus Two」에서 사람은 동시에 7종류를 기억할 수 있으며, 새로운 정보를 수용할 때 단기로 기억할지, 장기로 기억할지 선택하는데, 30초 정도의 단기 기억 용량으로 기억할 수 있는 수는 대략 5개에서 9개 사이라고 말했다. 즉 한 번의 짧은 시간 동안 우리가 기억할 수 있는 정보의 평균 양이 7개 정도라는 의미이다. 밀러는 기억의 용량의 한계 때문에 전화번호, 차량 번호 등의 정보를 기억하기 위해서는 해당 숫자를 7개 내외로 두어야 한다고 주장했다.

....

tip

2000년대 초 미국의 심리학자 넬스 코완의 연구에 따르면 젊은 사람의 단기 기억 용량이 3~5개 수준이라고 말하며 마법의 숫자 7이 적용되지 않음을 밝혔다.

마태 효과
Matthew effect

신약성서 「마태복음」 25장에는 달란트 이야기가 나온다. 한 사람이 먼 길을 떠나기 전에 세 하인에게 재능에 따라 각각 달란트를 다섯 달란트, 두 달란트, 한 달란트를 주었다. 주인이 돌아왔을 때 첫 번째 하인은 다섯 달란트로 장사하여 다섯 달란트를 벌었다. 두 번째 하인은 두 달란트로 장사하여 두 달란트를 벌었다. 세 번째 하인은 한 달란트를 받았으나 앞의 두 하인과는 달리 잃어버릴까 봐 두려워 감춰 두었다고 했다. 주인은 세 번째 하인의 달란트를 첫 번째 하인에게 주라고 명령하며, "무릇 있는 자는 받아 풍족하게 되고 없는 자는 그 있는 것까지 빼앗기리라"라고 말했다.

1969년 미국의 사회학자 로버트 머튼은 저서 『과학사회학』(민음사, 1998)에서 명성이 높은 과학자일수록 더 높은 명성을 얻기 쉬운 현실을 「마태복음」 이야기에 빗대었다. 이후 심리학에서는 강자가 더욱 강해지고, 약자가 더욱 약해지는 현상을 마태 효과라 불렀다. 이 용어는 소득 양극화 현상을 비롯해 사회 전반의 각종 격차를 설명할 때 주로 적용되었다.

마태 효과의 핵심을 빈익빈 부익부 현상으로 볼 수 있으나 한편으로는 어느 쪽으로든 성공의 경험이 있다면 더 많은 기회 혹은 성공으로 이어질 수 있음으로 해석할 수 있다. 실패가 성공의 어머니라는 말을 반증하는 것과도 같다. 아무것도 가진 것이 없음에 열등감을 가지고 실망하기보다는 지금 하려는 행동을 성공으로 이끄는 노력이 더 중요할 것이다.

Martin Seligman

마틴 셀리그먼

미국의 심리학자 마틴 셀리그먼은 긍정심리학의 창시자로 불린다. 에이브러햄 매슬로, 칼 로저스 같은 초기 인본주의적 견해를 가진 학자들에게서 영향을 받았다고 알려졌다. 셀리그먼은 기존의 심리학 연구가 병리학적 관점에서 심리 질환의 치료에 초점을 맞추다 보니 인간에게 긍정적인 것이 무엇인지에 관한 연구가 간과되었다고 보고, 이러한 불균형을 바로잡기 위해 과학적인 관점에서 오랫동안 연구했다. 1998년 미국심리학회 APA 회장으로 선출된 후에는 긍정심리학을 심리학의 핵심 화두로 선정하기도 했다.

셀리그먼은 인간은 저마다 다른 성향과 성격으로 태어나기에 행복 역시 각자 다르며, 행복에 다다르는 방법도 다양하다고 보았다. 그는 저서 『긍정심리학』(물푸레, 2009)을 통해 진정한 행복은 유전적 특성, 자동조절기 등의 S(set point: 이미 설정된 행복의 범위) + 돈, 결혼, 사회생활 등의 C(condition of living: 외적 환경) + 과거에 대한 만족 및 현재의 몰입 등의 V(voluntary control: 내적 환경)의 합에 의해 결정된다고 주장했다. 그중 V를 어떻게 활용하느냐에 따라 행복의 수준이 달라진다고 여긴 그는 약점을 고치기보단 자신의 대표 강점을 한껏 발휘하는 것이 중요하다고 말했다.

셀리그먼은 비관주의, 우울증에 빠진 사람들의 생각과 습관을 긍정적이고 낙관적인 태도로 변화시킴으로써 심리적인 치료를 할 수 있다고 제시했는데, 이러한 변화는 우울증 환자뿐만 아니라 보통의 현대인에게도 적용될 수 있다.

막스 베르트하이머

Max Wertheimer

독일의 심리학자 막스 베르트하이머는 게슈탈트 심리학(형태주의 심리학)의 창시자로 여겨진다. 프라하대학교에 다닐 때 독일의 철학자 프란츠 브렌타노의 게슈탈트 개념을 접한 후 깊은 영향을 받았다고 알려져 있다. 게슈탈트 심리학은 마음을 구성 요소로 분석하려는 구성주의에 반발하면서 시작되었다. 베르트하이머는 인간은 자신이 본 것을 조직화하려는 기본 성향을 가지며, 어떤 대상을 개별적 부분의 조합이 아닌 전체로 인식하는 존재라 여겼다.

게슈탈트 심리학에서 가장 기초적이면서 중요한 것으로 가현운동apparent movement을 들 수 있다. 우리가 물체를 지각하는 과정에서 실제로 움직이지 않는 대상이 어떤 조건에서 움직이는 것처럼 보이는 현상으로, 일종의 착시 현상이다. 애니메이션, 영화, 네온사인 광고판 등이 대표적인 예이다. 베르트하이머는 우리가 외부의 대상을 어떻게 바라보고 어떻게 판단하는지에 대해 의문을 가졌고, 이것이 기존의 구성주의로는 설명되지 않는다고 여겼다. 그리하여 이 현상이 사물을 바라보는 지각에 따라 발생하며, 지각은 감각기관에서만 얻어지는 것이 아니라 과거의 경험이나 학습에 크게 의존한다고 보았다.

게슈탈트 심리학은 학습, 사고, 문제 해결 등에 영향을 미쳤으며, 인지심리학 발달에 많은 영향을 주었다.

맏딸 콤플렉스

맏딸로서 부모나 동생의 기대를 충족시켜야 한다는 부담감에서 발생하는 복합적인 심리 현상을 말한다. 전통사회에서 맏딸은 딸이라는 점에서 아들보다 못한 대접을 받았으나, 맏이라는 이유로 자신의 의지와 상관없이 가족 부양의 책임을 맡았다. 또한 부모가 가지는 기대에 부응하지 못할 경우 자신의 잘못으로 여겼다. 맏이이자 딸로서 가지는 갈등과 강박이 지속되면 콤플렉스가 되며, 자아를 실현하는 길과는 멀어지게 된다. 그러므로 콤플렉스에서 벗어나기 위해서는 맏이라는 부담감과 의무감을 내려놓는 게 선행되어야 한다. 시대가 변하면서 형제 서열상 희생을 강요당했던 맏딸 콤플렉스가 소멸되었다는 견해도 있다.

말파리 효과

Horsefly effect

게으르고 무기력한 말이라도 흡혈 파리인 말파리가 물면 말파리를 떼어 내기 위해 쏜살같이 내달린다. 이에 빗대어 사람도 물고 쏘는 자극이 있어야 안주하지 않고 노력하여 앞으로 나아갈 수 있다고 하는 것이 말파리 효과이다. 즉 일반적으로 좋지 않게 생각하는 스트레스를 동력으로 전환하여 긍정적인 효과를 끌어내는 것이다. 조직의 리더는 '말파리'라는 자극 요소를 적절히 활용할 필요가 있다. 누군가는 단지 동기부여가 부족하여 자기 능력을 제대로 펼치지 못할 수 있다. 리더는 말파리를 활용하여 조직 구성원의 숨겨진 잠재력을 끌어올림으로써 조직의 성과 및 수익을 늘릴 수 있다. 다만 자극 요소를 활용하는 정도가 과하면 오히려 역효과를 불러올 수 있음을 언제나 유의해야 한다.

망각 곡선 연구

Forgetting curve

이전에 경험했거나 학습한 것이 일시적 혹은 영속적으로 감퇴, 상실되는 현상을 망각이라 말한다. 한정된 뇌의 용량으로 인해 오랜 시간 받아들인 무수한 정보를 다 저장하지 못함으로써 발생하는 현상으로 인간으로서 자연스러운 일이다. 인간은 망각의 동물이라고도 하지 않는가? 실험심리학의 선구자로 불리는 독일의 심리학자 헤르만 에빙하우스는 망각을 증명하기 위해 16년에 걸쳐서 실험을 진행했다. 그 결과 시간 경과에 따라 나타나는 일반적인 망각 경향이 곡선 그래프로 제시되었다.

에빙하우스는 연속성을 가지지 않는 무의미한 철자를 고안한 후 피험자들에게 완전히 학습시켜 시간 경과에 따라 망각량을 측정했다. 실험 결과 학습 직후 20분 내에 41.8%가 망각되었을 정도로 망각의 속도가 빨랐다. 1시간 뒤에는 약 60%, 24시간 후에는 약 70%, 1개월 후에는 약 80%가 망각되었다.

기억을 오랫동안 가져가기 위해서는 시간 간격을 두고 규칙적으로 분산해서 기억하거나 반복 학습을 해야 한다. 특히 복습은 단기 기억을 처리하는 해마를 설득하는 과정으로 볼 수 있다. 또한 쓰는 습관을 통해 기록으로 남겨 놔야 한다. 이동 중에 아무리 좋은 아이디어가 떠오르더라도 어딘가에 기록하지 않으면 자

연스럽게 망각될 가능성이 크다. 일부 학자들은 무의미한 단어
가 아닌 의미 있는 내용을 기억한다면 결과가 달라질 수 있음을
실험의 한계점으로 두었다.

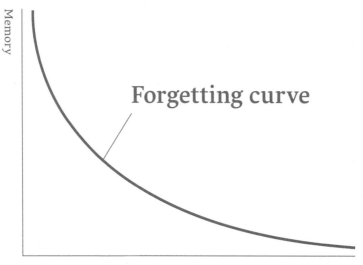

매몰 비용 오류

Sunk cost fallacy

미래에 발생할 상황이 만족스럽지 못하다고 판단할지라도 과거에 투자한 돈과 시간이 아까워서 하게 되는 일련의 행동들을 일컫는다. 미국의 경제학자 리처드 세일러가 명명했다. 한 예로 수천억 원을 들인 사업이 공정의 80%를 넘긴 상황에서 어떠한 중요한 문제가 발견되었을 때 이미 들어간 사업비가 아까워 계속 진행하는 쪽으로 결정 나는 경우를 들 수 있다. 이 현상은 일상에서도 사람들의 합리적 의사 결정을 저해하는 역할을 한다. 행동경제학에 따르면 심리 저변에 자리 잡은 손실 회피적 성향으로 인한 결과로 볼 수 있다.

tip

매몰 비용은 회수할 수 없는 비용을 의미한다. 이미 지불한 금액을 돌려받을 수 있거나, 구매한 무언가를 타인에게 판매할 수 있을 때는 매몰 비용이라 부르지 않는다.

머피의 법칙

Murphy's law

　　투자에서 흔히 쓰이는 말 중에 '내가 사면 떨어지고, 내가 팔면 올라간다'가 있다. 자신의 실력보다는 현상에 대한 자조적인 목소리에 가깝다. 이러한 현상은 일상에서 흔히 발견된다. 10여 개의 계산대가 있는 대형 마트에서 내 줄만 줄어들지 않고, 8차선 왕복 도로에서 내 차선만 움직이지 않는다. 이처럼 자신이 하려는 일이 안 좋은 방향으로만 흘러가는 경향을 머피의 법칙이라 부른다. 미국 공군 엔지니어였던 에드워드 머피 대위가 한 기술자의 사소한 실수로 실험이 계속 실패하자 던진 말에서 유래했다.

　　학자들은 이 법칙이 단순한 우연이 아닌 확률에 기반을 둔 심리 경향에 가깝다고 말한다. 그러한 근거로 몇 가지를 들 수 있다. 먼저 서두르고 긴장함으로써 잘못될 확률을 높인다. 긴장은 정서적으로 사람을 불안하게 하여 평소보다 좋지 않은 결과를 만든다. 다음으로 인간은 불안하고 부정적인 경험을 선명하게 기억하는 경향이 있다. 좋지 못한 경험이 반복되면 이를 일상적인 것으로 받아들이게 된다. 그러다가 일어날 가능성이 낮은 일이 실제로 일어나면 스스로 머피의 법칙이 맞았음을 인지하게 된다. 반복 횟수가 늘거나 계속해서 결과가 좋지 못하다면 강한 믿음으로까지 이어진다.

머피의 법칙은 세상을 비관적으로 본다는 측면이 강하지만, 다른 한편으로는 작은 일에도 실수가 발생할 수 있음을 알려 준다. 지금 하는 일을 조금 더 준비함으로써 머피의 법칙이 발생할 확률을 낮출 수 있다.

멀티 페르소나

Multi-persona

　　고대 그리스어로 가면을 뜻하는 페르소나persona는 타인에게 비치는 외적 인격을 뜻한다. 인격personality을 가리키는 영어 단어 역시 페르소나에서 유래되었다. 멀티 페르소나는 상황에 따라 가면을 바꾸어 쓰듯이 상황과 역할에 따라 다양한 정체성을 만들어 가는 개인으로 볼 수 있다. 카를 융은 이러한 상황을 두고 "인간은 천 개의 페르소나를 갖고 상황에 맞게 꺼내 쓴다"라고 말하기도 했다. 사람들은 멀티 페르소나를 다중인격으로 받아들이기도 하지만, 의식의 분열로 나타나는 다중인격은 하나의 병리적인 현상으로 볼 수 있기에 차이를 둔다고 봐야 한다.

　　멀티 페르소나는 점점 다양해지고 복잡해지는 사회에서 필연적으로 등장하는 개념일 것이다. 개인의 다양성을 존중받고 표현하는 시대의 흐름과도 맥락을 같이한다고 볼 수 있다. 특히 젊은 층에서 더욱 주목받는 모습을 보이는데, SNS 매체의 다양화와 가치의 우선순위 변화 등을 이유로 들 수 있다. 오프라인과 본업에 자신을 한정하지 않고 다양한 영역에서 각자만의 삶의 방식을 추구하는 것이다. 게임에서 본래 사용하던 캐릭터가 아닌 부副캐릭터의 준말로 '부캐'라는 용어를 자주 사용했는데 이를 활용하여 '부캐 문화'라 칭하기도 한다.

멀티 페르소나에 긍정적인 측면만 존재하는 것은 아니다. 정체성에 혼란이 생기거나 윤리적 자아 확립에도 영향을 미칠 수 있다. 그러한 점에서 자아정체성의 확립이 그 무엇보다 중요하다. 나의 정체성을 잘 유지하면서 시대적 급류에 휩쓸려 진짜 자신을 잃어버리지 말아야 한다.

tip

부캐 문화를 활성화한 것으로 유재석이 진행하는 프로그램인 〈놀면 뭐하니?〉를 꼽을 수 있다. 방송에서 유재석은 본래 캐릭터인 개그맨이자 MC가 아닌 유산슬, 유고스타, 유두래곤, 지미유, 카놀라 유 등 10여 명의 부캐로 활동하여, 부캐 문화의 선풍적인 인기를 불러왔다.

메기 효과
Catfish effect

북유럽 해안에서 많이 잡히는 생선인 청어는 항구에 도착하는 동안 대부분 죽었다. 그런데 한 어부가 항상 싱싱한 청어를 항구까지 가져왔다. 비법은 메기 한 마리를 수조에 넣는 것이었다. 청어가 천적인 메기에게 잡아먹힐 것 같지만, 오히려 생존을 위해 꾸준히 움직여 항구에 도착할 때까지 살아남은 것이다. 영국의 사학자 아널드 토인비는 이를 강력한 경쟁자로 인해 전체 분위기가 활성화되는 현상에 빗대어 메기 효과라고 명명했다. 그는 좋은 환경이 위대한 문명을 만드는 것이 아니라 가혹한 환경이 문명을 낳고 인류를 발전시키는 원동력이라고 보았다. 이 관점은 이후 기업 경쟁력을 키울 수 있는 신경영 핵심 이론으로 자리 잡았다. 한국에서는 1993년 삼성 이건희 회장이 메기론을 언급하면서 본격적으로 퍼졌다.

메기 효과의 대표적인 사례로 네이버와 카카오를 들 수 있다. 몇 년 전 두 기업은 은행, 증권업에 진출함으로써 금융계에 강력한 메기로 등장했다. 메기의 등장으로 청어들은 생존하기 위해 수수료 체계를 바꾸고 각종 서비스를 업데이트함으로써 소비자 편익을 도모했다. 그들이 보험과 증권 시장까지 진출을 앞둔 상태에서 기존의 업체들은 생존을 위해 또 다른 변화를 준비할 확률이 높다.

　메기 효과는 정체된 조직의 분위기를 반전시키는 강력한 요인이 될 수 있다. 단 과도한 경쟁은 스트레스를 심화시킬 수 있기에 조직의 상태, 기업 문화 등을 고려하여 활용해야 한다.

tip

연구에 따르면 메기를 넣어 청어를 놀라게 하면 당장은 생기를 불어넣을 수 있을지 몰라도 머지않아 산소와 에너지 고갈로 죽을 확률이 높다고도 한다.

메디치 효과
Medici effect

이탈리아가 르네상스 시대를 맞이한 데는 메디치 가문의 영향이 지대했다. 14세기에서 17세기까지 이탈리아 피렌체에서 강력한 영향력을 가졌던 메디치 가문은 학문과 예술에 대한 지원을 아끼지 않았다. 메디치 가문의 지원 아래 모인 수많은 예술가, 과학자, 철학자는 서로의 재능과 전문성을 융합하여 큰 시너지 효과를 발생시켰다. 이처럼 서로 다른 분야의 요소가 결합해 각 요소가 갖는 힘보다 더 큰 효과를 발휘하는 현상을 메디치 효과라고 한다. 이 말은 미국의 작가 프란스 요한슨이 2004년 출간한 『메디치 효과』(세종서적, 2015)에서 처음 언급되었다.

메디치 효과는 다양한 분야나 관심사를 가진 사람들이 모일 때 더욱 큰 효과를 발휘할 수 있다. 그러므로 나와는 다른 배경, 문화를 가진 친구일수록 더욱 폭넓게 교류할 필요가 있다. 그들의 관점은 기존 사고의 틀에서 벗어나는 데 도움을 준다. 오히려 현재 하는 일과 전혀 상관없는 사람에게서 뜻하지 않은 영감을 받을 수 있다.

이 효과를 극대화하기 위해서는 상대에 대한 호기심을 꾸준히 유지해야 한다. 호기심은 학습의 주요 원동력이 되기도 한다. 또한 각 분야의 다양한 관점을 접하고 자신이 가진 기존의 관점을 의식적으로 뒤집어 보려는 노력이 필요하다. 그 과정을 통해 분야 간의 장벽을 허물 수 있다.

메살리나 콤플렉스

Messalina complex

발레리아 메살리나는 고대 로마 시대의 타락한 성性의 상징으로 여겨진다. 로마에서 손꼽히는 명문가 출신으로 매우 아름다운 여인이었던 메살리나는 이후 로마 제국의 제4대 황제인 클라우디우스와 결혼하여 로마의 황후가 되었다. 그러나 황제는 메살리나에게 무심했고, 메살리나는 끓어오르는 성욕을 주체하지 못해 욕구를 충족시키기 위해 많은 정부情夫를 두었다. 심지어 몰래 궁궐을 빠져나가 매춘부로 나서기까지 했다. 이러한 메살리나의 성향에 빗대 오늘날 남자를 병적으로 밝히는 여성의 성향을 메살리나 콤플렉스라고 부른다.

tip
이탈리아어로 메살리나는 성욕을 억제하지 못하고 아무 남자와 동침하는 몸가짐이 헤픈 여자를 의미하기에 여성에게는 모욕과 같은 말이기도 하다.

메시아 콤플렉스

Messiah complex

가까운 미래에 자신이 구원자가 될 것으로 생각하고 누군가를 구원해야겠다는 신념을 가진 상태를 말한다. 이 상태에 빠진 사람은 누군가를 돕는 것을 운명으로 여기며, 필요 이상으로 타인의 사고나 행동에 영향을 끼치려 한다. 받는 입장에서 불필요한 도움일 수 있으나 개의치 않는다. 자신이 원하는 결과로 이어지지 않으면 쉽게 단념해 버리기도 한다. 무의식에 잠재된 열등 콤플렉스에 기반을 두었다고도 하며, 타인을 돕는 행위에 행복을 느끼는 강박에 의한 결과라고도 본다. 일반적으로 조울증, 조현병 등 정신분열증을 앓는 환자들에게서 자주 나타나며, 과대망상의 한 측면으로 볼 수 있다.

면역 효과
Inoculation effect

독감 예방주사를 맞으면 면역력이 강해져 독감 발생을 최소화할 수 있다. 몸에 항체가 형성되어 새롭게 침투하는 바이러스에 저항하기 때문이다. 이러한 면역 효과는 사람을 설득하는 말에도 작용한다. 1961년 미국의 심리학자 윌리엄 맥과이어는 논문을 통해 사람이 누군가에게 설득을 당하여 자기 생각과 행동을 달리하게 되는 과정을 바이러스가 몸에 스며드는 과정에 빗대었다. 그는 상대에게 설득당하지 않으려면 미리 약한 설득 메시지를 경험해야 한다고 주장했다. 바이러스에 대항하기 위해 미리 면역 기능을 길러야 하는 것이다. 예방주사를 맞아 항체가 형성된 사람은 차후에 상대의 강한 설득(바이러스)에도 잘 버틸 수 있게 된다.

tip

면역 효과가 적용된 사람을 설득하려면 그 사람이 모르는 신선한 지식과 경험이 필요하다.

모나리자 미소의 법칙

Mona Lisa's law

83│17

（心）

　　　세계적인 화가 레오나르도 다빈치가 그린 작품인 〈모나리자〉에서 모나리자는 신비한 미소를 짓고 있다. 수많은 과학자가 그녀의 미소를 분석해, 행복하고 기쁜 긍정적인 감정이 83%, 슬프고 우울한 부정적인 감정이 17%라고 했다. 모나리자의 미소가 활짝 웃는 것도, 찌푸린 것도 아니지만 변함없이 아름답게 느껴지는 것은 두 감정이 조화를 이루었기 때문일 것이다. 미국의 행복연구 권위자인 에드 디너 교수는 저서 『모나리자 미소의 법칙』(21세기북스, 2009)에서 모나리자의 미소에 빗대 행복이 80%의 긍정적인 감정과 20%의 부정적인 감정이 뒤섞인 결과라고 하고, 이를 행복의 8점 현상이라고 지칭했다. 그는 행복을 '주관적 안녕감subjective well-being'이라고 정의했다. 행복이란 개인들이 처한 객관적 상황만큼이나 각자의 삶을 주관적으로 어떻게 평가하느냐에 따라서 달라진다는 것이다. 즉 행복은 살아 있는 느낌으로 수시로 움직이는 감정인 것이다.

모차르트 효과

Mozart effect

　　모차르트의 음악이 심신에 긍정적인 영향을 끼치는 현상을 말한다. 1991년 프랑스 의사 알프레드 토마티스의 저서 『왜 모차르트인가?Pourquoi Mozart?』에서 처음 언급되었다. 이후 1993년 캘리포니아대학교의 프랜시스 라우셔 교수 연구팀이 모차르트 음악이 지능에 영향을 미친다는 가설 아래 진행한 실험을 통해 대중화되었다.

　연구팀은 대학생 36명을 세 그룹으로 나눈 후 지능검사를 진행했다. 그리고 A그룹에는 모차르트의 〈두 대의 피아노를 위한 소나타 K 448〉을, B그룹에는 일반적인 음악을 들려주고, C그룹에는 아무 소리도 들려주지 않았다. 결과적으로 A그룹의 IQ 평균 점수가 8~9점 높게 나왔으며, 공간 추론 능력은 다른 그룹보다 30%가량 높게 나왔다. 그러나 이후 여러 실험을 통해 슈베르트의 음악과 뉴에이지 장르의 음악을 들려줬을 때도 비슷한 효과가 있었으므로, 단순한 정서적 각성에 지나지 않는다는 비판을 받았다.

　이 효과에 대해서는 현재까지 찬반양론이 오가고 있다. 그런데 핵심은 수많은 연구를 통해 음악이 우리 뇌에 영향을 미친다는 게 증명되었다는 점이다. 고전 음악의 박자 수는 심장박동과 비슷해 집중력 및 기억력 향상에 도움을 준다. 가사가 있는 팝송 또한 50~60비트 속도에 해당한다면 학습에 긍정적인 효과를 줄 수 있다는 연구 결과도 있다. 단 80db 이상의 음악이나 빠른 속도의 음악은 오히려 수면과 집중에 방해될 수 있다.

무가치 법칙

Worthless law

　　　자신이 하는 일에 노력할 가치가 없다고 여기면
그 일에 냉소적이며 무성의한 태도를 보이는 것을 말한다. 즉 가
치 없는 일에 에너지를 쏟지 않겠다는 뜻이다. 사람들은 자신이
하는 일에 별다른 가치를 느끼지 못하면 일을 대충하려 한다. 그
일이 누군가의 강요에 의한 것이라면 더욱더 그렇다. 만에 하나
일정 목표에 도달하더라도 큰 성취를 느끼지 못하게 된다. 일을
지속하게 만드는 동기에 악영향을 끼치는 이런 현상을 극복하려
면 자기 일을 스스로 가치 있게 여기려는 노력이 필요하다. 마음
가짐이 올바르지 않으면 잘할 수 있는 일도 제대로 할 수 없다.
가치는 타인이 아닌 자신에 의해 결정된다. 관점의 작은 변화만
으로도 큰 변화를 불러올 수 있음을 상기해야 한다.

문간에 머리 들여놓기

Door-in-the-face technique

상대에게 실제로 원하는 것보다 더 큰 것을 요구하면 대부분 거절하지만, 그다음에 원래 요구보다 상대적으로 작은 것을 요구하면 쉽게 들어주는 현상을 말한다. 이는 보상심리에 기반한다. 누군가의 요구를 거절하는 것은 요구의 크기를 떠나 쉬운 일이 아니다. 오히려 상대의 기분을 상하게 할 수 있다는 점에서 양심의 가책을 느끼기도 한다. 이에 따라 상대적으로 작은 부탁을 들어줌으로써 죄책감의 균형을 잡으려 한다. 한 예로 기부단체에서 큰돈을 요구하면 사람들은 거부감을 느끼지만, 소액을 요구하면 상대는 기부를 거절했다는 죄책감을 해소할 뿐 아니라 작은 성취마저 느낄 수 있다. 이 효과는 적은 노력으로 큰 효과를 거둘 수 있다는 긍정적인 면이 있다. 다만 도덕적인 기준에서 비판의 여지가 있으며, 상대가 부탁을 허락했다 하더라도 심리적 반감이 생길 수 있다.

문간에 발 들여놓기

Foot-in-the-door technique

작은 부탁을 들어준 뒤에 더 큰 부탁을 쉽게 들어 주는 현상으로 인지부조화의 원리를 이용한다. 사람은 누군가의 작은 부탁을 들어주면 그 방향으로 태도나 행동을 계속 수정하게 된다. 이후 상대가 더 큰 부탁을 하면 이전과 일관되게 행동해야 한다고 판단하여 거절하기 어려워한다. 미국의 사회심리학자 조너선 프리드먼과 스콧 프레이저가 1966년에 진행한 실험에서 처음 제기되었다.

연구자는 피실험자인 대학생들에게 쉽게 할 수 있는 자원봉사 활동에 참여해 달라고 요청했다. 이후에는 자원봉사에 참여한 학생들에게 이전보다 조금 더 어려운 일을 요청했다. 긴 시간 동안 병원에서 자원봉사를 하거나, 봉사활동을 하면서 일정 돈을 기부하는 것 등이었다. 이를 통해 처음에 작은 부탁을 받은 학생들이 이후에 큰 부탁을 받았을 때 더 쉽게 수락하는 경향이 있음을 밝혔다.

사소한 부탁을 무조건 거절하기란 쉽지 않다. 친한 사이이거나 이전에 도움을 받은 경험이 있다면 더욱 그렇다. 그럴 때는 자신의 상황을 객관적으로 잘 판단해야 한다. 자신이 도울 수 있는 선을 스스로 결정해야 한다. 그래야만 상대의 무리한 요구를 사전에 차단할 수 있다. 순수한 마음으로 꺼낸 호의가 상대에게 권리로 느껴져서는 안 된다.

뮌하우젠 증후군

Münchausen syndrome

타인의 관심과 사랑을 유발하기 위해 자신이 처한 상황을 과장하고 부풀려 이야기하는 정신질환을 의미한다. 독일의 시인 고트프리트 뷔르거가 쓴 소설 『허풍선이 남작의 모험』에서 유래되었다. 책은 모험담을 꾸며 내어 사람들의 관심을 얻으려 했던 18세기 독일의 관료 뮌하우젠 남작을 모델로 삼아 이야기를 꾸렸다. 이후 영국의 의사 리처드 애셔는 많은 환자가 의사의 관심을 받기 위해 병을 꾸며 내는 현상을 발견한 후 책에서 이름을 따와 뮌하우젠 증후군이라 칭했다.

이 증후군은 부모-자식 간의 과거 관계와 관련이 있어, 어린 시절에 과보호로 인해 자립 능력이 떨어져 힘든 상황을 회피하려는 사람, 부모에게 제대로 된 사랑을 받지 못해 타인의 사랑을 갈구하는 사람에게 주로 나타난다. 혹은 심한 질병을 겪었을 때 타인의 정성 어린 돌봄으로 회복했던 사람에게서도 보인다. 인터넷 문화가 발달하면서 최근에는 사이버 공간에 자신이 끔찍한 병을 앓고 있다고 말하며 불특정 다수로부터 동정을 구하는 경우도 있는데, 그들은 그 안에서 공동체 소속감을 누린다. 따라서 타인의 관심을 받기 위해서라면 자해까지도 시도한다.

뮌하우젠 증후군은 허언증의 하나로 리플리 증후군과 비슷한 면이 있다. 다만 스스로의 만족을 우선시하는 리플리 증후군과 달리 뮌하우젠 증후군은 타인의 관심과 사랑을 받으려 한다는 점에서 차이가 있다.

므두셀라 증후군

Moodcela syndrome

우리는 거리에서 흘러나오는 예전 노래를 듣다 과거의 기억을 떠올리기도 한다. 이때 나쁜 기억은 지우고 좋은 기억만 남겨 두려 하는 현상을 므두셀라 증후군이라 부른다. 과거의 기억을 추억으로 아름답게 포장하는 것으로 도피 심리의 일종이다. 969세까지 살았다는 구약성서 최장수 인물인 므두셀라에서 유래했다. 므두셀라 증후군은 최근 현대인에게 많이 보인다고 한다. 경쟁이 상대적으로 덜 치열했던 과거를 그리워하는 것이다. 그러나 과거에 계속 얽매이는 것은 좋지 못하다. 과거에 미련을 두지 말고 현재에 만족하며 살아가는 것이 삶의 가치를 더 높이는 방법이다.

tip

과거의 제품이나 서비스를 현재 소비자의 기호에 맞게 재해석하는 레트로 마케팅도 므두셀라 증후군과 연관성이 있다.

미러링 효과

Mirroring effect

미국의 사회학자 찰스 쿨리는 개인의 자아관이 스스로 만드는 것이 아닌 타인과의 상호작용으로 만들어진다고 보았으며 이를 미러링 효과로 개념화했다. 행동심리학에서는 이 개념을 조금 더 축약해 무의식적으로 자신이 호감을 가지는 사람의 말과 행동을 거울 속에 비친 것처럼 따라 하는 현상이라고 했다. 예를 들어 발걸음을 맞추고, 비슷한 몸짓, 손짓을 취하고 메시지를 보낼 때도 비슷한 말투를 사용하는 것이다. 여러 연구 결과 친밀도가 높을수록 상대와 비슷한 행동을 취했다. 상대가 자신과 비슷한 말과 행동을 한다면 그 또한 호감의 형태로 볼 수 있다. 반면 일부러 하는 것처럼 보이거나 완전히 똑같이 하려 노력한다면 미러링 효과는 기대하기 힘들며, 오히려 상대에게 부정적인 감정을 불러일으킬 수 있음을 주의해야 한다.

미로에 갇힌 쥐 실험

미국의 심리학자이자 행동주의 심리학의 권위자인 에드워드 톨먼이 진행한 실험을 일컫는다. 그는 복잡한 미로에 쥐를 넣어 탈출하게 했다. A집단은 매일 먹이를 줬고, B집단은 먹이를 주지 않았고, C집단은 11일째부터 먹이를 줬다. 실험 결과 A집단은 미로 탈출의 오류가 점진적으로 향상되었고, B집단은 큰 차이가 없었다. C집단은 10일째까지 B와 비슷한 형태를 보이다가 11일째부터 급진적으로 오류를 줄여 차후에는 A보다 더 나은 결과를 보였다. 톨먼은 쥐가 미로를 헤매는 동안 자신이 어디에 위치하는지를 파악하여, 일종의 '인지 맵'을 발달시킨다고 보았다. 특히 C집단은 보상이 없는 동안에도 겉으로 드러나지 않을 뿐 미로를 학습하고 있었는데, 보상이 생기는 순간부터 학습경험을 되살림으로써 오류를 줄여 나갔음을 지적하고, 이를 잠재 학습latent learning이라고 지칭했다.

day
102

〈미저리〉

Misery

(心)

미국의 소설가 스티븐 킹의 동명 소설을 바탕으로 한 1990년 영화이다. 소설가인 폴 셸던은 눈길에서 자동차 사고를 당해 의식 불명이 되었으나, 그의 애독자인 애니 윌킨스에게 구출된다. 폴이 눈을 떴을 때 그의 몸은 만신창이가 되어 있었다. 애니는 그의 치료를 돕지 않고 오히려 그에게 광적인 집착을 보인다.

캐나다의 심리학자 존 리가 주장한 사랑의 여섯 가지 유형에 따르면 애니의 행동은 광적인 사랑mania으로 볼 수 있다. 정신 질환의 일종인 조증을 의미하기도 한다. 그는 마니아에 해당하면, 사랑하는 대상에게 강력한 소유욕을 동반한 집착을 보이나, 대부분 갑작스러운 파멸로 이어진다고 보았다. 〈미저리〉는 여주인공의 강렬한 연기로 인해 심리 공포 영화의 교과서 같은 작품으로 불렸으며, 이후 미저리란 단어의 상징성을 만들었다.

....

tip ①
미저리는 남자 주인공의 소설에 나온 인물로서 순애보적 여인상을 띤다.

tip ②
존 리가 주장한 사랑의 여섯 가지 유형은 게임적인 사랑(ludus), 친구 같은 사랑(storge), 합리적인 사랑(pragma), 광적인 사랑(mania), 절대적인 사랑(agape), 열정적인 사랑(eros)이다.

미켈란젤로 효과

Michelangelo effect

배우자를 비롯해 가까운 사람을 자신이 원하는 이상적인 모습으로 탈바꿈시키려는 경향을 말한다. 1999년 미국의 심리학자 스티븐 마이클 드리고타스가 명명했다. 세계적인 조각가 미켈란젤로가 대리석 덩어리를 2년 동안 조각하여 〈다비드상〉을 완성한 데서 착안했다. 미켈란젤로가 최고의 작품을 만들기 위해 오래도록 노력한 것처럼 상대방에게 긍정적 감정을 부여하여 최선의 노력을 기울이면 상대방을 자신이 원하는 모습으로 변하게 할 수 있다. 좋은 방향으로 변하길 바라면서 상대를 부정적으로 바라보는 것은 전혀 도움이 되지 않음을 유념해야 한다.

미하이 칙센트미하이

Mihaly Csikszentmihalyi

미국의 심리학자 미하이 칙센트미하이는 긍정심리학의 대표 권위자이자, 우리가 흔히 이야기하는 몰입의 중요성을 언급한 인물이다. 몰입flow이란 어떤 행동에 깊이 빠져든 상태로, 시간의 흐름이나 공간의 이동, 더 나아가 자신조차 잊는 심리적 상태를 말한다. 내적 경험의 최적 상태이다.

칙센트미하이는 창조성과 행복과의 관계를 오랫동안 연구하여 창조적인 사람의 공통적인 특징 세 가지를 발견했다. 전문 지식, 창의적 사고, 몰입이다. 그의 주장에 따르면, 창조성은 우연이 아닌 오랜 시간 습득한 전문 지식에 기초할 때 가능하며, 창의적 사고를 넘어 몰입을 통해 완성된다. 즉 그는 창조성이 유전과 같은 선천적인 요인보다 성장 환경에서 자기 자신의 의지와 노력에 많은 부분이 좌우된다고 보았다.

한편 그는 몰입은 중요하지만 몰입의 단계에 들어가는 것은 쉽지 않은데, 그것은 수동적인 태도로 삶을 대하기 때문이라고 말했다. 따라서 몰입하려는 일의 범주를 떠나 능동적이고 적극적인 자세를 취함으로써 몰입의 단계를 경험할 수 있다고 주장했다.

그러나 단순히 몰입이 행복을 가져다주진 않는데 무언가에 몰입하면 다른 감정을 느낄 겨를도 없기 때문이다. 칙센트미하이는 몰입으로 인해 일이 잘 마무리되었을 때의 그 성취감이 행복을 느끼게 해 주는 것이며, 행복만을 추구하는 것보다 진정 행복한 순간을 깨닫고 더 많이 누리려 노력하는 것이 현명하다고 했다.

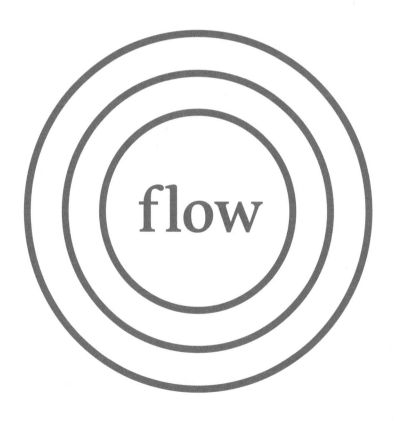

Milton Erickson

 밀턴 에릭슨

  미국의 정신과 의사이자 심리학자인 밀턴 에릭슨은 최면이란 분야를 의학계에 인정받게 한 인물이다. 현재까지 최면 역사상 가장 영향력 있는 최면 치료사로 손꼽히며 'Mr. hypnosis'로 불리기도 한다. 에릭슨은 심리 치료에 대한 자신만의 이론을 만들기보다는 개인의 특성에 기반을 두고 치료적인 의사소통을 하는 것이 중요하다고 여겼다. 이는 그의 이름이 사회적 공헌에 비해 대중에게 알려지지 않은 이유가 되었다.

  에릭슨은 17세와 51세에 두 번의 소아마비를 겪었고, 몸의 기억에 대한 회상을 통해 자신의 몸을 스스로 제어하는 경험을 했다. 이 경험은 치료적 맥락에서 '시련'을 사용하는 밀턴 에릭슨의 기술에 영향을 미쳤다고 여겨진다.

  에릭슨은 최면에서 무의식을 중요하게 여겼다. 한 예로 한 사람이 어릴 때부터 2페니짜리 파란 우표를 모으고 있었다. 에릭슨은 그와의 상담을 통해 그의 어린 시절에 부모님이 겪은 경제적 어려움을 발견했다. 이후 그의 우표 모으기 습관과 부모님의 경제적 불안 사이의 무의식적인 연관성을 찾아내며, 이를 활용하여 환자의 문제를 해결하도록 유도했다. 에릭슨은 상담자는 내담자를 자신이 원하는 방향으로 데려가는 것이 아니라, 그들이 원하는 방향으로 갈 수 있게 도와주는 역할을 해야 한다고 여겼다. 그러한 데는 사람의 무의식이 이미 어느 방향으로 가야 할지 알고 있기에 가능한 것이라고 믿었다.

....

tip

프로이트는 무의식에 증상의 뿌리가 되는 원인이 있다고 여겼다. 에릭슨은 무의식을 증상의 원인이 아닌 문제 해결의 원천으로 여겼다는 점에서 무의식에 대한 두 사람의 개념이 다르다고 볼 수 있다.

바넘 효과
Barnum effect

보편적으로 적용되는 성격의 특성을 자신의 성격과 일치한다고 믿으려는 현상이다. 자신에게 유리하거나 이득이 된다고 생각할수록 강해진다. 1956년에 미국의 심리학자 폴 밀이 명명했는데, 버트럼 포러 교수가 성격 진단 실험을 통해 바넘 효과를 처음으로 증명하여 포러 효과Forer effect라고도 불린다. 포러 교수는 대학생을 상대로 성격 진단 테스트를 진행하여 피험자들에게 동일한 성격 검사 결과지를 나누어 주며 자신의 성격과 어느 정도 일치하는지 평가하게 했다. 80% 이상의 사람들이 검사 결과가 자신의 성격과 일치한다고 말했다. 반복된 실험에서도 비슷한 결과를 얻었다.

바넘 효과라는 용어는 19세기 서커스의 선구자로 불리는 피니어스 테일러 바넘의 이름에서 비롯되었다. 바넘은 관람객의 성격을 알아맞히기로 유명했다. 실제로 성격을 알고 맞히는 게 아니라 능숙하고 교묘한 말로 관람객이 수긍하도록 만들었다. 바넘은 "모두를 만족시킬 무언가가 있다We've got something for everyone"란 문구를 광고에 사용했는데, 이 문구가 바넘 효과의 정의와 잘 맞아떨어져 그의 이름을 붙였다고 알려졌다.

바넘 효과는 혈액형 검사, MBTI, 별자리, 타로, 인터넷에서 떠도는 각종 심리 테스트 등 일상에서 흔히 볼 수 있다. 결과 대부분

We've got something for everyone

은 일반적이고 모호하지만, 사람들은 이를 과거의 수많은 경험 중 하나와 연계하여 비슷하다고 여긴다. 사람은 자신에 대해 알고 싶어 하며, 자신에게 유리한 대로 믿으려는 경향이 있는데, 여기에 무언가를 믿고 기대려는 심리가 주관적 검증에 힘을 더한다.

바넘 효과는 삶이 불확실하고 불안할수록 강하게 나타난다. 일시적일지라도 마음의 위로를 얻길 원하기 때문이다. 걷다가 우연히 발견한 타로 가게에서 앞으로의 삶이 긍정적이란 답을 들으면 이러한 이야기를 잘 믿지 않는다고 하더라도 기분이 나쁘지는 않다. 이러한 부분이 단순한 흥미나 관심의 영역에 머문다면 어떠한 문제가 발생한다고 보긴 어렵다. 하지만 맹신하게 되면 자신의 진짜 성격을 발견할 수 없다. 단순 검사와 상대의 말만으로 자신을 일정 틀 안에 가두게 된다. 사람은 한 가지 성격으로 표현하기 힘듦에도 우리는 틀에 맞춰 받아들인 정보를 진실로 믿는 오류를 범한다.

함정에 빠지지 않으려면 객관적인 정보를 찾아보고 냉철하게 비교하려는 노력이 필요하다. 일시적인 위로가 잠깐의 안도감을 줄 순 있으나 마음을 어렵게 하는 근본적인 원인을 파악하기는 쉽지 않다. 한 장의 검사 결과지가 아닌 자신을 구석구석 면밀히 들여다보는 과정에서 우리는 진정한 자신을 발견할 수 있다. 이로 인해 선택의 기로에서 더 나은 판단을 할 수 있다.

....

tip

영화 〈위대한 쇼맨〉은 바넘의 실화를 바탕으로 만들어졌다.

반동 효과

Rebound effect

어떤 생각을 더는 하지 않겠다고 결심하면 오히려 그 생각이 자주 떠오르는 경우를 공을 누르다가 놨을 때 더 튀어 오르고 조절이 안 되는 것과 유사하다고 하여 리바운드 효과 혹은 반동 효과라고 한다. 다이어트를 위해 야식을 생각하지 않으려 하면 할수록 맛있는 음식들이 떠올라 다이어트를 실패하는 이유이기도 하다. 심리학자 제임스 페니베이커는 의식을 짓누르는 생각들을 타인에게 말하는 것만으로도 반동 효과를 줄일 수 있다고 말한다. 즉 욕구를 억제하는 것보다 약간이나마 밖으로 표출하는 것이 낫다는 의미이다.

반복 강박

Repetition compulsion

누군가 알코올 중독에 빠진 이성 때문에 너무 힘들어 헤어졌는데, 다음에 만난 이성 역시 술 문제가 반복되는 상황이 발생한다. 그 사람은 자신이 왜 이런 사람들만 만나는 것일까 한탄하며 스스로 운이 없는 사람이라고 여길 수 있다. 이러한 원인은 어느 한 가지로 지칭할 순 없지만 반복 강박이 큰 부분을 차지한다고 볼 수 있다.

반복 강박이란 지그문트 프로이트가 제시한 정신분석 용어로서 괴롭고 고통스러웠던 과거의 상황을 현재에 강박적으로 반복하는 현상을 의미한다. 프로이트는 유아기에 부모와의 갈등이 해결되지 못한 채로 자라면 성인이 되어서 무의식에 의해 그 행동이 강박적으로 반복된다고 보았다. 다시 마주하기 싫은 과거의 아픈 기억을 반복한다는 것이 어리석은 행동으로 보일 수 있지만, 학자들은 이를 무의식에서 발생하는 흔한 일로 여긴다.

일반적으로 어떠한 상처를 처음 경험할 때는 대부분 수동적으로 이루어진다. 이후 그 상처를 극복하기 위해 무의식적으로 무모한 도전 혹은 변화를 선택해, 이전과 달리 자신의 힘으로 해결하려 노력한다. 그럼으로써 이전의 상처를 씻어 내려 하는 것이다. 안타깝게도 이러한 시도는 실패하는 경우가 많다. 스스로 바뀌기도 힘들기 때문에 타인을 변화시키기란 더 어렵다.

반복 강박을 해결하기 위해선 왜 이러한 삶을 사는지에 대한 근원적인 질문을 던지는 게 중요하고, 그러기 위해서는 자신의 무의식을 관찰해야 한다. 그래야 자신도 몰랐던 내면의 나를 발견할 수 있다.

발라흐 효과

Wallach effect

　　독일의 화학자 오토 발라흐의 경험에 의해 만들어졌다. 발라흐의 부모는 발라흐가 문학가 혹은 예술가가 되길 원했다. 그러나 학교에선 융통성이 없고 창작 수준이 낮은 아이라고 말하며 부정적인 의견을 내놓았다. 이때 화학 교사가 꼼꼼히 화학 실험을 준비하는 발라흐의 모습을 보고 그에게 화학 쪽으로 진로를 권유하였다. 발라흐는 자신의 장점을 화학 분야에 접목하여 이후 노벨 화학상을 받는 쾌거를 이루었다. 이처럼 모든 사람은 지적 능력의 강점과 약점을 가지고 있고, 그중 자신의 강점을 발휘하는 순간을 찾으면 잠재 능력이 발휘되어 놀라운 성과를 이룰 수 있는데 이를 가리키는 용어가 발라흐 효과이다.

....

tip
발라흐 효과가 증폭되기 위해서는 평소에 일정한 기준을 두고 어떤 일을 스스로 가치(혹은 의미) 있다고 여기는지 생각해야 한다.

방관자 효과

Bystander effect

주위에서 어떤 일이 일어났을 때, 곁에서 지켜볼 뿐 어떠한 도움을 주지 않는 현상을 말한다. 1964년, 미국에서 키티 제노비스라는 한 여성이 한 남성에게 칼에 찔려 살해당하는 사건이 발생했다. 처음에는 평범한 살인 사건으로 취급되다가 얼마 후 「살인을 목격한 38명은 경찰에 신고하지 않았다」라는 제목의 신문 기사가 나오면서 수면 위로 급격히 떠올랐다. 기사

의 내용은 살인 사건이 일어나는 30여 분 동안 주위의 아파트에 있는 38명의 사람이 사건을 지켜보았음에도 아무도 도움을 주려 하지 않았다는 것이다.

하나의 살인 사건을 예로 들었을 뿐 방관자 효과는 일상에서 종종 발견할 수 있다. 거리에서 응급환자가 발생했을 때 주위에 사람들이 많아도 응급 신고를 하지 않는 경우가 많다. 심리학자들은 여러 실험을 통해 어려움에 처한 사람 주위에 사람이 많으면 많을수록 도와줄 확률이 낮아지고, 도와주는 행동으로 옮겨지기까지 더 시간이 걸린다는 것을 알았다. 이러한 이유로 심폐소생술 교육 매뉴얼에는 "거기 모자 쓰고 있는 아저씨, 119에 신고 좀 해 주세요"라는 형태의 문장이 기술되어 있다. 방관자 효과를 사전에 방지하고자 함이다.

방관자 효과가 발생하는 주된 이유는 책임 분산 때문이다. 눈앞에서 벌어지는 행위를 지켜보는 사람이 많으니, 자신이 아니더라도 누군가 도움을 주지 않을까 하는 마음으로 책임을 회피하려는 심리적 요인이다. 우리는 어떠한 상황에서 내가 도와주지 않으면 결과적으로 아무도 도와주지 않을 확률이 높다는 사실을 인지해야 한다.

....

tip

제노비스 사건 발생 40년 후에 제노비스 사건의 목격자 수 및 목격자의 침묵 등에 대해 반박하는 논문이 『아메리칸 사이콜로지스트(American Psychologist)』에 실렸다. 논문 연구자들은 제노비스 사건이 드라마틱한 부분이 있기에 계속해서 연구 사례로 남는다고 밝혔다.

방사 효과
Radiation effect

매력적인 상대와 함께 있는 사람의 사회적 지위나 가치를 높게 평가하는 현상을 말한다. 미국의 심리학자 매릴린 시걸의 실험에서 언급되었다. 참가자들에게 '매력적인 여성과 못생긴 남성 커플', '남녀 모두 못생긴 커플', '남녀 모두 매력적인 커플', '매력적인 남성과 못생긴 여성 커플'의 사진을 보여주며 남성의 사회적 지위나 명성의 정도를 추측하도록 했다. 그결과 매력적인 여성과 못생긴 남성이 가장 높은 점수를 받았다. 즉 매력적인 여성과 함께 있는 남성은 뭔가 특별한 것이 있을 것이라는 기대감이 발생한 것이다.

방사 효과는 단순히 이성과의 관계에서만 발생하지 않는다. 한 예로 사람들은 유명 인사와 사진 찍기를 좋아한다. 평소에 좋아하는 연예인이라면 추억으로 남을 수 있다. 그런데 그렇지 않은 사람과도 사진을 찍으려는 이유는 특별한 사람과 함께 있다는 것이 주위로부터 자기 가치를 높게 평가받음과 동시에 자신의 지위나 자존심도 고양된다고 생각하기 때문이다.

그러나 방사 효과에도 한계가 존재한다. 비교 대상이 되는 상대와의 친밀도에 따라 방사 효과의 정도가 달라질 수 있다. 한 실험에 따르면 여성에게 외적으로 일련의 차이가 있는 세 명의 남성이 찍힌 사진을 전달했다. 남성들이 서로 모르는 사이라고 했을 때보다 친한 사이라고 했을 때 방사 효과가 더 크게 발생했다. 즉 별다른 친밀도가 없으면 오히려 상대와 비교되어 자신의 매력이 떨어져 보일 수 있음을 주의해야 한다. 이러한 현상을 대비효과contrast effect라고도 부른다.

tip

1980년대 말 미국 사회에서 성공한 중장년 남성이 수차례의 결혼 끝에 트로피를 받은 것처럼 젊고 아름다운 여성을 얻은 것을 일컬어 트로피 와이프(trophy wife)라 했다.

방아쇠 효과

Trigger effect

방아쇠는 권총에서 총알을 발사하게 만드는 촉발 장치 역할을 한다. 이에 빗대어 균형이 유지되던 생태계에 어떤 이유로 변화가 발생하고, 그 영향이 연쇄적으로 확대되어 생태계 전체로 퍼지는 현상을 방아쇠 효과라 한다. 즉 작은 변화가 방아쇠처럼 촉발 장치 역할을 하는 것이다. 방아쇠 효과는 단순히 자연에만 적용하지 않는다. 심리학에서는 어떤 반응이나 사건을 유발하는 도화선의 역할을 한다고 본다. 대표적인 예로 1980년대 미국 뉴욕 지하철은 무임승차가 매우 유행했다. 이를 해결하기 위해 뉴욕 시장은 지하철역에 경비원을 파견하되 승객들이 탈 때 문을 열어 주는 역할을 맡겼다. 이를 통해 무임승차뿐 아니라 지하철 범죄 발생도 급격히 줄어들었다. 범죄 감소를 경찰의 역할 강화 및 형법 개정 등의 결과로 보는 측면도 존재하나, 무임승차 방지가 범죄 감소에 큰 역할을 한 것으로 보는 측면이 강하다.

배꼽의 법칙

Belly button rule

배꼽의 방향이 그 사람이 관심을 두는 방향임을 나타내는 것을 말한다. 1930년대 영국의 심리학자 월터 토머스 제임스가 수행한 연구를 통해 밝혀졌다. 제임스는 배꼽이 몸체의 중심에 가장 가까운 부위로 자아와 밀접한 연관성이 있다고 보았으며, 여러 연구를 통해 배꼽이 향하는 방향이 태도를 반영하고 감정 상태를 드러낸다고 보았다. 그는 배꼽의 방향성을 접근(관심), 철회(무관심), 확장(강한 관심과 자신감), 수축(불안과 약간의 흥미 감소) 네 가지로 구분했다. 이후 캘리포니아대학교의 심리학 교수인 앨버트 메라비언 교수가 연구를 더욱 심화하여 배꼽의 방향이 한 사람의 의도를 읽어 내는 중요한 요소임을 밝혔다.

예컨대, 한 여성이 두 남성과 있을 때 얼굴은 오른쪽 남성을 보고, 배꼽은 왼쪽 남성을 향해 있다면 왼쪽 남성에게 더 호감을 둔다고 본다. 반대로 이성을 향하던 배꼽을 다른 방향으로 돌리면 무의식적으로 그 사람과 대화를 중단하고 싶어 한다고 볼 수 있다. 만약 배꼽이 그 공간의 출구 쪽으로 향한다면 그 자리를 얼

....

tip
아이를 다그칠 때 아이의 배꼽이 갑자기 출구 쪽을 향하면 무언가를 숨기고 있다는 의미로 받아들일 수 있다.

른 떠나고 싶다는 의미가 된다. 이를 통해 처음 만난 사람을 대할 때도 배꼽을 보며 그 사람의 개방성을 어느 정도 측정할 수 있다. 배꼽을 마주한다면 둘만의 대화를 나누고 싶다는 의미로 볼 수 있으며, 다른 방향을 향한다면 아무리 얼굴을 마주하더라도 무의미한 대화에 가까울 수 있다. 상대와 대화할 때 배꼽의 위치를 본다면 상대가 원하는 바를 빠르게 파악할 수 있게 되는 것이다.

Barry
Schwartz

day
114
 배리 슈워츠

미국의 사회심리학자 배리 슈워츠는 인간의 선택 심리, 삶의 만족도 등과 관련한 현대 심리학에 많은 영향을 미쳤는데 그중 선택의 역설 이론the paradox of choice theory이 대표적이다. 너무 많은 선택권이 주어졌을 때 오히려 판단력이 흐려져 소수의 선택권을 가졌을 때보다 더 좋지 않은 결정을 하거나 포기하는 현상을 가리킨다. 그는 자유로운 선택이 우리를 자유롭게 하기보다 마비시키며, 행복이 아닌 심리적인 불편을 줄 수 있다고 주장하여, 선택의 폭이 넓을수록 소비자, 생산자 모두에게 더 많은 행복과 만족을 준다는 전통적인 이론과는 다른 측면을 보였다. 그의 이론은 단순히 상품과 서비스에 국한되지 않으며, 일상에서 만나는 사람과의 수많은 관계를 포함한 다양한 선택의 순간에 적용될 수 있다.

밴드왜건 효과

Bandwagon effect

'등골 브레이커'라는 용어와 관련된 기사를 종종 볼 수 있다. 브랜드에 민감한 청소년들이 수십만 원부터 시작하여 수백만 원에 달하는 패딩, 가방 등을 사 달라고 요청하며 부모에게 큰 부담을 지게 하는 것을 가리키는 말이다. 이처럼 유행에 따라 상품을 구입하는 소비 현상을 밴드왜건 효과 혹은 편승 효과라 부른다. 미국의 경제학자 하비 리벤스타인이 명명했다. 1848년 미국 대통령선거 후보에 출마한 재커리 테일러의 선거운동을 위해 서커스단원이 밴드왜건을 타고 함께 유세하면서 처음에는 정치 용어로 사용되었다가 현재는 경제학에서 소비와 심리를 파악하는 이론에 사용되고 있다.

이 효과의 알려진 사례로는 허니버터칩 열풍이 있다. 이 과자의 열풍은 기존 감자칩의 짭짤함에 달콤함을 더해 사람들의 호기심을 자극한 점이 주요 원인이었지만, SNS를 통해 하나의 유행이 되면서 자연스럽게 인기를 끌었다. 외국의 유명 브랜드 역시 한국에 매장을 열면 앞선 경우와 같이 SNS를 통해 밴드왜건 효과를 일으키려고 하고, 기업은 이러한 현상을 활용해 소비자가 충동구매를 유도하는 마케팅을 기획한다.

일반적으로 이 효과는 유행에 동조함으로써 타인과의 관계에서 소외되지 않으려는 심리에서 비롯된다고 본다. 그런 점에서 유행에 크게 관여하지 않는 스노브 효과 snob effect와 대조를 이룬다고 볼 수 있다.

Burrhus Frederick Skinner

day
116

버러스 프레더릭 스키너

미국의 심리학자 버러스 프레더릭 스키너는 행동주의 학습 이론의 선구자로 불린다. 대학 시절 영국의 철학자 버트런드 러셀의 한 논문에서 읽은 왓슨의 행동주의 사상에 매력을 느껴 하버드대학교 대학원에서 심리학을 선택했다고 알려졌다.

스키너는 인간의 행동을 자극과 반응의 관계로 설명하려 했다. 실험용 동물들을 대상으로 자신이 고안한 다양한 장치를 이용해 실험을 진행했고, 대표적으로 스키너 상자Skinner box를 활용한 쥐 실험을 꼽을 수 있다. 상자 내부에 지렛대를 누르면 먹이가 나오도록 장치를 만든 후에 배고픈 쥐를 집어넣고 쥐의 행동을 관찰했다. 쥐는 우연히 지렛대를 눌러 먹이를 얻게 되었고, 이후 반복 행위를 통해 먹이를 얻는 방법을 학습했다. 이는 파블로프의 고전적 조건 형성 실험에 해당하는 내용으로 볼 수 있지만 스키너는 행동이 발생한 이후의 결과에 관심을 가졌다. 쥐가 먹이 획득 과정을 발견한 후에 보상(먹이)을 토대로 우연한 일을 의도적으로 만든다는 사실이었다. 이를 통해 스키너는 어떤 조작을 가해 실험 대상물을 원하는 방향으로 행동을 조절할 수 있다고 여겼으며, 인간의 행동이 반응 행동보다 조작 행동에 더 많이 좌우된다고 보았다.

스키너의 이론은 인간의 행동에 환경의 영향을 지나치게 강조하여 인간의 내적 특성을 간과했다는 점과 인간의 자유와 존엄성을 배제한다는 측면에서 한계가 있다고 여겨지기도 한다.

....

tip

어떤 행동의 결과에 대해 긍정적인 보상이 뒤따르는 것을 정적 강화(positive reinforcement), 어떤 불쾌 자극을 제거하여 행동을 증가하게 하는 것을 부적 강화(negative reinforcement)라고 한다. 학생들의 발표를 유도하기 위해 발표 때 추가 점수를 주는 것을 정적 강화, 수업에 열심히 참여하면 청소를 시키지 않겠다고 하는 것을 부적 강화로 볼 수 있다.

번아웃 증후군

Burnout syndrome

1974년 미국의 정신분석학자 허버트 프로이텐버거가 제시한 개념으로 어떠한 일에 몰두하던 사람이 신체적 정신적 스트레스가 쌓여 어느 시점에서 갑작스럽게 모든 것을 불태우고 재만 남은 것처럼 극도의 피로감, 무기력, 우울감 등을 느끼는 증상을 말한다. 당시에는 무료로 약물 중독을 치료하는 클리닉에서 일하던 의료진에게서 발생하는 무기력을 중심으로 한 특징적인 증상으로 여겼으나, 현재에 와서는 직장인을 비롯하여 학생, 주부 등 다양한 계층에 분포되어 있다고 본다. 의학적 질병은 아니지만 세계보건기구WHO에서는 2019년 5월 25일, 제11차 국제질병표준분류기준ICD-11에서 건강 상태에 영향을 미치는 인자로 판단할 만큼 건강에 위협을 미치는 요소로 보고 있다.

번아웃 증후군의 대표적인 원인은 업무 과중, 인간관계 문제, 현실과 이상의 괴리, 노력에 대한 보상 미흡 등을 들 수 있다. 번아웃 증후군이 심해지면 정서적 고통을 멈추기 위해 불법 약물, 과음, 폭식에 의지하여 쾌락 중독에 빠질 수 있다. 이를 극복하는 데는 적절한 수준의 업무 배분, 성과에 대한 공정한 보상 등 구조적인 부분에서의 변화뿐 아니라 가까운 지역으로의 여행, 친구와의 대화 등 개인적인 부분에서의 노력도 필요하다. 중요한 것은 하루에 주어지는 24시간 중 온전히 자신에게 집중할 수 있는 시간을 가져야 한다는 점이다.

베르테르 효과

Werther effect

　자신이 동경하던 사람이나 유명인이 스스로 삶을 마감하면 그 인물과 자신을 동일시해서 같은 선택을 시도하는 현상을 말한다. 미국의 학자 데이비드 필립스가 유명인의 자살 사건이 보도된 후 일반인의 자살이 급증하는 패턴을 발견하고 명명했다. 실제 우리나라에서도 2008년 9월과 10월에 두 명의 배우가 스스로 삶을 마감했고, 그해 10월 월별 자살률은 평월보다 3배나 높았다고 한다.

베르테르 효과는 괴테의 소설 『젊은 베르테르의 슬픔』에서 유래되었다. 청년 베르테르는 약혼자가 있는 로테라는 여인을 열렬히 사랑하지만, 그녀가 자신의 사랑을 받아들이지 않자 실의와 절망에 빠져 권총으로 자살을 선택한다. 이 작품이 베스트셀러가 되면서 유럽의 청년들이 베르테르의 감정을 공유하며 그의 죽음을 모방한 자살을 시도했다.

전문가들은 이 현상의 가장 큰 원인으로 통제되지 않는 언론을 꼽는다. 사람들은 언론을 통해 다양한 정보를 받아들인다. 언론이 전달하는 내용의 특성상 긍정적인 이슈보다 그렇지 못한 이슈가 많다. 아무리 긍정적인 사고를 하는 사람이라도 부정적인 내용을 반복해서 접하면 뜻하지 않은 자극을 받을 수 있다. 한 연구에 따르면, 유명인의 자살 후 열흘까지 모방 자살이 일어나는 수와 그 지역의 신문 구독률이 비례한다. 베르테르 효과가 최소화되려면 언론에서 미디어의 파급력에 대한 책임감을 가질 필요가 있다.

tip
미국의 유명 가수인 커트 코베인의 자살 이후 언론은 자살을 방지하는 메시지를 방송에서 지속해서 보여 주었고, 그의 선택이 잘못된 선택이었음을 거듭 강조했다. 그 결과 그의 죽음을 모방한 자살자 수가 늘지 않았음이 밝혀졌다.

베버-페히너의 법칙

Weber-Fechner's law

자극의 강도와 사람의 감각 사이에 일정한 비례 관계가 존재한다는 것을 설명하는 법칙이다. 자극의 강도가 증가할 때마다 인식된 강도는 일정 비율로 증가하지만, 일정 수준 이상에서는 자극의 강도가 증가하더라도 인식된 강도의 변화는 점차 완만해지는 것이다. 1831년 독일의 생리학자 에른스트 베버가 발견한 이론을 독일의 철학자 구스타프 페히너가 확장한 개념으로, 사람들의 소비 및 투자 심리를 연구할 때 주로 활용된다. 예를 들어 2만 5000원과 3만 4000원의 물건이 있다면 둘 중 무엇을 구매할지 고민하지만, 20만 5000원과 21만 4000원짜리 물건이 있다면 상대적으로 큰 고민을 들이지 않게 된다. 9000원이란 가격 차이는 동일하지만 금액이 커질수록 상대적으로 9000원이 적게 느껴지기 때문이다.

베블런 효과

Veblen effect

코로나19 시대에서 대부분의 업종은 매출 하락을 면치 못했다. 사회 전반적으로 소득이 불안정했기 때문이다. 그럼에도 명품 시장은 지속해서 매출이 상승했다. 오히려 명품의 가격이 계속 상승함에도 수요가 줄기는커녕 더 늘어났다. 전통적으로 명품 구매층이었던 40대 이상 중장년층 여성에서 최근에는 남성과 MZ세대로 구매층이 넓어지기까지 했다. 이러한 현상을 베블런 효과라 부르며, 명품처럼 수요의 법칙에 반하는 재화를 베블런재라 부른다.

미국의 사회학자인 소스타인 베블런이 1899년 출간한 저서 『유한계급론』에서 처음 언급됐다. 베블런은 일부 계층의 지위 과시욕이나 허영심 등의 이유로 이 현상이 발생한다고 보았다. 실제로 고가의 제품을 구매하는 사람은 꼭 필요해서 구입하기도 하지만 그렇지 않은 경우가 더 많다고 볼 수 있다. 이들은 원하는 제품의 가격이 떨어지면 오히려 누구나 손쉽게 구입할 수 있다는 이유로 구매를 하지 않는 경향이 있다. 일부 기업들이 프리미엄 마케팅을 넘어 극소수의 상류층 고객만을 상대로 벌이는 전략인 VVIP 마케팅에 힘을 쏟는 이유이기도 하다.

일각에선 고가 마케팅이 위화감을 조성하고 전반적인 가격을 높여 거품을 형성한다는 데서 비판의 시선을 던진다. 그럼에도 베블런 효과가 계속 발생하는 데는 삶의 가치 기준이 바뀌었기 때문일 것이다.

....

tip

베블런 효과는 주로 상류층 소비자의 구매 형태에 머문다는 점에서 상류층이 되기를 바라는 사람들의 구매 형태를 이야기하는 파노플리 효과(panoplie effect)와는 일부 차이를 둘 수 있다.

베스테르마르크 효과
Westermarck effect

　　다른 이성에게 인기가 많은 사람일지라도 그 대상이 어린 시절부터 함께 성장한 인물이면 이성적으로 끌리지 않는다. 다른 사람은 다 아는 그 사람의 매력을 발견조차 못할 수 있다. 이처럼 유년 시절을 함께 지낸 남녀가 서로에게 성적 매력을 느끼지 못하는 현상을 베스테르마르크 효과라고 한다. 1891년 핀란드의 사회심리학자 에드바르드 베스테르마르크가 저서 『인간 결혼의 역사The History of Human Marriage』에서 주창한 가설로, 사회적으로 근친혼이 매우 적은 이유를 설명하는 대표 이론이다. 베스테르마르크는 인간이 천성적으로 가까운 친족과의 육체적 관계를 혐오한다고 했다. 즉 인간의 본능이 형제간의 성적 매력을 제한한다고 보았다.

　　이 주장을 뒷받침할 수 있는 대표 사례로 이스라엘의 집단 공동체 조직인 키부츠 연구를 들 수 있다. 인류학자 요셉 셰퍼가 키부츠 출신의 남녀 2769쌍을 분석한 결과 어린 시절을 같은 키부츠에서 보낸 부부는 13쌍이었으며, 6세 이전을 함께 지낸 부부는 아무도 없었다. 대부분 각기 다른 키부츠 출신끼리 결혼했다.

　　반면에 프로이트는 인간이 무의식적으로 근친혼을 원하기도 하나 사회적으로 금지되기 때문에 의식적으로 추구하지 않는다고 여겼다. 또한 일부 학자들은 베스테르마르크의 연구가 문화적 개인적인 차원에서 고려되지 않았음을 비판하기도 했다. 그럼에도 이 효과가 오랫동안 인정받는 데는 온전한 자아가 형성되는 동안 경험한 윤리적 가치와 사회규범 등이 개인의 정서 발달과 관계 있음을 시사할 뿐 아니라 가장 현실적인 형제 관계를 설명하기 때문일 것이다.

벤저민프랭클린 효과
Benjamin Franklin effect

미국의 정치인인 벤저민 프랭클린은 자신에게 적의를 둔 한 의원과 관계를 개선하고 싶었다. 고심 끝에 그 의원에게 그가 소장한 귀한 책을 빌려 달라고 정중히 요청했다. 일주일 후 책을 돌려줄 때는 대단히 감사하다는 내용의 글을 담았다. 이후 그 의원은 정중한 태도로 먼저 프랭클린에게 말을 걸었고, 그들은 우정을 나누는 친구가 되었다. 이처럼 호의를 베푼 사람이 도움을 요청한 사람에게 되려 호감을 느끼는 심리적 기제를 벤저민프랭클린 효과라 부른다. 공손한 태도와 존중의 마음으로 상대를 대한다면 이 효과를 자신의 것으로 만들 수 있다.

tip

의원의 입장에서는 마음은 미워해야 하는데, 행동은 호의를 베푸는 모순적인 조치를 취했다. 이는 심리적 갈등이 생기면 갈등을 해소하기 위해 행동이나 사고를 변화시키는 인지부조화로 설명이 가능하다.

day
123

벼룩 효과

Flea effect

벼룩은 강력한 뒷다리를 바탕으로 자기 키의 100배가 넘는 높이를 뛸 수 있다. 어떤 생물학자가 뚜껑이 있는 유리병에 벼룩을 넣었다. 벼룩의 점프라면 충분히 유리병에서 나올 수 있었지만 계속해서 뚜껑에 부딪혔다. 나중에 뚜껑을 열었을 때 벼룩은 유리병에서 나오지 못했다. 이미 벼룩은 유리병 높이까지만 뛰는 것이 습관이 되어 버렸기 때문이다. 자기를 가두던 경계가 사라졌음에도 불구하고 스스로 한계를 설정해 버린 것이다. 이처럼 무의식적으로 비교적 낮은 목표를 마음속에 정한 후 자신의 실제 능력을 제한하는 현상을 벼룩 효과라 부른다.

벽에 붙은 파리 효과

Fly-on-the-wall effect

어떤 일에 실패하거나 좌절했을 때 허무, 무기력 등 부정적인 감정이 자신을 감싼다. 그러다 문득 벽에 붙은 파리를 발견한다. 자신에게는 버티기 힘든 고난이지만 제3자인 파리에게는 대수로운 일이 아니다. 이처럼 부정적인 감정에 휩싸였을 때 제3자의 관점에서 자신을 바라보면 긍정적인 결과를 나타낼 수 있는 현상을 벽에 붙은 파리 효과라고 한다.

벽에 붙은 파리 효과의 시작은 미국 역사상 가장 강력한 폭풍 중 하나로 기록된 카트리나 심리 치료에서 시작되었다. 카트리나 생존자들은 외상 후 스트레스 증후군 유병률이 30%에 달할 만큼 높았다. 그런데 트라우마를 입힌 과거의 사건을 깊이 들여다보고 묘사하도록 하여 부정적인 감정을 누그러뜨려 스스로 받아들일 수 있게 하는 기존의 치료 기법이 이들에게는 쉽게 적용되지 않았다.

2011년 미국의 심리학자인 오즐렘 에이덕과 이선 크로스는 두 가지 시각으로 과거의 실패를 바라보게 한 후 재경험하게 하는 실험을 진행했다. 먼저 1인칭 시점으로 자신을 바라본 피험자들은 혈압과 심박수가 높아지고 예전과 비슷한 불쾌감을 느꼈다. 반면 3인칭 시점인 피험자들은 불쾌감 같은 생리 변화가 미미했고, 과거의 실패에 대해 조금 더 긍정적인 해석을 하려는 경향을 보였다. 감정을 최소화하고 있는 그대로의 상황을 바라보니 객관적인 판단이 가능해진 것이다. 이러한 객관화 기법은 현재 심리 치료에도 사용된다.

변화 맹시

Change blindness

사람들은 종종 상대에게 자신의 외형 중 달라진 곳이 없는지 묻곤 한다. 관심의 정도가 궁금하기 때문이다. 애석하게도 상대방은 대부분 원하는 답을 꺼내지 못한다. 너무 실망하지 않아도 된다. 미국의 심리학자 대니얼 사이먼스와 대니얼 레빈은 이러한 문제가 무관심이 아닌 인간의 시각 시스템의 문제라고 이야기했다.

1998년 두 연구자는 한 가지 실험을 진행했다. 한 사람이 지나가는 사람에게 길을 물어볼 때 그들 사이로 방해물이 지나가면서 길을 물어보는 사람이 바뀌는 것이다. 그 결과 절반 정도는 길을 물어본 사람이 바뀐 줄 모른 채 자연스럽게 대화를 이어 나갔다. 이처럼 연속으로 이어지는 장면에서 어느 한 부분의 변화가 있음에도 이 변화를 탐지하지 못하는 현상을 변화 맹시라고 한다.

우리는 보는 행위를 맹신하기도 한다. 자신이 보는 것이 옳다고 믿는 것이다. 안타깝게도 이것은 착각에 가깝다. 이후 다양한 연구를 통해 사람이 자신의 눈앞에서 벌어지는 시각적 자극의 미묘한 차이를 거의 인식하지 못함이 밝혀졌다. 우리의 뇌는 눈으로 들어오는 정보를 작업 기억을 활용해 필요한 부분만 집중해서 효율적으로 처리한다. 그런데 시각적인 변화의 과정이 직접적으로 우리의 눈에 노출되지 않으면서 정보를 제대로 다 받아들이지 못해 이런 현상이 발생하는 것이다. 변화 맹시를 통해 우리는 보는 것과 보이는 것이 엄연히 다름을 알 수 있다.

보사드의 법칙

Bossard's rule

물리적 거리가 가까우면 심리적 거리도 가까워지는 현상을 말한다. 1932년 미국의 사회학자 제임스 보사드의 연구에서 언급되었다. 필라델피아에 사는 결혼한 남녀 5000명을 대상으로 연애 시절 각자의 거주 지역을 조사한 결과 같은 건물에 살았던 사람이 12%, 약 3km 이내에 살았던 사람이 33%였다. 이후 다른 연구에서도 50% 이상이 10km 이내였음이 밝혀졌다. 미국의 특성상 10km는 우리나라에서 바로 옆 동네의 개념으로 이해할 수 있다. 보사드는 잘생기거나 예쁘지만 멀리 사는 이성보다 가까운 곳에 사는 평범한 이성에게 더욱 끌리게 된다고 주장했다. 잦은 만남이 둘의 심리적 거리를 가깝게 하는 것이다. 만약 장거리 연애를 한다면 자주 연락하거나 만나면서 물리적 거리를 좁혀야 한다.

보이지 않는 고릴라
Invisible gorilla

한 가지 생각에 몰두하다가 주위의 것들을 놓칠 때가 있다. 고민에 빠진 채 길을 걷다가 사람 혹은 물체와 부딪히거나, 운전 중 전화에 집중하다가 교통사고가 발생하는 것도 마찬가지다. 1999년 미국의 인지심리학자 대니얼 사이먼스와 크리스토퍼 차브리스는 사람이 한 사안에 몰두하면 명백히 존재하는 다른 사안을 잘 인지하지 못한다는 가정 아래 미국 일리노이대학교에서 실험을 진행했다.

6명의 학생을 각각 3명씩 2팀으로 나눈 뒤 한 팀은 흰옷을, 다른 팀은 검은 옷을 입도록 했다. 이들이 농구공을 패스하는 장면을 찍어서 다른 사람들에게 보여 주며 흰옷 입은 팀의 패스 수를 세게 했다. 영상이 끝난 뒤 연구자는 피험자에게 "동영상에 등장한 고릴라를 보았나요?"라는 질문을 했다. 영상에는 고릴라 옷을 입은 한 사람이 패스하는 사람들 사이를 지나가며 가슴을 두드리는 장면이 약 9초가량 나왔다. 피실험자의 약 50%는 고릴라를 제대로 인지하지 못했다. 피험자들이 인지적 과업을 수행하는 과정에서 선택적 집중을 위해 불필요한 자극을 배제했기 때문이다.

살면서 숲이 아닌 나무를 유심히 봐야 할 때는 존재한다. 선택과 집중을 통해 효율성과 효과성을 극대화할 수 있다. 다만 이 실험을 통해 우리 뇌의 인지 구조가 얼마든지 특정한 영향을 받을 수 있음을 알 수 있다. 즉 나무를 보더라도 일정 부분 주위에 눈과 귀를 기울이는 노력이 필요하다.

보헤미안 콤플렉스

day
128

Bohemian complex

보헤미안은 원래 집시라는 뜻으로, 체코의 보헤미아 지방에 유랑집단인 집시들이 많이 살면서 생긴 이름이다. 집시의 생활 방식상 이들은 자유분방한 삶을 추구했다. 이후 자본주의가 널리 유행하면서 보헤미안은 집시에 한정하지 않고 사회 구조 및 관습에 구속되지 않고 자유분방한 생활을 하는 사람을 통칭하는 말로 바뀌었다. 보헤미안은 일반적으로 물질적인 풍요를 추구하기보다 예술, 창작, 문화, 자유 등을 중시하는 생활 방식을 지향한다. 이러한 가치관과 생활 방식에 대해 강한 욕구를 가진 사람들이 일반적인 사회규범에 부합하지 않거나, 그들이 특별한 권리를 갖고 있음을 주장하는 심리를 보헤미안 콤플렉스라고 말한다. 최근 물질만능주의의 폐해로 인해 정신적 가치를 중요시하는 사람이 늘어나면서 보헤미안이 다시 주목받고 있으나, 이러한 콤플렉스가 지나치게 발현되면 사회적 적응에 어려움을 겪을 수 있을뿐더러 주변 사람들과 갈등을 불러일으킬 수 있음을 주의해야 한다.

부메랑 효과
Boomerang effect

일반적으로 놀이용 기구로 인지하는 부메랑은 원래 오스트레일리아 원주민이 사냥을 하거나 다른 부족과 전투를 벌일 때 사용된 무기였다. 부메랑은 던진 대상에 맞지 않으면 되돌아와 오히려 던진 사람을 공격할 수 있었다. 이러한 상황에 빗대어 어떤 행위가 행위자의 의도를 벗어나 부정적인 결과로 되돌아오는 현상을 부메랑 효과라 부른다. 1953년 예일대학교의 심리학 교수인 칼 호블랜드가 처음 명명했고, 이후 미국의 사회심리학자 웨슬리 슐츠의 캘리포니아 전력 소비량 조사를 통해 대중화되었다. 캘리포니아 한 지역의 주민들에게 각 가정의 전력 소비량, 이웃들의 평균 소비량, 전력을 줄이는 팁을 전달했다. 3주 후 전체 가구의 평균 소비량을 절감하려던 의도와는 달리 평균보다 소비량이 적었던 가구들이 오히려 전력을 더 소비했다. 부메랑 효과는 다양한 분야에 적용된다. 그중 대표적인 사례로 인간의 편의를 위해 무분별한 자연 개발이 초래한 환경 파괴가 인간에게 다양한 문제로 되돌아오는 것을 들 수 있다.

부분 강화
Partial reinforcement

반응이 일어날 때마다 강화를 제공해 주지 않고 일정한 시간 간격이나 횟수 비율에 따라 강화를 제공하는 것을 말한다. 부분 강화는 크게 고정 간격, 변동 간격, 고정 비율, 변동 비율로 나뉜다. 고정 간격은 행위가 발생한 후 일정 시간이 경과하면 강화하고, 변동 간격은 상대가 예상하지 못하는 변동적인 시간 간격으로 강화한다. 고정 비율은 요구되는 반응의 일정한 수가 나오면 강화하며, 변동 비율은 요구되는 반응 수가 나오면 강화한다. 이 중 변동 비율 강화의 지속성이 가장 뛰어난 것으로 알려졌다. 변동 비율 강화가 적용되는 대표적인 사례가 도박이다. 도박에 빠진 사람은 대부분 자신이 도박에서 돈을 딸 수 있는 확률이 매우 낮음을 인지하지만, 언제 터질지 예측할 수 없는 보상 때문에 도박에 재미를 느껴 쉽게 헤어 나오지 못한다.

"분석하지 말고 통찰하라.
첫 2초가 모든 것을 가른다."

    세계적인 베스트셀러 작가인 맬컴 글래드웰은 2005년에 출간한 저서 『블링크』(김영사, 2020)를 통해 눈을 깜빡거리는 첫 2초 동안 내린 결론이 자신의 운명을 가를 수 있다고 주장했다. 그는 인간이 모든 선택지를 두루 검토할 시간적 여건이 되지 않을 때 극소량의 정보를 바탕으로 민첩한 판단을 내리며, 그 선택은 오랫동안 면밀하게 분석한 자료보다 정확할 수 있다고 말했다. 그리고 이처럼 단숨에 결론까지 이어지는 뇌의 영역을 적응 무의식 영역이라고 지칭했는데, 다만 무의식은 강력하나 오류에 빠지기 쉽다는 점을 들어 의식과 본능적 판단의 조화가 중요하다고 했다.

....

tip

적응 무의식은 프로이트가 주장한 무의식의 개념과는 조금 다르다. 많은 데이터를 신속하고 정확하게 처리하는 슈퍼컴퓨터에 조금 더 가깝다.

불리 효과

Adverse impact

80%

특정 집단의 구성원이 차별을 받아 다른 집단 구성원보다 불리한 대우를 받는 현상을 말한다. 이 효과를 판단하는 대표적인 방법으로 80% 법칙(4/5법칙)이 있다. 전체 집단 중에 특정 하위 집단의 선발 비율이 다른 집단 선발 비율의 80%에 미치는가를 살펴보는 것이다. 예를 들어 면접에 100명이 지원하여 20명이 선발되면 선발 비율은 20%이다. 이때 특정 성별의 선발률이 다른 성별의 선발률의 25%에 불과하면 이는 불리 효과가 반영되었다고도 볼 수 있다. 불리 효과의 원인은 다양하지만, 사회 인지적인 편향과 관계가 있다. 사람은 특정 편향을 가질 수 있지만, 적어도 무언가를 평가할 때는 특정 편향에 치우치지 않아야 한다. 그러기 위해서는 다양성을 존중하고, 평등한 대우를 할 수 있도록 개인과 조직의 인식을 변화시킬 필요가 있다.

붉은 여왕 효과

Red Queen effect

어떤 활동에서 성취를 이루려면 계속 노력해야 함을 의미한다. 이는 생물학에서 유래한 용어로 상대적인 경쟁 상황에서 한 종류의 생물이 살아남기 위해 적용된 개념으로 볼 수 있다. 1871년 영국의 유명 작가 루이스 캐럴의 소설 『거울 나라의 앨리스』에서 죽을힘을 다해 달리는 앨리스에게 더 많은 노력이 필요하다고 이야기하는 붉은 여왕의 말에서 비롯되었다. 심리학에서는 이러한 개념을 확장하여 개인이나 조직이 경쟁에서 살아남으려면 계속해서 진화하고 발전해야 함을 강조한다. 즉 뒤처지지 않기 위해서는 지속적인 학습과 노력이 중요하다는 것이다. 그러기 위해서는 현재 상황을 객관적으로 잘 파악해야 한다. 객관적 평가가 되지 않으면 현재 상황에 만족하여 그 자리에 안주하게 된다.

tip

연구자들은 아프리카에서 먹이 사슬 관계인 영양과 치타가 빠르게 달릴 수 있는 이유를 이야기할 때 이 효과를 근거로 들기도 한다.

뷔리당의 당나귀

Buridan's donkey

동등한 선택지 사이에서 무엇을 선택할지 망설이며 결단을 내리지 못하는 경우를 말한다. 프랑스의 철학자 장 뷔리당이 제기한 역설에서 유래되었다고 알려졌다.

이성적인 당나귀 앞에 질과 양에서 동일한 만족을 주는 건초 묶음과 물동이를 놓았을 때, 당나귀가 어느 쪽 것을 먼저 먹어야 하는지 결정을 내리지 못해 죽는다는 역설이다. 어리석기 짝이 없는 당나귀로 보이지만, 이러한 우유부단에 빠진 사람을 주위에서 종종 볼 수 있다. 이런 사람들은 결정을 앞두고 스스로 신중하다고 믿으며 머뭇거린다. 그들의 내면에는 선택과 그 결과에 대한 두려움이 존재한다. 현실에서는 동등한 갈래가 주어지지 않기 때문이다. 머뭇거리기만 하면 아무것도 손에 쥘 수 없다. 자신감을 가지고 스스로 결정하는 것이 중요하다.

〈뷰티 인사이드〉

2015년 개봉한 영화로서 두 인물의 심리 변화를 통해 사람과 사랑의 본질에 관한 이야기를 담았다. 주인공 김우진은 18살 이후 매일 잠을 자고 일어나면 다른 사람의 얼굴로 변한다. 오랫동안 그 상황에 익숙한 상태로 살아가다가 홍이수라는 여성을 만난다. 김우진은 그녀에게 자신의 정체가 들킬까 노심초사하며 그녀와 함께 행복한 시간을 보내려 한다.

두 인물은 각각의 이유로 혼란을 경험한다. 우진은 매일 변하는 외모에 정체성 혼란을 느낀다. 가장 친한 친구 한 명을 제외하면 타인과의 만남을 하지 않는 이유이다. 타인의 시선에 따라 정체성의 혼란이 심화될 수 있기 때문이다. 반대로 이수는 매일 다른 사람을 사랑하는 내면의 정체성에 혼란을 겪는다. 약을 먹고 상담 치료를 받아도 두통이 나아지지 않는 이유이다.

우리는 사람의 본질이 변하지 않는다고 생각한다. 변하지 않는 모습이 사람의 본질이자 정체성이라고 여긴다. 그런데 이 영화는 우리의 외모와 마음이 모두 변한다는 것을 이야기한다. 우진과 이수는 매일 다른 모습의 자신을 발견한다. 이는 우리가 매일 거울을 보며 마주하는 자신의 모습과 크게 다르지 않다. 얼굴이 부으면 괜히 마음이 안 좋고, 옷을 잘 입으면 기분이 좋아지는 것과 같다. 그 기분은 상대에게도 큰 영향을 준다. 이 영화는 매일 변하는 우리의 모습을 어떻게 받아들이느냐에 따라 삶의 방식이 달라짐을 이야기한다. 어쩌면 변할 수 없는 것은 자신이 했던 선택과 행동일 것이다.

브루잉 효과

Brewing effect

어떤 문제에 부딪혔을 때 해결 방책을 떠올리려 노력할수록 해결되지 않을 때가 있다. 그럴 때는 문제를 해결하기 위한 몰입의 단계에서 벗어나 잠깐의 휴식을 취하는 게 좋다. 가열된 엔진을 식힘으로써 머리를 맑게 하여 보이지 않던 새로운 길이 보이게 한다. 멈춤으로써 비로소 보이는 것이다. 이러한 현상을 브루잉 효과라고 말한다. 브루잉 효과를 얻기 위해서는 수면을 취하거나, 산책하거나, 잠시 다른 일을 진행하는 등 다양한 방법이 있다. 그중 자신에게 맞는 방법을 찾아야 한다. 중요한 것은 지금 하는 일을 잠시 내려놓을 수 있는 용기이다. 용기 있는 자가 휴식을 취할 수 있다.

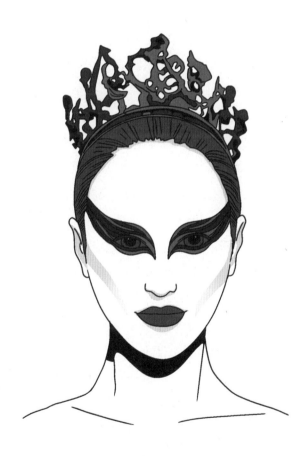

블랙스완⟩

Black Swan

2010년 내털리 포트먼 주연의 영화로서 인간의 욕망을 잘 그려낸 수작으로 평가받는다. 영화는 〈백조의 호수〉 공연에서 순수하고 가녀린 백조와 관능적이고 도발적인 흑조의 배역 모두를 완벽하게 소화하고 싶은 발레리나인 니나의 이야기를 담았다.

니나의 심리는 지그문트 프로이트의 인격 이론으로도 설명할 수 있다. 영화에는 니나의 어머니인 에리카와 니나의 흑조 연기 대역인 릴리가 주요 인물로 등장한다. 전직 발레리나 출신인 에리카는 자신이 못다 이룬 발레리나로서의 욕망을 니나에게 고스란히 투사하여, 자녀의 보호와 지원이라는 명목 아래 딸을 강제적으로 통제하고, 니나의 초자아 형성에 절대적인 역할을 함으로써 자아가 위축되게 만든다. 본능적이고 자유로운 존재인 릴리는 니나에게 두려움과 불안의 대상으로, 니나의 본능을 나타낸다고 볼 수 있다. 니나는 릴리를 통해 욕망을 밖으로 분출하려 했지만 초자아인 어머니에게 통제당하고 만다.

공연에 대한 중압감과 완벽해지고 싶은 강박이 커진 니나는 환각 증상을 보이는 등 불안이 심해진다. 즉 본능, 자아, 초자아가 균형을 이루지 못한 것이다. 자아가 올바르게 형성되지 않은 니나에게 보내는 심리적 경고였다.

이 영화는 완벽을 꿈꾸는 발레리나이자 한 인간의 내면과 심리를 시각적으로 잘 표현했으며, 초자아와 본능이 공존을 이루지 못하면 연약한 자아는 무너질 수 있음을 보여 주었다.

블랭킷 증후군

Blanket syndrome

주변에 어린아이들을 보면 인형, 담요, 가방 등 꼭 하나씩은 손에 쥐고 다니는 물건이 있고, 그 물건이 없으면 불안해하는 것을 볼 수 있다. 이처럼 자신이 소중히 여기는 물건이 곁에 없으면 마음이 불안정해지는 현상을 블랭킷 증후군이라고 한다. 일반적으로 3세 전후의 아이들이 많이 겪는다고 알려져 있다. 미국의 만화가 찰스 슐츠가 그린 『피너츠』에 나오는 캐릭터인 라이너스의 행동에서 유래했다. 라이너스는 항상 하늘색 담요를 들고 다니며, 이 담요가 없어지면 매우 불안해한다.

아이는 부모로부터 분리해 나가는 과정에서 부모를 대신하여 안정감을 줄 수 있는 물건을 찾게 된다. 이를 제2의 애착 대상으로 삼아 마음의 안정감을 찾으려 하는 것이다. 대개 5세 이후부터 증상이 자연스럽게 완화된다고 알려졌지만, 증상이 지속된다고 해서 애착 물건을 버리거나 아이를 혼내는 일은 지양해야 한다. 아이에게는 물건보다 안정감이 중요하다. 그럴 때는 부모가 아이의 곁에 있음을 계속 인지시켜 주는 것이 중요하다. 부모가 아이에게 신뢰를 건네는 것이다. 손을 잡아 주고 안아 주는 스킨십만으로도 아이의 불안감을 감소시킬 수 있다.

성인이 되어서도 이러한 증상이 이어질 수 있는데 이는 마음의 안정을 원할 대상물이 바뀌었을 뿐이다. 대표적인 게 스마트폰과 SNS로, 마음의 안정을 '좋아요'와 '댓글' 수에서 찾게 된다. 블랭킷 증후군에서 벗어나려면 나 자신이 의존 대상이 될 수 있도록 하는 것이 중요하다.

비어 고글 효과

Beer goggles effect

술에 취하면 상대가 더 매력적으로 보이는 착시 현상을 의미한다. 고글은 눈을 보호하기 위해 사용하는 스포츠 안경으로 파란색, 녹색, 분홍색 등 다양한 렌즈가 있는데, 이처럼 고글 렌즈의 색에 따라 풍경의 색이 달라지는 것에 착안했다. 2014년 국제 학술지『알코올과 알코올 중독Alcohol and Alcoholism』에 올라온 한 연구에 따르면, 음주 후에 상대 이성에 대한 호감도 조사를 했을 때 남성은 평균 24%, 여성은 평균 17%가량 상승했음이 밝혀졌다. 그 원인으로 쾌락, 흥분, 매력과 관련된 정보를 처리하는 뇌 영역인 선조체striatum를 알코올이 자극한다는 주장이 있다. 일부 학자들은 술을 마시면 웃거나 좀 더 편안한 표정을 짓기 때문이라고도 했다. 일반적으로 이 효과는 24시간 동안 지속된다고 한다. 다만 과음을 한 사람은 매력을 증가시키지 못한다는 점에서 술이 매력 증가의 무조건적인 답은 아니라고 할 수 있다.

Viktor Frankl

day
140

빅터 프랭클

오스트리아의 심리학자 빅터 프랭클은 실존주의 상담 치료의 대표 권위자로 불린다. 연구 초기에는 지그문트 프로이트와 알프레트 아들러의 영향을 많이 받았다고 알려졌다. 1942년 9월 유대인이라는 이유로 부모, 아내와 함께 유대인 거주지인 게토로 강제 이송되었다. 그는 강제 수용된 사람들이 심리적으로 무너지는 것을 막기 위해 프로그램을 개발하면서 스스로도 인간의 존엄성이 무너지지 않도록 노력했다. 1944년 10월 죽음의 수용소로 불리는 아우슈비츠로 옮겨져 수감자로 강제 노역을 하다 1945년 4월 전쟁이 끝나 풀려났으나 안타깝게도 여동생을 제외한 가족 모두가 사망하고 말았다.

빅터 프랭클은 수용소에서 자신이 직접 보고 들은 모든 것을 기반으로 원고를 써 내려갔다. 자신에게 세계적 명성을 가져다준 저서 『빅터 프랭클의 죽음의 수용소에서』(청아출판사, 2020)였다. 그는 수용소 안에서 체념과 포기가 아닌 삶의 의미를 추구한 사람들이 생존 확률이 높았음을 알았다. 그리고 삶의 의미를 그 무엇보다 중요하게 생각하고, 의미의 추구야말로 인간의 회복력과 생명력의 원천이라고 보았다. 빛이 없는 고난의 상황에서도 자신이 어떠한 존재가 되느냐는 결국 개인의 선택에 달려 있음을 강조한 그는 왜 살아야 하는지 명확하지 않다면 인간으로서의 존재 가치를 잃어버릴 수 있다고 말했다. 빅터 프랭클이 창시한 심리 치료 기법인 로고테라피logotherapy의 주요 원칙이기도 하다.

....

tip

나치가 오스트리아를 점령하던 1938년 이후, 유대인 의사는 순수 독일 민족의 치료를 금지당했고, 유대인만 치료할 수 있었다.

빈 둥지 증후군

Empty nest syndrome

자녀가 성장하면 언젠가는 대부분 부모 곁을 떠나 독립하게 된다. 이때 자식이 떠난 부모는 뜻 모를 슬픔, 상실감, 외로움 등을 느끼는데, 이러한 현상을 빈 둥지 증후군이라고 말한다. 1914년에 작가인 도로시 캔필드가 처음 개념화했다. 가정에서 주 양육자인 여성에게 주로 발생하며, 직업을 가진 사람보다는 가정주부에게 더 많이 발생한다. 최근에는 가정에 관심을 많이 두는 남성이 늘어나면서 남성에게도 적용되는 수가 늘어나고 있다. 일반적으로 대학에 입학하거나 취직을 하는 3~4월에 많이 나타난다.

Empty

빈 둥지 증후군은 중년 여성이 시기적으로 겪는 증상이기도 하다. 중년기는 신체적 노화가 표면적으로 드러나는 시기이고, 인생의 유한성에 직면하며, 자아에 의문을 가지기도 한다. 이즈음 자녀가 독립하면 부모는 삶에서 중요한 과업이 완료되었음을 느끼면서 삶을 살아가는 자신의 역할에 의문을 가진다. 자녀를 양육하던 역할에서 새로운 일을 하는 역할로 전환하기에 시기적으로 늦었다고 생각하는 것이다. 이에 따라 심리적 혼란과 고통이 동반된 삶의 위기감을 경험하게 된다.

nest

자녀의 독립을 자연스러운 현상으로 받아들이면 심적 부담감을 최소화할 수 있다. 또한 중년 여성으로서 이 시기를 누군가의 아내, 어머니가 아닌 제2의 삶을 살아가는 전환점으로 여기는 자세가 필요하다. 새로운 역할이 부담스럽다면 새로운 취미만으로도 작은 행복을 발견할 수 있다. 이전에 경험하지 못한 삶의 보람을 발견함으로써 빈 둥지 증후군을 극복할 수 있다.

Wilhelm Reich

day
142

빌헬름 라이히

오스트리아 출신의 정신분석학자인 빌헬름 라이히는 신체 치료의 아버지로 불린다. 빈대학교 의과대학 시절부터 지그문트 프로이트의 정신분석학에 심취했다. 프로이트의 상담 기법 중 하나인 저항resistance의 형식적 측면을 강조하고 성격 분석을 체계화하여 성격에 갑옷을 입힌다는 뜻의 성격 무장character armoring 개념을 제시했다. 어린 시절에 어떠한 정신적인 충격이나 고통을 받았을 때 신체적 정신적으로 적극 방어하여 즉각적인 충격에서 자신을 보호하는 것이다. 그는 성격 무장을 자신의 인격적인 부분을 방어하기 위해 성격을 구축하는 과정으로 보았으나, 그것이 지속되면 사회적 상호작용에서 문제를 유발할 수 있다고 보았다.

또한 라이히는 성性적으로 자유로운 사회의 실현이 필요하다고 했다. 1927년 공산당에 가입한 그는 마르크스주의에 만족스러운 오르가슴을 결합하면 파시즘을 비롯한 육체적 사회적 질병과 억압을 떨쳐버릴 수 있다고 말했다. 신경증의 주된 원인을 성적 만족감의 결여라고 주장하기도 했다. 그는 성에 대한 견해의 차이로 주위로부터 소외당했으며 1934년 정신분석협회에서 제명되었다. 1939년, 라이히는 성적으로 문화가 개방되어 가는 미국으로 가 성과 정치를 융합한 연구를 이어 나갔는데, 특히 그가 우주의 근원 에너지로 여긴 오르곤orgone을 통해 성을 비롯한 모든 것을 설명할 수 있다고 보았다. 그러나 오르곤 축적기를 이용한 그의 의료 행위는 금지 명령을 받았고, 이를 이행하지 않은 그는 교도소에 수감된 후 심장마비로 사망했다.

빌헬름 분트
Wilhelm Wundt

구조주의 심리학의 대표자인 빌헬름 분트는 근대 심리학의 아버지로 불린다. 개인의 심리를 자연과학적 방법으로 연구하기 위해 1879년 라이프치히대학교에 최초의 실험심리학 연구실을 만들었고, 심리학이 과학적 학문으로 정립되는 데 크게 기여했다.

분트는 심리학을 의식 경험에 대한 과학적 연구로 다루었다. 물질이 원소로 이루어져 있듯이 사람의 마음에도 구성 요소가 있다고 보고, 이를 지각sensations과 감정feelings으로 나누었으며, 두 요소를 분석함으로써 인간의 마음과 행동의 원인을 규명할 수 있다고 생각했다. 그는 내성법introspection을 주로 활용했다. 내성법은 자신의 정서적 내용을 묘사하는 접근법으로, 자신의 내면에 집중하여 내면의 경험, 감정 등을 관찰하고 이를 자신의 언어로 기록하는 것이다. 그는 이 기록에 대한 정확성을 높이기 위해 실험자의 질문 및 대화 기술 등을 중시했다. 그러나 객관적으로 인간의 의식을 분석하고자 선택한 실험적 방법이 철저히 주관적 관찰에 의존한다는 모순이 발생한다는 한계점을 가졌다.

분트는 인간의 사고가 언어, 관습 등에 의해 큰 영향을 받기에 실험적 접근만으로는 한계가 있음을 인식하고, 인간과 공동체의 이해가 심리를 이해하는 중요한 부분이라고 여겨 인류문화사를 바탕으로 하는 민속심리학에 많은 관심을 두었다. 분트의 생각은 당시에는 큰 반향을 불러일으키지 못했다.

사격수 게임

서로 원한이 깊은 사격수 A, B, C가 있다. A는 10발 중에 8발을 맞힐 정도로 솜씨가 뛰어나다. B는 10발 중 6발을, C는 10발 중 4발을 맞히는 실력을 가지고 있다. 만약 세 사람이 동시에 서로에게 총을 한 발씩만 쏜다고 했을 때 살아남는 사람은 누구일까? 아이러니하게 들릴지도 모르지만 실력이 제일 낮은 C이다.

A는 C보다 B가 위협적이기에 B를 쏠 것이다.
B는 C보다 A가 위협적이기에 A를 쏠 것이다.
C는 B보다 A가 위협적이기에 A를 쏠 것이다.

사격수 게임을 통해 알 수 있는 점은 자신이 생존하기 위해서는 자신에게 가장 큰 위협을 제거해야 된다는 것이다. 이를 위해서는 다른 상대와의 협력도 좋은 방법이다.

"

사람들은 한 극단에서 시작해 다른 극단으로 이동하며 삶의 여정을 마무리하는 경향이 있다.

"

사회심리학자 어빙 고프먼은 인생이 한 편의 연극이라는 비유를 들어 사회 이론을 확립했다. 그의 관점에서 사회는 하나의 무대이며, 사람은 무대 위에서 삶을 연기하는 배우이다. 사람들은 한 극단에서 시작해 다른 극단으로 이동하며 기나긴 삶을 살아간다. 사람들은 무대에서 상황마다 사회적으로 요구되는 행동에 부합하기 위해 자신을 숨긴 채 상황에 맞는 배역의 가면을 쓰고 연기를 한다. 공연자는 자신의 불리한 정보는 숨기고 유리한 정보를 주는 방향으로 관객의 시선을 이끈다. 고프먼은 이 과정을 분석하여 개인의 일상에서 나타나는 여러 가지 사회적 상호작용을 설명했다.

사랑의 삼각형 이론

Triangular theory of love

사람들은 삶을 살아가면서 일련의 가치를 우선으로 두는데 그중 한 가지가 사랑이 아닐까 한다. 누군가를 사랑하고 누군가에게 사랑받는 것만으로도 행복한 기분이 든다. 사랑은 매우 추상적이어서 딱 잘라 정의 내리긴 어렵지만 사랑의 삼각형 이론으로 어느 정도 설명이 가능하다.

이 이론은 1986년 미국의 심리학자 로버트 스턴버그가 설명한 것으로 그는 사랑에 친밀감, 열정, 헌신 총 3요소가 있다고 했다. 친밀감은 사랑의 정서적 부분으로 시간이 지남에 따라 강화되며, 열정은 여러 가지를 욕구를 뜻하는 부분으로 시간이 지남에 따라 약화되고, 헌신은 배려, 책임감과 같은 인지적 부분으로 시간의 흐름과 상관없이 일정 수준을 유지한다고 보았다.

스턴버그는 세 가지 요소를 삼각형의 세 꼭짓점으로 하여 나오는 형태에 따라 여덟 가지 형태의 사랑을 제시했다. 좋아함, 맹목적 사랑, 공허한 사랑, 낭만적 사랑, 어리석은 사랑, 우애적 사랑, 성숙한 사랑, 사랑이 아닌 것이다. 삼각형의 면적이 넓을수록, 3요소가 균형을 이룰수록 사랑의 크기가 크다고 본 그는 가장 정삼각형에 가까운 것을 성숙한 사랑이라 했으며, 반대로 세 요소 모두 존재하지 않는 형태를 사랑이 아닌 것으로 칭했다.

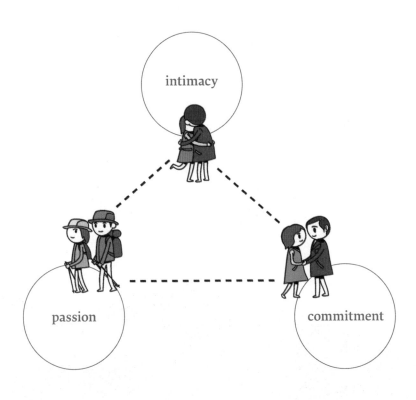

이 이론을 통해 사랑에 대한 다양한 측면을 이해할 뿐 아니라, 자신이 느끼는 사랑의 종류를 이해하고, 그것이 상대에게 무엇을 의미하는지 파악하는 데 도움이 될 수 있다.

사소함의 역설

Law of triviality

        점심 메뉴를 고르는 것은 직장인에게 중요한 고민 중 하나이다. 오늘 먹지 못하면 다른 날에 먹어도 되지만, 꽤 긴 시간을 들여 신중하게 고민한다. 그런데 점심 메뉴를 선택하는 일이 아무리 중요할지라도 하루의 일 중에서는 사소한 일에 속할 것이다. 일상에서 점심 메뉴 선택보다 중요한 일은 많기 때문이다. 그런데 구성원이 올린 보고서는 잠깐 훑어보고 결정하

거나, 지인의 중요한 이야기는 대충 듣고 만다. 이처럼 중요한 일에는 적은 시간을 소요하지만, 사소한 일에는 많은 시간과 노력을 들이는 현상을 사소함의 역설이라 말한다. 영국의 행정학자 시릴 파킨슨이 주장했다.

사소함의 역설은 관료 조직의 효율성을 비꼬는 것에서 비롯되었다. 예를 들어 임원 회의에서 많은 돈과 시간이 들어가는 신축 공장에 대해서는 10여 분 만에 짓는 것으로 결정하고, 회사 건물 앞에 직원 출퇴근용 자전거 거치대를 짓는 문제에 대해서는 오랜 시간 이야기를 나누고도 답을 내리지 못한다. 파킨슨은 이를 들어 회의 안건을 다루는 데 들이는 시간이 그 안건의 중요성에 반비례한다고 하면서, 이러한 원인으로 자신이 이해하고 접근하기 어려운 전문적인 영역은 쉽게 건드리지 않지만, 자신이 잘 아는 일상적인 일에는 합리적인 의견을 제시할 수 있다고 생각하는 것을 들었다.

사소한 일도 상대적으로 본다면 중요하게 여겨야 할 수 있다. 다만 사소한 일에 너무 많은 에너지를 쏟으면 정작 해야 할 중요한 일에 쏟아부을 에너지가 남지 않게 됨을 인지해야 한다.

사회 쇠약 증후군
Social breakdown syndrome

우리나라는 OECD 국가에서 인구 고령화가 가장 빠른 속도로 진행되는 국가 중 하나이다. 통계청에 따르면 2019년 고령화 인구는 전체 인구의 15.5%(775만 명)로 예상보다 2년 일찍 고령 사회에 진입했다. 그런데 이러한 부분이 사회 복지비 증가로 여겨지면서 노인에 대한 부정적인 인식으로 이어지기도 한다. 노인에 대한 이 같은 부정적인 사회 분위기가 노년기 적응과 발달에 미치는 부정적인 영향을 사회 쇠약 증후군이라고 말한다.

나이가 들수록 뼈가 약해지고 근육량이 감소하면서 신체가 나약해진다. 무언가를 하고 싶어도 마음만큼 몸이 잘 따라 주지 않는다. 자신이 속한 단체에 피해를 줄 수 있다고 여겨 괜히 다른 사람의 눈치를 더 살피게 된다. 노화는 마음에도 영향을 미친다. 누군가의 말 한마디가 자신을 대상으로 한 것이 아니었음에도 쉽게 상처받는다. 타인의 부정적인 인식은 자신을 존중하고 사랑하는 마음마저 무너지게 한다.

이러한 부분을 해소하기 위해서는 노인이 사회 구성원의 역할을 할 수 있도록 해야 한다. 사회 정책 및 제도를 개선하는 동시에 노인을 긍정적으로 바라보는 시선이 필요하다. 나이가 든다는 것은 삶의 경험이 누적됨을 뜻한다. 그 안에서 우리는 지혜라고 말하는 삶의 가치를 발견하게 되고, 이는 경험이 부족하여 실수가 많은 사람에게 큰 도움이 된다. 노인에 대한 존중과 배려는 노인의 자존감에 긍정적인 영향을 미칠 수 있다.

사회 전염
Social contagion

누군가 금연 장소에서 담배를 피우기 시작하면 다른 사람도 따라 피울 때가 있다. 엄연히 잘못된 일임을 알면서도 자신도 모르게 분위기에 동조된다. 이처럼 사람들의 정서와 행동이 한 사람에게서 다른 사람에게 무의식적으로 옮겨지는 현상을 사회 전염이라 부른다. 1895년 프랑스의 인류학자 귀스타브 르봉이 바이러스가 질병을 옮기는 현상에 빗대어 명명했다.

르봉은 사회 전염의 원인으로 사람들의 무의식에 숨겨진 공격성과 더불어 성 충동을 들었다. 개인이 가진 무의식의 욕구가 집단적인 감정으로 확산되어 전체 집단이 영향을 받게 되는 것인데, 사람들은 종종 타인에게서 성적인 자극을 받을 때 그 자극이 자신의 행동에 영향을 미친다고 보았다. 르봉은 이 두 요소가 개인의 이성과 판단력을 흐리게 만들어 긍정보다는 부정적인 방향으로 확산되는 경우가 많음을 밝혔다.

사회 전염은 개인이 가지고 있던 도덕심, 사회적 규범 등을 무너지게 하여 가치 체계에 혼란을 경험하게 한다. 그리하여 사회적 책임감에 기초한 통제 기제가 무력해지면 마치 최면에 걸린 것처럼 잘못된 일을 하더라도 그것이 잘못인지 인지하지 못하게 되거나 양심의 가책 없이 그냥 옳지 못한 행위를 저질러 버리기도 한다. 이러한 현상은 단순히 개인에 한정되지 않고 집단으로도 나타날 수 있다.

　일상에서 흔히 마주하는 사회 전염의 한 예로 가짜 뉴스를 통해 퍼지는 유언비어를 들 수 있다. 시작점은 의도성을 두기도 하지만, 과정에서 대부분 자신도 모르게 분위기에 동조하게 된다. 이에 따라 가짜 뉴스는 속도를 가늠할 수 없을 정도로 빠르게 번지게 되는데 전염이 시작되면 정보의 사실 여부는 그다지 중요하지 않게 된다.

사회적 증명

Social proof

　　확실한 증거나 정보가 없는 상태에서 어떤 선택을 할 때 다른 사람들의 선택을 보고 그대로 따라 하는 경향을 의미한다. 미국의 사회심리학자 로버트 치알디니가 쓴『설득의 심리학』에서 처음 언급되었다. 이런 경향은 일반적으로 다수 혹은 전문가의 의견에 많은 영향을 받는다. 제품이나 서비스를 구매하려고 할 때 관련 웹페이지에 작성된 후기나 전문가 추천을 꼭 찾아보는 이유이다. 합리적인 행위라고 여겨지지만 막연한 믿음은 역으로 손해를 불러오기도 한다. 무슨 내용인지도 모른 채 서점에서 베스트셀러 마크가 붙어 있어서 구매한 책을 읽지도 않은 채 서가에 꽂아 두는 경우를 들 수 있다.

사회적 침투 이론
Social penetration theory

day
151

관계가 발전함에 따라 상대와의 커뮤니케이션이 더 깊고 친밀한 수준으로 이동할 수 있음을 뜻한다. 1973년 미국의 사회심리학자 어윈 올트먼과 달마스 테일러가 처음 제안했다. 대인관계의 본질을 제대로 파악하려면 성격의 복잡성을 이해해야 한다고 보고, 이를 위해 고안한 이론이다. 이들은 인간의 성격을 양파에 비유했다. 그만큼 사람의 성격이 다층적인 구조로 이루어졌다는 의미이다. 이 두 학자는 양파의 바깥 표피가 상대에게 작은 관심만 두어도 알 수 있는 공적 자아이며, 사적 자아는 양파의 중심부로 향하는 곳에 있다고 보았다. 사적 자아는 그 사람의 가치관, 자아상, 정서 등을 포함한 그 사람의 본질적인 성격이다. 이들은 친밀한 관계일수록 사적 자아를 공유하며, 공적 자아에서 사적 자아로 넘어가는 것은 관계의 발전을 의미한다고 말했다.

tip

연구자들은 사회적 침투가 계속되어 친밀한 관계가 될수록 상대방에게서 받는 상처에 대한 취약성이 커진다고 보았다. 친한 사람에게 상처받으면 상처가 더 오래도록 남는 이유일 것이다.

살라미 전술
Salami tactics

이탈리아 소시지 중에 살라미가 있다. 소고기나 돼지고기를 말려서 보관할 때 더 오래 보관하기 위해서 소금을 많이 뿌리기 때문에 얇게 잘라 먹는다. 이러한 살라미의 특징에 빗대어 중요한 목표를 달성하기 위해 아주 조금씩 단계별로 일을 해 나가는 것을 살라미 전술이라고 한다. 이는 협상 전술의 한 방법으로도 널리 알려졌는데 협상 테이블에서 상대보다 더 많은 것을 얻기 위해 문제를 세분화하여 하나씩 받아 냄으로써 이익을 극대화한다. 이는 일상에서도 쉽게 발견할 수 있는데 학위 논문을 작성할 때 하나의 큰 주제를 작은 주제로 세분화하여 하나씩 진행함으로써 기간 내에 목표를 달성하는 것이다. 살라미 전술은 작은 목표부터 하나씩 해 나감으로써 큰 목표를 달성하는 것에 대한 압박감을 줄여, 성취감을 얻는 데 도움이 된다.

살리에리 증후군

Salieri syndrome

음악의 천재라 불리는 모차르트를 이야기할 때 수식어처럼 따라다니는 인물이 이탈리아의 작곡가이자 1788년에 궁정악장까지 지낸 안토니오 살리에리이다. 1984년 밀로시 포르만 감독이 선보인 영화 〈아마데우스〉에서 살리에리는 천재 음악가이자 친구인 모차르트에게 심한 열등감을 느껴 모차르트를 독살한다. 이후 영화가 흥행하면서 탁월하게 뛰어난 사람을 보며 열등감이나 무기력감을 느끼는 현상인 살리에리 증후군이 대중화되었다. 흔히 주인공이 아닌 2인자의 심리를 표현할 때 자주 쓰인다.

살리에리 증후군을 겪는 사람들은 열등감과 무력감만큼이나 샤덴프로이데schadenfreude를 겪는다. 독일어로 고통과 기쁨을 의미하는 단어를 합성한 것으로 타인의 실패나 불행을 은근히 기뻐하는 심리를 일컫는다. 이와 관련하여 일본 교토대학교 다카하시 히데히코 교수 팀은 젊은 남녀 19명에게 시나리오를 주며 뇌파 변화 검사 실험을 진행했다. 이들에게 가상의 시나리오를 주고 읽으면서 자신을 주인공으로 생각하게 했다. 시나리오에는 세 명의 동창생이 나왔으며, 주인공은 동창 중에 한 명이었다. 실험 결과 다른 동창들이 성공적으로 일을 해낼 때는 피실험자의 불안과 고통이 커졌으며, 동창들이 불행한 상황에 빠질 때는 쾌감이 높아짐을 발견했다. 다만 다른 실험을 통해 자신과 관련 없는 분야에서 잘나가는 친구의 이야기를 들을 때는 상대적으로 뇌의 변화가 미약했음을 밝혔다.

살리에리 증후군에서 벗어나려면 열등감을 발판 삼아 나아가는 것이 필요하다. 자신의 특화된 장점을 발견해야 한다. 세상에 완벽한 사람은 없듯이 상대가 자신을 부러워하는 부분이 있을 수 있다. 자신을 객관적으로 바라보는 힘이 필요하다. 상대와의 비교를 최소화하고 자신에게 온전히 집중해야 한다.

....

tip

모차르트에 비해 훨씬 지위가 높고 부유했던 살리에리가 모차르트를 질투할 이유가 없었기에 독살하지 않았다는 반론도 있다.

삶은 개구리 증후군
Boiled frog syndrome

한 연구자가 개구리 한 마리를 끓는 물에 던졌고, 개구리는 깜짝 놀란 듯 바로 뛰어올랐다. 그 후 개구리를 찬물이 담긴 냄비에 넣고 천천히 가열했다. 온도가 점점 높아졌지만 개구리는 뛰어오르지 않았다. 물의 온도가 끓는점에 도달했을 때도 마찬가지였다. 개구리는 그대로 삶겨 죽고 말았다. 이후 비슷한 실험들을 통해 이 현상이 개구리의 신경계가 무감각해짐으로 인해 발생한 결과였음을 알았다. 이러한 개구리의 반응에 빗대어 사람들이 천천히 변화하는 환경에 즉각 대응하지 못하면 큰 문제로 발전할 수 있는 현상을 삶은 개구리 증후군이라고 한다. 이는 인간이 어떻게 변화에 적응하는지 이해하는 데 중요한 개념으로 볼 수 있다. 사람들은 급격한 변화에 대해서는 대개 민감하게 반응하지만, 변화가 서서히 일어나면 인지하기 어려울 뿐 아니라 대처도 느리게 된다. 타성에 젖어 위기의식을 상실한다면 끓는 냄비에서 탈출할 최적의 타이밍을 놓칠 수 있음을 유의해야 한다.

....

tip
최근에는 실험을 통해 끓는 물에 개구리를 집어넣으면 바로 죽으며, 찬물에 개구리를 집어넣어도 물에 데워지기 전에 뛰쳐나온다는 것을 밝혔다. 무엇이 맞는 걸까?

삼손 콤플렉스

Samson complex

타인, 특히 여성에게 지속해서 배신과 거절을 당한 후 심한 분노를 느껴 다른 사람들에게 공격적으로 행동하는 현상을 말한다. 정신과 의사 일란 쿠츠가 삼손과 들릴라의 이야기에서 빗대 명명했다. 이스라엘의 영웅으로 불리는 삼손은 맨손으로 사자를 찢고, 나귀의 턱뼈로 1000여 명의 적을 죽이는 등 엄청난 힘을 가지고 있었다. 그러나 미모의 여인 들릴라의 무릎을 베고 누워 잠을 자던 중 힘의 원천인 머리카락을 잘린 후 노예로 전락했다. 이후 힘을 회복한 그는 자신이 묶여 있던 신전을 무너뜨리며 삶을 마감했다. 콤플렉스가 지속되면 사랑하는 사람이 자신을 배신할 것 같은 불안을 느낀다. 그런 경우를 상상하다 상대에 대한 분노와 폭력으로 이어지기도 한다. 성숙한 사랑을 위해선 자존감을 높이고 마음의 여유를 가지는 것이 필요하다.

....

tip
구약성서의 「사사기」에 따르면 삼손이 신전에서 죽으면서 죽인 사람이 살았을 때 죽인 사람보다 많았다.

상승 정지 증후군
Meta-pause syndrome

열심히 달려 달성하고자 하는 목표에 닿았을 때 성취감 뒤에 밀려오는 예상하지 못한 허무가 존재한다. 목표 달성 뒤에 따라오는 자연스러운 현상으로 볼 수 있지만 공허한 마음에 심신이 힘들어지기도 한다. 이러한 증상을 상승 정지 증후군이라고 말한다. 상승이 멈춤으로써 발생하는 심리적 혼란을 의미한다. 남녀 누구나 겪을 수 있으나 일반적으로 중년기 이후 남성이 주로 겪는다고 알려졌다. 흔히 남성의 갱년기 증상이라고도 부른다.

일반적으로 이 증후군은 자신이 속한 조직과 깊은 연관성을 가진다. 조직에서 살아남기 위해 야근도 불사하여 연봉 인상, 승진, 좋은 조건으로 스카우트 등의 결과를 손에 쥔다. 더 나아가 조직에서 주요 인사에 오르기도 하며, 조직의 대표가 되기도 한다. 그러다 원치 않는 곳에 배정되거나 퇴직을 종용받기도 한다. 그리고 그 순간 더는 앞으로 나아갈 수 없음을 깨닫는다. 성취할 것이 마땅치 않아 무언가를 행동할 의지마저 떨어진다. 삶의 허무함이 밀려오게 된다.

이 증상을 느끼는 순간을 삶의 전환점으로 바라보는 관점이 필요하다. 이러한 증상을 느낄 때는 이미 몸과 마음의 균형이 어느 정도 무너져 있는 경우가 많다. 우리 몸에서 보내는 경고 신호이다. 휴식과 운동으로 몸과 마음을 치유하고, 그동안 사회와 조직 생활에 맞춰진 에너지를 내면으로 전환하는 연습이 필요하다. 내면을 풍요롭게 만드는 것이다. 이러한 노력을 통해 새로운 삶을 영위해 나갈 수 있다.

상위 효과

Discrepancy effect

서로의 생각이 어느 정도 달라야 집중력이 높아지고 소통이 깊어지는 현상을 의미한다. 상위란 의사 전달자의 입장과 수신자의 입장 차이를 말한다. 격차 효과라고도 부른다. 상대를 설득하기 위해서는 상대방이 가진 태도와 정보를 파악한 후 그에 맞는 메시지를 전달해야 한다. 상대를 알지 못하면 대화에는 벽이 발생한다. 만약 상대와 의견이 똑같다면 상대를 설득할 필요가 없다. 아이러니하지만 서로의 입장 차이가 대화와 소통을 가능하게 하는 연결고리 역할을 한다. 다만 둘의 간격에도 한계가 있다. 입장 차이가 너무 크면 대화나 설득이 통하지 않는다.

상태 의존 학습
State dependent learning

　　면접을 준비할 때 자신의 능력을 보여 줄 각종 자격증만큼이나 중요한 것이 모의 면접이다. 실제 면접에서 느낄 확률이 높은 불안, 압박감 등을 미리 경험함으로써 실제 환경에 미리 적응하는 것이다. 이와 비슷한 예가 중요한 시험을 앞둔 학생들이 시험 환경과 비슷한 환경에서 공부하는 연습을 하는 것이다. 기존의 조용한 환경에서 공부하는 것이 익숙한 학생일지라도 시험장과 같이 조금은 시끄러운 환경에 미리 익숙해지는 것이 효율적이고 효과적인 방법이라는 말이다. 이처럼 특정 정서 상태에서 학습한 내용이 같은 정서 상태에서 더 잘 회상되는 현상을 상태 의존 학습이라고 한다.

　이 현상은 1835년 영국의 심리학자 존 엘리엇슨이 처음 언급했다고 알려졌으나, 이후 영국의 심리학자 던컨 고든과 앨런 배들리에 의해 개념이 널리 알려졌다. 이 두 연구자가 잠수부에게 특정 단어를 외우게 했는데, 한 그룹은 수중에서 학습하고 수중에서 복습했으며, 한 그룹은 육지에서 학습하고 수중에서 복습했다. 실험 결과 수중에서 학습한 그룹이 더 나은 회상률을 보였다. 잠수부는 수중에서 일하는 만큼 직업 환경 특성상 상태 의존 학습이 더욱 두드러지게 나타났다고도 볼 수 있다. 이를 통해 사람들은 학습 내용과 정서 상태를 함께 기억하며, 정서 상태가 학습 내용을 밖으로 꺼내는 데 중요한 역할을 한다고 볼 수 있다.

여러 연구를 통해 커피를 과도하게 마시거나, 일부 약물 복용을 통해서도 상태 의존 학습을 일으킬 가능성이 있다는 게 밝혀졌다. 다만 이러한 부분은 중독으로 이어질 수 있음을 늘 주의해야 한다.

샌드위치 증후군

Sandwich syndrome

조직에서 중간 관리자는 위와 아래에서 동시에 압박을 받는다. 위에서는 부여된 책임을 이야기하며 일의 성과를 요구하고, 아래에서는 젊고 유능한 후배들이 승진의 기회를 엿보며 자신의 자리를 위협한다. 중간에 낀 상태로 누구에게도 인정받지 못한 채 몸과 마음의 병을 얻는다. 이러한 현상을 샌드위치 증후군이라고 한다.

샌드위치 증후군은 직장인 10명 중 절반 이상이 겪는다고 할 정도로 직장인에게는 사회생활을 하면서 겪는 일반적인 증상 중 하나이다. 한국에서는 1997년 IMF 이후 대규모 구조조정과 워크아웃으로 인해 이 증상이 가속화했다. 경쟁 사회에서 이겨야 살아남을 수 있는 현대 사회의 한 단면을 잘 보여 준다.

처음에는 소화불량 정도로 시작하지만 압박에 대한 강도가 심해지면 단순 스트레스를 넘어 불안이 심화되고, 우울증에 빠져 직장 내 업무뿐만 아니라 삶에 회의를 느끼게 된다. 심할 경우 심리적 압박으로 인해 심장마비를 일으켜 돌연사하기도 한다. 이 증후군은 무너진 자존감을 회복하는 게 중요하다. 마음의 여유를 가질 수 있는 자기만의 방식을 찾아야 한다. 주위의 도움을 받아도 괜찮으며, 혼자만의 시간을 가짐으로써 온전히 자신에게 집중하는 것도 좋은 방법이다.

한편 직장인이 직장뿐만 아니라 가정에서도 이러한 증상을 겪는 경우를 신新샌드위치 증후군이라고 한다. 배우자와 자녀에게조차 인정받지 못하고 외면당한다고 느끼는 것으로 고령화 사회에서 경제적으로 압박을 받는 베이비부머 세대가 주로 겪는다.

샤르팡티에 효과
Charpentier effect

솜 1kg과 쇠 1kg 중 어떤 것이 더 무거울까? 만약 솜 1kg을 선택했다면 샤르팡티에 효과에 적용되었다고 볼 수 있다. 같은 무게를 가진 물체 중 크기가 큰 쪽을 가볍다고 느끼는 현상을 말한다. 1891년 프랑스의 의사인 오귀스탱 샤르팡티에가 한 논문을 통해 처음 언급했다. 이 효과는 크기나 무게에 관한 것이지만 요즘은 마케팅 기법에 주로 사용된다. 대표적인 사례로 2008년 출시한 맥북 에어 광고를 들 수 있다. 이 광고는 무게에 민감한 노트북이 서류 봉투에 들어갈 만큼 얇고 가벼운 제품임을 강조했다. 소비자 입장에서는 샤르팡티에 효과에 현혹되지 않는 것이 더욱 현명한 소비를 할 수 있는 방법이다.

tip
아파트 광고 시 '축구장의 몇 배', '여의도의 몇 배' 같은 문구를 사용하는 것도 샤르팡티에 효과로 볼 수 있다. 축구장이나 여의도가 얼마나 큰지 아는 사람은 거의 없지만 크다는 것을 인지함으로써 아파트의 규모를 상징할 수 있다.

서브리미널 효과
Subliminal effect

사람이 쉽게 지각하기 어려울 정도의 짧은 시간 동안 노출되는 자극을 통하여 잠재의식에 영향을 미치는 심리현상을 의미한다. 의식의 한계인 역limen의 아래란 뜻으로 잠재의식 효과라고도 부른다. 서브리미널 효과가 일어나는 이유는 감각과 지각의 차이를 들 수 있다. 감각기관을 통해 수용한 자극의 의미를 대뇌가 파악하는 데 필요한 시간보다 더 짧게 자극을 노출하면 이를 의식적으로 지각할 수 없다.

서브리미널 효과는 어떤 메시지를 전달하고자 할 때 효과적이다. 가장 대표적인 예가 1957년 미국의 마케팅 전문가 제임스 비커리가 진행한 극장 실험이다. 영화관에서 상영 중인 필름에 중복해서 "콜라를 마시자", "팝콘을 먹자"라는 광고를 3000분의 1초로 영사했다. 그 결과 영화가 끝난 후 극장의 팝콘 판매량은 57.8%, 콜라는 18.1% 증가했다. 이 효과는 이 밖에도 1969년 달에 착륙한 아폴로 11호 우주선 비행사와 올림픽에 출전하는 선수들의 집중력 강화에도 사용되었다.

서브리미널 효과가 마케팅에서는 효과적이지만 잠재의식을 이용한 세뇌에 가깝다고 판단하여 윤리성에 문제가 제기되기도 한다.

....

tip

훗날 비커리의 극장 실험은 일부 조작되었음이 밝혀졌다.

선호 역전
Preference reversal

정통 경제학자들은 사람들의 선호도가 분명하고 일관된다고 여겼다. 일관된 선호가 없으면 합리적인 판단을 할 수 없다고 생각했기 때문이다. 1971년 미국의 심리학자 세라 릭턴스타인과 폴 슬로빅은 실험을 통해 선호에 대한 일반적인 관점이 틀릴 수 있음을 증명하려 했다. 연구자들은 실험 참가자들에게 다음과 같은 복권 금액과 당첨 확률에 대한 전제를 이야기한 후 두 가지 질문을 던졌다.

복권 A : 90% 확률, 당첨금 10달러
복권 B : 10% 확률, 당첨금 100달러

첫 번째 질문인 '둘 중 어느 복권을 가지겠느냐?'에는 다수가 A를 선택했다. 금액과 상관없이 확률적으로 높은 쪽이 이득이기 때문이다. 그런데 두 번째 질문인 '두 개의 복권을 다른 사람에게 팔거나 자신이 산다면 얼마의 금액을 책정하겠느냐?'에는 대다수가 B를 선택했다. 확률이 낮더라도 위험을 감수하겠다는 의미였다. 연구자들은 이처럼 자신이 내린 선택을 일관되게 고수하지 않고 주어진 상황에 따라 선호가 바뀔 수 있는 현상을 선호 역전이라고 칭했다.

이 현상은 일상에서도 종종 발견할 수 있다. 정치인의 도덕성을 중요하게 생각했는데 한 후보의 도덕성이 너무 마음에 들지 않았다. 그런데 그 정치인이 내게 경제적인 이득을 가져다준다고 판단되면 그 후보를 뽑는 것이다. 핸드폰을 구매할 때 언제나 디자인을 선호했지만 저렴한 가격에 디자인이 별로인 다른 핸드폰을 구매하는 것도 마찬가지이다. 즉 사람의 선호는 상황에 따라 언제든 바뀔 수 있다.

설단 현상

Tip-of-the-tongue phenomenon

어떠한 이야기를 하고 싶은데 단어나 관련 정보가 떠오르지 않아 혀끝에 맴도는 경우가 있다. 이처럼 정보는 기억하고 있지만 막상 언어로 정확하게 표현하지 못하는 현상을 설단 현상이라고 말한다. 설단은 '혀끝'을 의미한다. 이러한 원인으로 대체로 기억력과 직접적인 연관이 있다고 보나, 긴장이나 억압 상태가 발생하여 정보 인출을 방해하는 환경이 조성되어 있을 때 발생한다고도 여긴다. 심리학에서는 이 현상을 부분적 정보 손실이라고도 보는데, 정보를 기억할 때 그 정보의 양과 상관없이 그 정보의 특성과 관련된 일부 정보만 기억되기 때문이다. 이를 해결하기 위해서는 평소에 운동, 충분한 수면 등을 활용해 뇌를 건강하게 할 필요가 있으며, 독서나 영화 시청 등 연상 기술을 활용할 수 있는 활동을 하는 것이 필요하다.

성격의 5요인

Big five personality traits

　　　　성격의 구성 요소와 관련하여 가장 널리 인정받는 성격 이론이다. 1976년 미국의 성격심리학자인 폴 코스타 주니어와 로버트 매크레이가 집대성하였다. 인간의 성격을 다섯 가지 요소로 나누었다.

　첫째, 경험에 대한 개방성은 상상력이 높고 호기심이 많으며 다양한 경험에 수용적인 태도를 가진다. 개방성이 낮으면 익숙한 환경에 안주하려 한다. 둘째, 성실성은 목표를 성취하기 위해 체계적으로 노력하며 책임감이 강하다. 또한 끈기가 있고 집중력이 높다. 셋째, 외향성은 대인관계가 좋고 사회성이 높다. 새로운 것에 관심이 많으며 활력을 중요하게 여긴다. 반대로 내향적인 사람은 소극적이고 조용하다. 넷째, 친화성은 타인과 조화롭게 지내고자 하며 협조적인 관계를 유지한다. 배려심이 많고 인내심도 높다. 친화성이 낮으면 자신과 의견이 다른 사람을 배척한다. 다섯째, 신경성은 예민하며 섬세하다. 이러한 경향이 강할수록 감정의 기복이 커서 불안, 우울과 같은 부정적 정서가 자주 나타난다.

　우리가 말하는 성격은 이 다섯 가지 요소가 어떤 비율로 분배되느냐에 따라서 달라진다. 이상적인 성격에 대한 정답은 없다. 한 가지 특성이 항상 같은 모습으로 발현되기 어려우며 상황에 따라 전혀 다르게 나타날 수 있기 때문이다.

소비자 잉여

Consumer's surplus

소비자가 지불할 용의가 있는 최대 가격과 실제 지불한 가격의 차이를 의미한다. 1844년 프랑스의 토목공학자인 쥘 뒤피가 고안했으며, 이후 영국의 경제학자 앨프리드 마셜이 『경제학원리』에서 언급하며 대중화되었다. 이는 심리학적으로 소비자의 만족도와 직접적인 연관성을 둔다. 예를 들어 소비자가 생선 한 마리에 1만 원을 지불할 용의가 있는데, 8000원을 주고 구입했다면 2000원의 소비자 잉여가 발생한다. 소비자가 2000원의 실제 가치를 가지지는 않지만, 해당 금액만큼의 만족도를 느끼게 된다. 이는 소비자의 상품이나 서비스의 구매에서 가치 평가와 선택의 중요성과도 연관된다. 소비자는 더 나은 만족을 위해 적극적인 정보 탐색과 비교를 하게 된다.

day
166

소유 효과

Endowment effect

사람들이 어떤 대상을 소유하고 있을 때 그것을 소유하지 않을 때보다 가치를 더 높게 평가하는 현상을 말한다. 미국의 행동경제학자인 리처드 세일러가 명명했다. 유명한 예로 머그컵 실험을 들 수 있다. 무작위로 2그룹으로 나눈 뒤, A그룹에는 대학 로고가 그려진 머그컵을, B그룹에는 일정의 현금을 전달했다. 그리고 A그룹에는 컵을 되파는 가격을, B그룹에는 컵을 구매할 금액 의사를 물었을 때 A그룹은 B그룹이 원하는 금액의 약 2배를 불렀다. 자신이 컵을 소유함으로써 컵의 가치가 상대적으로 높아진 것이다. 소유 효과의 원인으로는 소유 대상에 대한 애착심, 손실에 대한 두려움 등을 들 수 있다. 이 효과는 체험 마케팅, 환불 보장 서비스 등 제품 마케팅이나 판촉 활동에 주로 응용되고 있다.

소크라테스 효과
Socratic effect

우리는 상대를 만났을 때 긍정적인 인상을 받으면 그 사람에게 좋은 태도를 유지하려 한다. 그 사람의 행동이 일부 마음에 들지 않아도 실수라 여기며 이해와 용서를 한다. 반대로 싫어하는 사람은 생각만으로도 기분이 언짢아지는데 이럴 때 우리는 상대를 대하는 태도에 일관성을 가져야 한다는 심리적 압박을 받는다. 스스로 상대를 대하는 태도에 일관성이 없거나 논리적이지 못하다는 생각이 들면 자신의 태도를 변화시키려 한다. 이처럼 누군가의 권유나 강요가 아닌 스스로 자신의 태도를 논리적으로 일관성 있게 변화시키려는 현상을 소크라테스 효과라 부른다.

tip

소크라테스는 자신의 제자들에게 직접 답을 가르쳐 주지 않고 질문을 던져 스스로 답을 찾도록 만들었다.

"
손해를 입을
사람들은
이득을 볼
사람들보다
훨씬 더 열심히
싸울 것이다.
"

心

　　　행동경제학의 아버지로 불리는 대니얼 카너먼은 사람의 심리를 경제학에 접목했다. 그는 사람들이 절대적인 금액이 같을지라도 이득을 보는 것보다 손실을 보지 않는 것을 더 중요시한다고 하며, 이를 손실 회피 편향이라 칭했다. 언뜻 들으면 당연한 것으로 여길 수 있으나 카너먼은 사람들이 비합리적인 수준으로 손실을 회피하려는 성향이 있다고 했다. 예컨대, 누군가 1만 원을 얻었을 때의 만족감과 행복감보다 1만 원을 잃었을 때 느끼는 불쾌감과 좌절감이 더 크다는 것이다. 그는 여러 실험을 통해 이 심리적 차이가 정서적으로 2배 정도 난다고 밝혔다.

....

tip

누군가 당신에게 3만 원을 준 후 2만 원을 가져간다면 어떤 기분이 들까? 카너먼은 1만 원의 이득이 생겼음에도 돈을 받지 않았을 때보다 더 불쾌함을 느낀다고 보았다.

수면자 효과

Sleeper effect

　　SNS의 발달로 인해 무수한 정보가 자신에게 닿는다. 그중에는 소위 '카더라'에 해당하는 정보가 많다. 그러한 정보의 출처는 대부분 공식적인 학문 연구의 결과 등이 아닌 비전문가의 개인 의견 등 신뢰도가 낮은 곳인데 이러한 메시지의 설득 효과는 시간에 따라 감소하지 않고 오히려 증가한다. 미국의 사회심리학자 칼 호블랜드는 이러한 현상을 수면자 효과라고 명명했다.

　　수면자 효과가 발생하는 이유는 정보의 출처와 메시지 자체가 시간이 지나면서 분리되기 때문이다. 인간의 기억은 정보에 담긴 메시지보다 출처를 더 빨리 망각한다. 정보를 받았을 당시에는 출처의 신뢰성이 낮기 때문에 설득 효과가 억제된다. 그러나 시간이 흘러 출처가 사라지면 억제된 설득 효과가 나타나 메시지 자체에 집중하게 만들어 메시지에 대한 태도를 긍정적으로 바꿀 가능성을 높인다. 또한 인지 일관성 이론cognitive consistency theory에 따르면 사람들은 자신의 관점에 일관성을 유지하려는 경향이 있기에 정보의 출처나 진실성과 상관없이 관점을 유지하려 한다.

　　수면자 효과는 기업의 홍보나 마케팅에서 주로 활용되지만, 일상에서도 심심치 않게 발견할 수 있다. 한 예로 정치 선거에서 후보자의 스캔들이 공개될 때 처음에는 정보를 듣고 나서 후보자에 대한 불신이 생길 수 있다. 그러나 후보자에 대한 이미지가 이미 긍정적이라면 시간이 지나 스캔들에 대한 출처나 정보는 사라지고 긍정적인 이미지가 더욱 두드러지기도 한다.

....

tip

일부 연구자들은 다양한 조건이 동시에 충족되어야 수면자 효과가 관찰된다고 한다. 즉 수면자 효과가 발생되기란 쉽지 않다는 것이다.

슈퍼맨 콤플렉스

Superman complex

영화에서 나오는 슈퍼맨은 모든 걸 다 갖춘 초인이다. 인간의 능력을 초월했다는 뜻이다. 그런데 일부 남성은 가정에서든 직장에서든 스스로 초인이 되길 원한다. 무슨 일이든지 슈퍼맨처럼 척척 해내고자 하는 욕구가 충만하다. 이러한 심리를 슈퍼맨 콤플렉스라고 부른다. 어떤 것에서도 실패하지 않으려는 강박관념에 기인한다. 세상에 완벽한 것은 없듯이 자신의 노력과 판단이 예상하지 못한 결과를 불러올 수 있음을 인지하는 것이 필요하다. 타인의 시선에는 완벽해 보일지라도 내적으로 쌓인 스트레스가 에너지를 고갈시킬 수 있다. 조급함과 걱정을 버리고 마음의 여유를 가져야 한다.

슈퍼우먼 증후군

Superwoman
syndrome

心

전통 사회에서 여성은 가정에 충실한 역할을 맡
았으나, 시대가 변하면서 사회 진출이 증가하고 사회에서의 역
할이 다양해지고 있다. 그런 의미에서 가정과 직장에서 완벽하
려 노력하다 지쳐 버리게 되는 증상인 슈퍼우먼 증후군은 현대
사회의 산물로 볼 수 있다.

1984년 미국의 마저리 핸슨 셰비츠 박사가 『슈퍼우먼 증후군
The Superwoman Syndrome』에서 처음 설명한 이 증후군은 사회에서
지위를 확고히 하려는 여성들에게서 주로 볼 수 있는 스트레스
증상이다. 직장에서는 가정 때문에 업무를, 가정에서는 일 때문
에 자녀를 소홀히 한다는 부정적인 프레임에 갇히길 원하지 않
는 데서 오는 압박감에 기인한다. 전통적으로 집안일은 여성이
해야 한다는 사회적 시선이 잔존하기 때문이다.

처음에는 미국에서 이러한 증상이 주로 보였으나, 현재는 각
국으로 확산되었다. 피로감 증대, 두통 등으로 시작하여 스스로
자신의 기대에 부응하지 못함을 느낄 때 죄책감, 만성 피로, 무기
력증, 우울증 등 다양한 증세를 보인다.

모든 것을 혼자 할 수 없다는 사실을 받아들이는 데에서 시작
해야 한다. 눈앞에 금화가 가득 쌓여 있다고 해도 손에 쥘 수 있
는 것은 한정적이다. 배우자에게 자신의 어려움을 이야기하며
대화를 진행하는 것도 많은 도움이 된다. 단 자신의 감정만을 내
세우는 것이 아닌 서로를 이해하려는 태도가 우선되어야 한다.

스노브 효과

Snob effect

　물질적으로 풍족한 사람들은 타인과의 차별성을 추구하는 경향이 있다. 사람들이 많이 구매하는 제품은 멀리하고 싶고, 특별하게 자신만을 위해 만들어진 것 같은 제품은 고가일지라도 구매한다. 심리학자들은 이러한 이유로 자신을 과시하거나 뽐내고 싶은 우월감에 대한 욕구를 든다. 이처럼 어떤 상품에 대한 사람들의 소비가 증가하면 그 상품의 수요가 줄어드는 현상을 스노브 효과라고 한다. 스노브snob는 잘난 체하는 속물이란 뜻으로 속물 효과라고도 하며, 마치 까마귀 떼 속에서 홀로 떨어져 고고하게 있는 백로의 모습과 같다고 하여 백로 효과라고 부르기도 한다. 1950년에 하비 리벤스타인이 밴드왜건 효과와 함께 명명했다. 유행에 민감한 밴드왜건 효과와는 반대 개념으로 볼 수 있다.

　스노브 효과의 대표적인 대상이 명품이다. 명품은 고가의 제품일수록 오히려 더 구매하려는 욕구가 생긴다. 반대로 원래 사려던 제품이라도 갑자기 할인을 하거나 물량이 많아지면 구매하고 싶은 욕구가 떨어진다. 특정 계절이나 해에만 출시되는 리미티드 에디션 제품은 구매 욕구를 가장 충족시키는 물건이다. 그러한 점에서 가격이 상승해도 수요가 증가하는 베블런 효과와 비슷해 보이기도 한다. 리벤스타인은 이 둘 모두 일반적인 수요 법칙에 어긋나며 대중의 소비에 영향을 받는다는 공통점이 있지만, 가격에 영향을 받는 베블런 효과와 달리 스노브 효과는 대중의 소비에 큰 영향을 받는다고 보았다. 특히 스노브 효과는 개성을 추구한다는 특징이 있다.

스마일 마스크 증후군

Smile mask syndrome

서커스나 연극에서 볼 수 있는 피에로는 언제나 웃는 표정을 짓는다. 안 좋은 일이 있더라도 자신의 감정을 감춘 채 웃음을 유지한다. 이처럼 실제 느끼는 감정과는 달리 늘 웃는 모습을 보여야 함으로써 발생하는 심리적 불안감을 스마일 마스크 증후군이라고 한다. 이런 사람은 얼굴은 웃고 있지만, 내면에는 스트레스와 불안이 가득한 상태이다. 일본 쇼인여자대학교의

나쓰메 마코토 교수가 처음 사용했으며, 대학생이 교수에게 가짜 미소를 짓는 데 많은 시간을 들이는 것을 발견하면서 제안되었다.

이 증후군은 처음에는 단순한 짜증, 우울감을 느끼고, 시간이 지날수록 호르몬 불균형으로 인한 식욕 감퇴, 생리 불순, 불면증 등 신체적인 문제로 이어진다. 나아가 우울한 생각에서 벗어날 수 없는 단계가 되면 무기력과 삶의 회의를 느껴 자살 충동까지 일어난다. 일반적으로 연예인, 서비스직 등 감정 소비가 심한 업무에 종사하는 사람에게 흔히 보이는 증상으로 알려졌다. 실제 자신이 느끼는 감정과 사람을 대할 때 느끼는 감정의 괴리가 클수록 증상을 겪을 확률이 높다고 한다.

가족, 친구와의 편한 자리에서도 가면이 자신의 얼굴이 되기 전에 증상에서 벗어나려 노력해야 한다. 자신의 온전한 감정을 밖으로 표현하는 연습이 필요하며, 그러기 위해선 자신을 객관화하는 게 선행되어야 한다.

스탕달 증후군

Stendhal syndrome

우리는 뛰어난 예술 작품을 보며 감탄하고는 한 다. 가끔은 감탄을 넘어 순간적인 황홀감을 느껴 정신적 혼란 증세에 빠지기도 한다. 이러한 증상을 스탕달 증후군이라고 말한 다. 1979년에 이탈리아 정신의학자 그라치엘라 마르게니는 호흡 곤란, 현기증 등의 증세를 보이는 피렌체 관광객 100여 명을 조사했다. 그리고 프랑스 소설의 거장 스탕달이 산타크로체 성당 에 전시된 미술 작품을 보고 느낀 황홀경의 경험을 저서『로마, 나폴리, 피렌체Rome, Naples et Florence』에 기록했다는 것에 착안해, 1989년에 출간한『스탕달 증후군La sindrome di Stendhal』에서 스탕달 증후군이라고 명명했다.

이러한 증상이 일어나는 원인으로 정확히 밝혀진 것은 없다. 정서적 각성이 육체적 증상으로 이어져 극도의 희열 및 쇼크 상태를 유발했다고도 하며, 작품을 보기 위해 목을 뒤로 꺾고 한참을 감상하면 생길 수 있는 소뇌 경색이라는 의견도 있다. 환상과 현실의 괴리를 극복하지 못해 나타나는 적응 장애의 일종으로 보기도 한다. 전문가들은 감수성이 풍부한 사람이 단시간에 많은 양의 작품을 감상하면 이러한 증상을 겪을 수 있다며, 이러한 증상이 느껴진다면 작품과 작품 사이에 휴식을 둘 것을 권한다.

스탠퍼드 감옥 실험

Stanford prison experiment

1971년 미국의 사회심리학자 필립 짐바르도가 정당화된 권력과 권위가 개인의 심리에 어떠한 영향을 미치는지 연구하고자 스탠퍼드대학교 건물에서 진행한 모의 감옥 실험을 말한다.

연구진은 정신적으로 문제가 없고 좋은 교육을 받은 중산층 출신 24명을 뽑아 무작위로 간수와 죄수 역할을 부여했다. 간수 역할을 하는 참가자들은 별도의 사전 지식이 거의 없었으며, 연구진도 특별한 설명을 하지 않았다. 다만 역할에 몰입할 수 있도록 법적으로 타당한 선에서 감옥의 규칙을 만들 수 있다고 했다. 처음에는 서로 행동을 조심했으나 시간이 지나자 간수 집단이 난폭해지기 시작해, 죄수 집단에게 모욕감을 주는 행위를 강요하거나 생리적 현상을 통제하는 등의 실제 학대 행위로 이어졌다. 이에 죄수 역할을 하던 사람들의 스트레스가 증가하면서 극심한 우울감과 무기력감이 나타나 결국 2주로 계획했던 실험은 단 6일 만에 종료되었다. 짐바르도는 35년 후 이 실험을 바탕으로 『루시퍼 이펙트』(웅진지식하우스, 2007)를 출간했다.

이 실험은 윤리적인 문제와 더불어 연구자인 짐바르도의 주관성이 처음부터 끝까지 개입되었다는 점에 많은 비판을 받았다. 그럼에도 사회적 상황과 인간의 본성에 대한 통찰을 제공했다는 점과 잔혹 행위를 심리학적으로 분석했다는 점에 중요한 의의가 있다.

스텐저 효과

Stenger effect

사람들은 회의나 미팅 시에 무의식적으로 상대의 정면에 앉는 경향이 있다. 그러나 상대의 시선에서 오른쪽 자리에 앉으면 상대가 느끼는 호감도가 조금 달라질 수 있다. 이러한 현상을 스텐저 효과라고 하며, 미국의 심리학자 조지프 스텐저가 명명했다. 이는 인간의 시각 인지 체계와 관련이 있다. 일반적으로 우리는 시각 정보를 처리할 때 왼쪽에서 오른쪽으로 처리하는 경향이 있어 오른쪽에 있는 대상을 가장 마지막으로 판단한다. 이때 가장 최근에 제시된 정보를 잘 기억하는 최신 효과가 발생하여 상대를 호의적으로 대하게 된다.

스톡데일의 역설

Stockdale paradox

미군 장교인 제임스 스톡데일은 베트남 전쟁 때 동료들과 함께 포로로 잡혔으나, 약 8년 후 극적으로 귀환했다. 이후 귀국 인터뷰에서 스톡데일은 생존 이유로 무조건 살아갈 수 있으리라는 막연한 희망만을 품던 다른 동료와 달리 냉혹한 현실을 직시하며 여러 대비를 했기에 지난한 고통의 시간도 견딜 수 있었다고 이야기했다. 이처럼 비관적인 현실을 냉정하게 받아들이면서도 잘되리라는 굳은 신념을 갖는 합리적인 낙관주

의를 스톡데일의 이야기에서 유래하여 스톡데일의 역설이라고
한다.

많은 전문가는 낙관주의가 인류 생존 및 진화에 크게 기여했
다고 입을 모은다. 그러나 지나친 낙관 편향은 여러 가지 문제를
유발한다. 갑작스럽게 벌어진 상황에 대처가 늦거나 아예 대처
하지 못하는 상황이 발생하기도 하고, 현재보다 무조건 더 나아
지리라는 생각이 오만으로 이어지기도 한다. 이와 달리 스톡데
일의 역설은 현실적인 방안을 제시하는 쪽에 가깝기 때문에 어
떤 상황이든 최대한 유연하게 대처할 수 있다. 말로는 쉽게 받아
들일 수 있을지 모르지만, 현재의 합리주의와 미래의 낙관주의
가 공존하기 어렵기 때문에 역설paradox이라 표현했을 것이다.

어쩌면 코로나19라는 엄청난 시련을 마주한 우리가 이러한 역
설의 중심에 있는지도 모른다. 그런 점에서 우리는 막연하게 다
괜찮아지리라 희망만을 품는 것보단 현실을 정확히 직시하고 각
자의 자리에서 극복하려 노력하는 것이 더 나은 결과를 가져다
줄 것이다.

....

tip

영화 〈마션〉의 주인공은 강력한 모래폭풍으로 홀로 화성에 낙오된 절망적인 상황
을 맞이한다. 그는 현실을 직시하면서도 지구로 귀환할 것이라는 희망을 놓지 않고,
그러기 위해 자신이 할 수 있는 것들을 하나씩 해 나간다. 과연 그 결과는 어떻게 되
었을까?

스톡홀름 증후군

Stockholm syndrome

　　1973년 8월에 스웨덴의 수도 스톡홀름의 크레디트반켄은행에서 강도 사건이 발생했다. 2명의 무장 강도가 4명의 직원을 인질로 잡고 6일 동안 경찰과 대치했다. 그런데 시간이 경과하면서 인질들에게 이상한 현상이 발생했다. 스웨덴 총리에게 전화해 범인들을 옹호하는 말을 했다. 범인들이 잡힌 후 편지를 쓰거나 면회를 갔으며, 법정에서는 범인들에게 유리한 증언을 했다. 이후 범죄심리학자 닐스 베예로트는 인질들이 감기로 힘들어하자 범인들이 코트를 벗어 주었고, 작은 방에서 폐소공포증을 느끼는 인질은 밖으로 나가게도 해 줌으로써 인질들이 범인들에게 연민, 사랑, 동질감의 감정을 갖게 되었음을 알았다. 이후 뉴스에서 이러한 현상을 스톡홀름 증후군이라 말했다.

　심리학자들은 이러한 원인으로 가해자와 자신을 동일시하여 가해자의 행동을 합리화하는 것을 든다. 생존이 위협받는 막다른 골목에서 선택할 수밖에 없는 행동으로 보는 것이다. 또는 극한의 스트레스 상황에서 발생하는 긴장, 심박수 증가 등 신체적

tip

원래는 거리 이름인 노르말름스토리(Norrmalmstorg) 증후군이었으나, 국제적으로 보고되며 명칭이 바뀌었다.

반응이 상대를 좋아할 때 느끼는 반응으로 뇌에서 잘못 처리한 결과라는 의견도 있다.

사회적 문제로 대두되는 데이트 폭력, 가정 폭력도 이와 연관성이 있다. 피해자가 가해자의 폭력 이후의 미안함에서 오는 다정을 애정과 동정 혹은 비이성적 애착으로 받아들이기 때문이다. 스톡홀름 증후군은 스스로 자각하기 어렵다고 알려졌다. 그런 면에서 주위의 관심 어린 시선이 필요하다.

스트루프 효과

Stroop effect

단어의 의미와 글자의 색상이 일치하지 않는 조건에서 색상을 읽을 때 속도가 느려지는 현상을 말한다. 관련 실험을 진행한 미국의 심리학자 존 리들리 스트루프의 이름을 따지어졌다. 심리학자들은 이 현상을 자동적으로 처리되는 과정과 의식적으로 처리되는 과정 사이에 충돌이 발생하면서 생기는 결과, 즉 잦은 반복으로 쉽게 처리되는 과정과 주의를 기울여야만 수행되는 과정의 간극에서 일어나는 결과라고 말한다. 스트루프 효과가 나타나는 스트루프 검사를 통해 전두엽 실행 기능을 평가하여 선택적 주의, 인지적 유연성 등을 측정할 수 있다.

....

tip

1935년 스트루프의 실험은 1886년 심리학자 제임스 카텔의 논문에서 '빨강'이라는 글자를 읽는 것이 빨간색을 보고 '빨강'이라고 말하는 것보다 더 빠르다는 발견에서 시작하였다.

스티그마 효과
Stigma effect

부정적으로 낙인이 찍힌 대상이 실제로 점점 더 나쁜 행동을 보이거나 대상에 대한 부정적 인식이 지속되는 현상을 말한다. 미국의 사회학자인 하워드 베커가 명명했다. 스티그마란 빨갛게 달군 인두를 가축의 몸에 찍어 소유권을 표시하는 낙인으로 낙인 효과라고도 부른다.

낙인 효과는 낙인이 찍힌 사람의 자아에 영향을 미쳐 자존감에 직접적인 영향을 준다. 모든 일에 자신감이 사라지고, 결과가 나쁘면 자신을 학대하여 상처가 더욱 깊어진다. 안데르센의 동화 「미운 오리 새끼」는 스티그마 효과를 잘 반영한다. 미운 오리 새끼는 형제 오리들에게 낙인이 찍혀 늘 차별을 받고 자란다. 외모에 대한 부정적인 감정이 자아에 영향을 미쳐 사냥개에게 잡혀 먹힐 뻔한 상황에서도 자기가 너무 못생겨서 잡아먹히지 않은 거라며 자신에게 상처를 준다.

스티그마 효과는 크게 세 집단에게 영향을 미친다. 첫 번째는 아이다. 부모와 선생님에게 '넌 안 돼' 등 부정적인 언어를 들으며 자란 아이는 자존감이 낮으며 부정적인 생각에 휩싸인다. 두 번째는 범죄를 저지른 사람이다. 실수라 할지라도 한 번의 범죄는 되돌릴 수 없는 낙인이 된다. 범죄심리학에서는 이를 중요한 범행 동기로 보기도 한다. 세 번째는 기업이나 유명인이다. 기업

의 제품이나 유명인의 성품이 좋지 않으면 인터넷에서 익명의 사람들에게 낙인이 찍힌다. 중요한 것은 인터넷에서는 대상에 한계가 없다는 점이다. 즉 낙인의 화살이 우리에게도 돌아올 수 있음을 유념해야 한다.

---

tip

스티그마 효과와 비교되는 것이 타인의 기대와 칭찬에 의해 긍정적 효과를 발휘하는 피그말리온 효과(Pygmalion effect)이다.

스티븐 핑커

Steven Pinker

      캐나다의 심리학자 스티븐 핑커는 인지심리학과 언어심리학의 권위자로, 인간의 마음과 언어, 본성에 관해 다양한 연구를 진행했다. 핑커는 연구 초창기에 인류의 미래를 부정적으로 보았으나, 주장을 뒷받침할 근거를 찾는 과정에서 밝다는 쪽으로 선회했다. 세상은 이전보다 더 안전하고, 평등하다는 것이다. 그럼에도 사람들이 부정적으로 생각하는 데는 언론의 역할이 크다고 보았다. 시청자 확보를 위해 자극적인 소식을 더 강하게 전달하려는 습성 때문이라는 것이다. 그는 부정적인 생각이 운명론을 키운다고 여겼으며, 사회의 진보를 위해서는 객관적이고 긍정적인 생각을 가지는 것이 중요하다 주장했다.

....

tip

전 세계적으로 절대 빈곤에 처한 사람은 매년 꾸준히 감소하고 있으며 현재는 10% 전후로 사상 최저치를 달성했다.

스포트라이트 효과

Spotlight effect

다른 사람들이 자신의 외모와 행동에 대해 스스로 생각하는 것보다 더 많이 주의를 기울인다고 믿는 경향을 말한다. 스포트라이트가 비추는 무대 중앙에 자기 자신이 서 있다고 생각하는 것이다. 스포트라이트는 무대 위의 특정 부분을 비추는 조명기구를 가리킨다. 1999년 미국의 심리학자 토머스 길로비치가 실험을 통해 명명했다. 남들이 보기 민망한 티셔츠를 입은 실험 참가자들이 일반인이 가득한 방에 들어갔다. 연구진은 일반인 중 50%가량이 민망한 티셔츠에 대해 인지할 것으로 예측했으나 실제로는 20%가량에 머물렀다. 즉 사람들은 특별한 주의를 기울여야 할 상황이 아니라면 생각만큼 누군가를 주목하지 않는다. 설령 주목했다 하더라도 금방 잊어버린다. 이 효과가 심화되면 거식증, 과잉 적응 증후군 등에 이를 수 있다.

시간 수축 효과
Time-compression effect

누구에게나 시간은 똑같이 흘러가지만 나이가 들수록 시간이 더 빠르게 흘러감을 느낀다. 이를 시간 수축 효과라 부른다. 프랑스의 철학자 폴 자네가 10세 아이는 1년을 10분의 1로, 50세 중년은 50분의 1로 느끼기 때문에 시간이 더 빨리 흐르는 것으로 지각한다고 하여 폴 자네의 법칙이라고도 한다. 심리학자들에 따르면 이러한 데는 크게 두 가지 이유가 있다. 먼저 노화와 함께 생체 시계가 느려져 실제 시간보다 상대적으로 시간이 더 빠르게 지나간다고 생각하기 때문이다. 다음으론 매일 신기한 일이 벌어지던 예전과는 달리 단조로워진 일상으로 인해 감흥이 무뎌져 기억에 오래 남지 않기 때문이다. 그렇다면 운동으로 노화를 방지하고, 새로운 취미로 일상을 색다르게 만든다면 시간이 조금 더 느리게 흘러갈지도 모른다.

tip
뇌 신경세포의 흥분을 전달하는 역할을 하는 신경 전달 물질인 도파민은 약 20세 전후로 10년마다 5~10%씩 감소한다. 행복과 쾌락이 줄어들면 일상이 지루하게 느껴질 수밖에 없다.

시계 거꾸로 돌리기 연구

Counter clockwise study

영화 〈벤자민 버튼의 시간은 거꾸로 간다〉에서 주인공 벤자민 버튼은 시간이 지날수록 젊어지는 모습을 보인다. 이러한 현상을 현실에서 보긴 어려우나, 미국의 심리학자 엘런 랭어는 1979년에 진행한 실험을 통해 이것이 가능함을 증명하려 했다.

이 실험에서 랭어는 70대 노인 8명을 피험자로 삼았다. 연구진이 노인들에게 요구한 것은 두 가지였다. 한 가지는 1959년의 풍경으로 가득 꾸며진 집에서 당시의 시사적인 문제를 놓고 토론을 벌이거나, 당시의 노래를 듣고 영화를 보게 했다. 다른 한 가지는 가족이나 간병인의 도움 없이 먹는 것부터 자는 것까지 스스로 하도록 했다. 일주일 후 피험자들은 마치 50대로 돌아간 것처럼 시력, 청력, 기억력, 악력 등이 향상되었다. 누군가의 부축 없이 걷기 힘든 노인은 지팡이 없이 걷기도 했다. 다른 사람들에게 노인들의 일주일 전과 후의 사진을 보여 줬을 때 대다수가 일주일 후의 사진을 더 젊은 시절로 여겼다. 이후 영국과 한국에서 이 실험을 기반으로 비슷한 실험을 진행했으며, 두 나라 모두 랭어의 실험과 비슷한 결과를 얻었다.

우리는 일반적으로 나이가 든다는 것을 질병과 노화에 대한 부정적인 시선과 연결 지어 바라본다. 랭어는 이를 일종의 고정관념으로 보고, 나이에 따른 신체 상태를 상대적인 것으로 믿었다. 랭어의 이 실험은 작은 노력과 더불어 무기력한 삶의 태도를 바꾸는 것만으로도 신체적으로나 정신적으로나 변화를 불러올 수 있음을 증명했다.

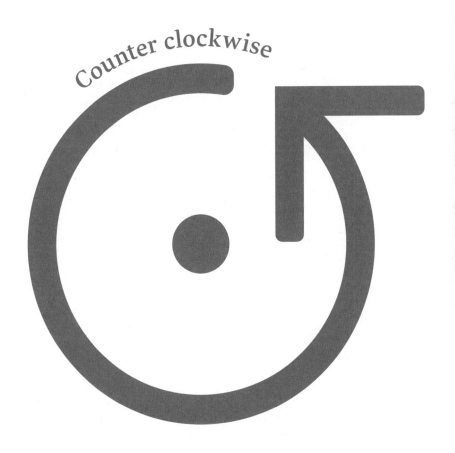

Counter clockwise

시스터 콤플렉스

Sister complex

일반적으로 자매에 대한 강한 애착 및 집착을 갖는 상태를 말한다. 남매 관계에서 남성이 여성에 대해 품는 강한 애착도 포함한다. 상대에 대한 독점적인 소유를 원하며, 상대를 지나치게 보호하려 한다. 그리하여 상대가 연애나 결혼 등의 이유로 다른 사람을 만나면 참을 수 없는 질투를 느끼고 마음이 울적해지거나 불안정해지기도 한다. 또한 상대가 다른 사람과 행복한 삶을 살면 남몰래 애착 및 동경심이 지속되며, 반대로 불행한 모습을 보이면 애착의 정도가 더 심해지기도 한다. 정확한 원인은 밝혀진 것이 없으나 가족 관계에서의 무의식적인 속박을 이유로 들기도 한다.

tip

형제에게, 혹은 남매 관계에서 여성이 남성에게 품는 강한 애착이나 집착을 브라더 콤플렉스(brother complex)라고 한다.

신 콤플렉스

God complex

　　자신의 능력을 과대평가하여 아무리 어려운 문제라도 해결할 수 있다고 믿는 확고한 신념을 말한다. 자신을 신과 동급으로 여기기도 한다. 웨일스의 심리학자 어니스트 존스가 처음으로 사용했다. 이 콤플렉스가 있는 사람은 설령 반박할 수 없는 증거에 부딪혔다 하여도 자신의 견해를 굽히지 않으며 잘못이나 실패를 인정하지 않으려 한다. 사회적인 규칙이나 관습을 고려하지 않고 특권을 요구하기도 한다. 일반적으로 조직을 이끄는 리더나 정치인에게 보이는 현상으로 여겨진다. 콤플렉스의 정확한 원인은 밝혀지지 않았으나 상대보다 우월하다고 믿는 우월 콤플렉스와 관련이 있다고 본다. 세상은 우리가 아는 것보다 어렵고 복잡하다. 자신이 아는 것이 모두 정답일 확률은 매우 낮다. 겸손한 자세로 세상을 바라보는 태도가 더 나은 상황을 만들 수 있다.

신 포도 기제
Sur grape mechanism

『이솝 우화』 중에 여우와 신 포도 이야기가 있다. 한 여우가 먹이를 찾다가 우연히 포도나무 밭을 발견했다. 포도를 따기 위해 안간힘을 다했지만 자신이 닿을 수 있는 높이가 아니었다. 여우는 계속되는 실패에 지쳐 '저 포도는 익지 않은 신 포도일 거야'라고 생각하며 포도 따는 것을 포기해 버렸다.

사람은 불안, 불쾌감, 수치심 등을 유발하는 상황에 직면했을 때 감정적 상처로부터 자신을 보호하기 위해 자동적으로 방어기제를 취한다. 그럴듯한 논리적인 이유를 들어 자신의 입장을 정당화하여 스스로 위안 삼는 것이다. 여우와 신 포도 이야기는 방어기제 중 자기 합리화를 설명할 때 자주 인용된다. 여우는 수많은 노력을 했음에도 포도를 딸 수 없게 되자 포도를 먹을 수 없는 신 포도로 규정함으로써 자신의 자존심을 지켰다. 포도를 못 먹는 것이 아니라 안 먹는 것으로 인지하여 자기 능력의 부족을 포장했다. 그렇지 않았다면 점프를 높게 뛸 수 없는 자신의 신체를 탓함으로써 자신에게 감정적 상처를 줬을 것이다.

심리학에서는 적정한 자기 위안이 심리적 균형과 정신 건강을 유지하는 데 긍정적인 역할을 한다고 본다. 다만 자기 합리화가 몸에 배어 버리면 자아가 정서적으로 발전할 기회를 잃게 된다. 자존감은 낮아지고 자존심만 강해질 수 있다. 또한 도전을 두려워하며 포기에 익숙해질 수 있음을 주의해야 한다.

신데렐라 콤플렉스

Cinderella complex

　　사람들은 심리적 안정감을 원하여 타인에게 의존하는 경향이 있다. 다만 그 정도가 일정 기준을 넘는다면 여러 문제가 발생하기도 한다. 타인에게 의존하여 보살핌을 받으려는 여성의 심리인 신데렐라 콤플렉스가 대표적인 경우이다. 미국의 저널리스트인 콜레트 다울링이 1982년에 출간한『신데렐라 콤플렉스』(문학과현실사, 2004)에서 처음 사용한 용어로서 고전 동화『신데렐라』에서 자신의 인생을 뒤바꿔 줄 왕자를 기다리는 여성

인 신데렐라에 빗대었다. 신데렐라 스토리는 오늘날 수많은 드라마와 영화에서 나타난다.

이 콤플렉스에 빠진 여성은 어릴 때는 부모에게, 성인이 되어서는 남성에게 의지하려 한다. 일정 나이가 되어 결혼할 생각이 들면 남은 일생을 바꿔 줄 상대를 찾으려 한다. 동화 속 이야기처럼 꿈을 이뤘으면 하는 마음과 현실 사이에서 갈등이 심화되면 단순한 열등감 및 의존성을 벗어나 미래에 대한 두려움, 정서적 무기력증, 우울증 등을 토로하기도 한다. 상대에게 의존하지 못한다는 불안은 자신의 삶을 통제하는 보이지 않는 벽이 되어 창의성과 의욕을 발휘하지 못하게 한다.

이 콤플렉스를 극복하기 위해서는 자신의 의존성을 인정하고, 능동적인 사람이 되려 노력해야 한다. 타인에게 의존하여 살아가는 수동적인 삶은 한계를 마주할 수밖에 없다. 기적과 운이 아닌 스스로의 노력으로 결과를 쟁취하는 과정이 자존감을 회복하여 더 나은 삶을 살아갈 수 있게 한다.

신체 변형 장애

Body dysmorphic disorder

자신의 외모 중 스스로 마음에 들지 않는 특정 부위에 지나치게 집착하고 걱정하는 증상을 말한다. 1891년 이탈리아의 정신과 의사인 엔리코 모르셀리가 외모의 특정 부분에 대한 병적인 집착을 의미하는 추형 공포증dysmorphophobia이라는 용어를 사용한 데서 유래되었다. 전 세계 인구의 2%가 겪는다고도 알려졌으며, 앤디 워홀, 마이클 잭슨, 프란츠 카프카 등도 이 증상을 앓았다고 한다.

이 증상을 앓는 사람들은 대개 자신을 바라보는 타인의 시선을 걱정하여 대인관계를 꺼린다. 거식증이나 강박 장애를 동반하기도 한다. 이를 해소하기 위해 성형 수술을 선택하며, 성형 중독으로 이어지기도 한다. 재수술 환자에게서 이 증상이 많이 나타났다고 한다.

학자들은 원인으로 뇌 기능의 문제를 이야기한다. 캘리포니아대학교 연구팀에서 이 증상을 겪는 사람과 일반인에게 자신의 얼굴 사진과 유명 배우 사진을 보여 주고 차이를 관찰하는 실험

tip

이 증상은 대개 16~18세의 청소년기에 주로 시작되며, 이때 외모에 대한 강박에서 벗어나지 않으면 만성화될 가능성이 크다고 알려졌다.

을 했다. 증상을 가진 사람은 얼굴 전체보다 특정 부위를 보았고, 시각 자극을 처리하는 영역이 비정상적으로 활성화되었다. 근본적인 원인은 밝혀지지 않았으나, 환경적 요인과 유전적 요인의 복합적인 문제로 여겨지고 있다.

단순히 성형 수술로 인한 외적 변화가 해결책이 되지는 않는다. 타인의 공감과 위로만큼이나 자기 자신을 어떤 감정으로 바라보느냐가 중요하다. 세상에서 나를 제일 사랑해야 할 사람은 나 자신임을 잊어서는 안 된다.

실수 효과
Pratfall effect

매우 유능한 사람이 실수할 때 호감을 느끼는 현상을 말한다. 1966년 미국의 사회심리학자 엘리엇 애론슨이 주장했다. 애론슨은 한 전문 배우를 퀴즈 대회 출전자처럼 행동하도록 훈련시켰다. 연습이 충분히 되었다 싶었을 때 퀴즈 상황을 녹음했다. 한 번은 자신의 뛰어난 학업 성적, 학교생활 등을 이야기하며 높은 퀴즈 정답률을 달성했다. 다른 한 번은 앞선 상황과 내용은 같았으나 커피를 옷에 쏟는 부분을 추가했다. 두 집단에게 각각 다른 녹음 테이프를 전달했고, 실험 결과 커피를 쏟는 내용까지 들어간 녹음 테이프에 더 큰 호감을 보였다.

실수 효과의 원인으로 크게 두 가지를 들 수 있다. 먼저 결점이 많은 보통 사람은 결점이 잘 보이지 않는 매우 유능한 사람에게 여러모로 공감하기 힘들다. 그런데 그 사람이 실수를 함으로써 결점이 생겨 공감대가 형성되는 것이다. 흔히 말하는 인간미다. 다음으로는 실수로 인한 결점이 그 대상을 진솔한 사람이라고 믿게 한다. 일반적으로 결점이란 감추고 드러내려 하지 않는 것이라는 인식에 기반을 둔다.

실수나 허점을 비롯해 상대가 자신에게 잘 떠올리지 않는 부분을 종종 보이는 게 좋다. 지적인 사람이 하는 실수, 무뚝뚝한 사람이 보이는 애교 등은 이성에게 호감을 높일 수 있는 좋은 방

법이다. 단 실수를 자주 하거나 의도성이 보이면 오히려 역효과
가 날 수 있음을 주의해야 한다.

심리적 회계
Mental accounting

사람의 마음속에 예산을 세우고 지출을 통제하는 심리적인 회계 장부가 존재함을 가리키는 말이다. 미국의 경제학자 리처드 세일러가 명명했다. 마음에서 돈은 다양한 목적에 따라 문화비, 주거비, 식비 등으로 나뉘어 있으며, 문화비 1만 원과 식비 1만 원을 다르게 생각한다는 것이다. 한 예로 A가 10만 원을 주고 뮤지컬 표를 구매한 후 집을 나섰는데 표가 사라졌다. B는 현장에서 표를 구매하기 위해 10만 원을 준비한 후 집을 나섰는데 돈이 없었다. 대니얼 카너먼은 이러한 상황을 두고 B가 표를 구매할 확률이 높다고 보았다. A는 문화 생활비에 20만 원을 지출해야 하지만, B는 돈을 잃어버린 것이지 문화 생활비는 아직 지출하지 않았기 때문이다. 또 다른 예로 1만 원짜리 떡볶이가 있다. 떡볶이를 간식으로 여기면 1만 원은 매우 비싼 금액이 된다. 그런데 간식이 아닌 괜찮은 한 끼로 생각하여 식비로 취급하면 1만 원은 충분히 지출해도 괜찮다고 여길 수 있다. 심리적 회계는 효과적인 소비 계획을 세울 수 있도록 할 뿐 아니라 이성적인 의사 결정을 돕는 역할을 한다.

"심리학을 연구하려면 병든 사람만이 아니라 건강한 사람까지 연구해야 한다."

에이브러햄 매슬로는 프로이트의 정신분석학과 행동주의 심리 실험을 인본주의 관점에서 강하게 비판했다. 그는 심리학이 인간의 병리적인 측면보다 건강한 본성에 더 큰 관심을 가져야 한다고 보았다. 인간의 건강한 면을 이해함으로써 정신적으로 문제가 되는 것을 이해할 수 있다고 여긴 것이다. 매슬로의 성격 이론은 환자를 대상으로 한 사례 연구보다 매슬로가 생각하기에 건강한 사람에 관한 연구에서 비롯되었다. 건강한 사람이란 욕구 5단계 이론 중 1~4단계의 욕구를 모두 충족시킨 사람으로, 자신의 능력과 재능을 충분히 발휘할 줄 알고 자아실현의 능력을 갖춘 사람이다. 건강한 사람은 미지의 세계를 두려워하지 않고, 자신의 감정을 잘 표현하며, 솔직하고 자신감이 높은 특징을 가진다.

쌍곡형 할인
Hyperbolic discounting

눈앞의 보상을 과대평가하고 차후에 받을 보상이나 손해를 과소평가하는 경향을 의미한다. 미래보다 현재를 중요시하는 심리에 기반을 둔다. 연구자들은 현재 10만 원을 받는 것과 1년 뒤 11만 원을 받는 것 중 한 가지를 선택하는 실험을 했을 때 현재 돈을 손에 쥐겠다는 사람이 많았음을 알았다. 이에 연구자들은 연간 이자가 무려 10%임에도 불구하고 현재 보상의 크기를 더욱 크게 느끼는 이유는 시간에 관한 논리적 감각이 없기 때문이라고 여겼다. 쌍곡형 할인의 경향이 강한 사람들은 현재의 만족을 희생시켜 가며 미래를 준비하는 연금, 보험 등을 불합리하게 생각한다.

....

tip

금연, 다이어트 등 새해 목표를 달성하기 힘든 이유도 쌍곡형 할인으로 설명할 수 있다. 눈앞의 보상(스트레스 감소, 맛있는 식사 등)을 미래의 결과보다 더 크게 느끼기 때문이다.

Anna Freud

day
194

아나 프로이트

　　오스트리아의 심리학자 아나 프로이트는 영국의
정신분석학자인 멜라니 클라인과 더불어 아동 정신분석의 선구
자로 일컬어진다. 정신분석의 창시자로 불리는 지그문트 프로이
트의 여섯 자녀 중 막내딸이다. 1939년 아버지의 사망 후 간호사
가 되었으나 정신분석과 관련된 이론들을 계속해서 발전시켰다.
아나 프로이트는 아동 분석학의 개념과 기법을 발전시켰으며,
아동들의 삶의 질을 향상시키는 데 많은 기여를 했다. 특히 청소
년기를 중요하게 여겼고, 청소년이 이 시기에 본능의 욕구와 자
아 매커니즘 사이가 일시적으로 무너짐으로써 질풍노도의 시기
를 겪는다고 보았으며 이에 관한 연구를 꾸준히 진행했다. 아나
프로이트의 연구는 아버지의 정신분석학을 아동 양육과 교육의
영역으로 확대했다는 점에서 큰 의의가 있다.

아니무스 콤플렉스

Animus complex

정신의학 분야의 대가인 카를 융은 인간은 남성 호르몬과 여성 호르몬을 모두 분비하므로 사실상 양성의 성질을 가지고 있다고 말했다. 다만 사회적 환경에 따라 여성은 여성적 측면, 남성은 남성적 측면을 발달시키도록 요구받아 일련의 성 차이가 난다고 생각했다. 그중 여성의 무의식의 한 부분을 구성하는 남성적 심상을 아니무스라고 했는데 아니무스가 병적으로 작용하는 현상이 아니무스 콤플렉스다.

이 콤플렉스는 가정에서 주부 역할을 하는 여성보다 사회적으로 성공한 여성에게서 주로 발견된다. 전통 사회에서 뿌리내려 온 남성 중심적 조직에서는 여성이 남자들의 문화에 적응하는 것이 유리했다. 아니무스 콤플렉스는 그러한 환경에서 무의식에 억압된 남성적 측면이 표출됨과 동시에 남성의 나쁜 점을 비판 없이 받아들인 결과로 여겨진다.

아니무스가 강하면 사사로운 감정이나 욕구를 죽이고 대의를 위해 나아갈 수 있다는 점에서 긍정적으로 볼 수 있다. 그러나 콤플렉스가 심화되면 자신의 위상을 유지하기 위해 수단과 방법을 가리지 않게 된다. 상대의 감정을 잘 받아들이지 못해 자기 생각과 어긋나는 상대에게 공격성을 보이고, 약해진 이에게 위로가 아닌 비판과 비난을 건넨다. 이 콤플렉스를 극복하기 위해선 카를 융이 언급한 것처럼 자신의 내부에 잠재된 다른 성을 이해하고 개발하는 것이 필요하다.

day
196

아도니스 콤플렉스

Adonis
complex

心

　　　시대가 변하면서 외모에 관심을 두는 남성이 증가하고 있다. 그중 과하게 외모에 집착하는 증상을 아도니스 콤플렉스라고 부른다. 자신의 외모 중 마음에 들지 않는 특정 부위에 지나치게 집착하는 신체 변형 장애의 한 형태이다. 2001년 하버드대학교의 의대 교수인 해리슨 포프의 저서 『아도니스 콤플렉스The Adonis Complex』에서 처음 등장했으며, 그리스 신화에 나오는 아도니스의 이야기에서 유래했다. 아도니스는 뛰어난 외모로 미의 여신인 아프로디테에게 사랑을 한 몸에 받았으나, 전쟁의 신 아레스에게 죽임을 당한 인물이다.

　　이 증상을 겪는 사람들은 외모를 중시하는 사회 풍조에 따라 타인에게 인정받는 외모를 원한다. 자신보다 외모가 나은 사람을 보면 과도한 질투를 느낀다. 특히 얼굴만큼이나 남성성과 직접적인 연관성을 보이는 신체 근육 발달에 집착하는 정도가 강한데, 꾸준한 운동으로 남들이 멋있다고 말하는 몸을 가지고 있음에도 스스로 몸이 빈약하고 볼품없다고 여긴다. 결국 비이성적인 불안감에서 벗어나지 못해 자존감이 무너지게 되고, 집착이 강박으로 이어져 섭식 장애, 대인기피증, 우울증을 불러오기도 한다.

　　전문가들은 남자다움이라는 영역에서 벗어나는 것이 필요하다고 말한다. 외면의 강함이 아닌 내면에 담긴 아름다움을 발견함으로써 자신만의 개성을 찾을 수 있다.

....

tip

영화 〈아메리칸 사이코〉에서 배우 크리스찬 베일이 연기한 패트릭 베이트만이 아도니스 콤플렉스의 대표적인 인물이다.

아사세 콤플렉스

Ajase complex

자녀가 어머니에 대해 원망과 사랑을 동시에 느끼는 증상을 말한다. 일본의 1세대 정신분석학자 고사와 헤이사쿠가 제창했다고 알려졌으며, 불교 설화 아사세왕의 이야기에서 유래했다. 인도 갠지스강 유역을 지배했던 아사세왕이 어머니가 자신의 출생을 원하지 않았다는 사실에 어머니를 죽이려 하지만, 어머니의 헌신과 사랑으로 참회하게 되는 이야기이다. 어머니에 대한 아들의 원망과 사랑이 잘 담겼다. 아사세 콤플렉스는 프로이트의 오이디푸스 콤플렉스의 대안으로 여겨진다. 일본에서 아버지는 감히 살해할 수 있는 존재가 아니기 때문이다. 이후 학자들은 아마에甘ぇ라는 일본만의 독특한 정서를 들어 집단의식의 근거를 확장시켰다. 어머니에게 부리는 응석, 어리광 같은 개념이다. 어머니에게 응석을 부리며 사랑을 얻으려는 무의식적 욕구가 사회적 장치를 통해 충족된다고 여긴다.

아포페니아

Apophenia

네 잎 클로버가 행운을 가져온다는 속설의 유래는 전쟁을 치르던 사람이 땅에 핀 네 잎 클로버를 발견한 데서 시작되었다. 처음 보는 형태의 풀을 신기하게 여겨 상체를 아래로 굽혀 네 잎 클로버를 따려는 사이 적군의 총알이 그를 피해 갔다. 그 사람은 나폴레옹으로 알려졌다. 이처럼 특별한 관계가 없는 현상 사이에서 의미, 규칙, 연관성을 찾아내고 믿는 현상을 아포페니아라고 한다. 1958년 독일의 정신병리학자 클라우스 콘라트가 조현병 환자의 망상이 시작될 때 나타나는 특성에서 발견했다.

아포페니아를 언급할 때 등장하는 개념은 카를 융이 언급한 동시성synchronicity이다. 동시성이란 서로 무관하게 보이는 일이 동시에 일어난다면 그 둘은 집단무의식적 에너지로 서로 연결되어 있다는 의미이다. 어떤 사람이 불안정한 상태에서 악몽을 꾸었을 때 그다음 날에 그 악몽과 비슷한 상황이 일어나거나, 특정 숫자가 문득 떠올랐는데 주위에서 그 숫자가 자주 등장하는 경우 등이 동시성에 해당한다. 우연히 벌어진 일에 일정한 가치를 부여한다는 점에서 아포페니아를 동시성의 원리로 칭하기도 한다.

아포페니아는 인간의 창조성을 발달시켜 주는 역할을 하며,

문화와 예술의 발달을 이끌었다는 점에서 긍정적이다. 그러나 사람의 인지 및 사고의 오류와 착각의 원인이 되며, 심할 경우 망상, 환각과 같은 정신 분열 증상의 원인이 될 수 있다.

연구자에 따라 아포페니아와 동시성을 다르게 보기도 한다. 아포페니아는 무작위적인 현상에서 일정한 패턴이나 연관성을 찾으려는 경향으로 보는 반면 동시성은 일상에서 발생하는 사건 간의 의미 있는 연관성을 찾는다고 보기 때문이다.

악마 연인 콤플렉스

Demon lover complex

타인에게 연인과 악마의 두 가지 감정을 느끼는 정서적 분열-해리 상태를 말한다. 이 콤플렉스가 있는 사람은 연인처럼 사랑스럽게 굴다가도 자신이 원하는 것이 충족되지 않으면 금세 파괴성을 드러낸다. 사람을 사랑하고 싶어 하면서도 공격과 억압을 당하는 경험을 반복한다. 어린 시절 가정 폭력을 당한 경험이 있거나 성인이 되어서도 경제적 심리적으로 누군가에게 의지할 데가 없는 여성에게서 주로 나타난다. 만약 아이를 가진 여성이 이 콤플렉스를 경험하고 있다면 아이에게 긍정적인 감정을 전하지 못하고 강압적이고 기계적인 양육을 한다. 스스로도 온전한 공감을 받아 본 적이 없기에 아이의 문제를 올바르게 인식하지 못한다.

악어 법칙

악어가 무는 힘은 약 2톤으로 알려져 있다. 만약 악어가 사람의 한쪽 다리를 물었을 때 그 사람이 생존하는 방법은 그 다리를 희생하는 것뿐이다. 이에 빗대어 위험에 노출되어 있는 상황에서도 현명한 선택을 하는 것을 악어 법칙이라고 한다. 이 법칙은 투자심리학에서 주로 사용되지만 일상에서도 만날 수 있다. 한 예로 중요한 경기에 참가한 운동선수가 경기 중간에 무릎에 심한 통증을 느낀다. 통증을 참고 끝까지 경기를 뛰지 않은 채 경기에서 나오는 선택이 악어 법칙이다. 중간에 포기하고 나왔는데 경기까지 지면 좋지 못한 선택이 될지도 모른다. 그러나 운동선수로서 이뤄 갈 성취가 많이 남은 만큼 길게 보면 현명한 선택이 될 수 있다. 악어 법칙은 눈앞의 세상이 전부인 벌레의 눈이 아닌 드넓은 하늘을 바라보는 새의 눈으로 세상을 바라봐야 함을 이야기한다.

악의 평범성
Banality of evil

독일의 나치 친위대 장교였던 아돌프 아이히만은 제2차 세계대전 중 유대인을 체포하고 강제 이주시키는 계획을 실행했다. 아이히만이 재판에 서게 되었을 때 사람들은 당연히 그가 포악한 성격을 가진 악인일 것으로 추측했다. 그러나 아이히만은 그를 검진한 정신과 의사들이 '정상'으로 판단할 만큼 평범한 사람에 속했다. 아이히만은 월급을 받으면서 일을 제대로 하지 못하면 양심의 가책을 느꼈을 것이라고 진술하고, 국가의 명령에 따라 자신의 일을 충실히 했을 뿐이라며 무죄를 주장했다. 그의 주장은 받아들여지지 않았고, 그는 그다음 해에 교수형에 처해졌다.

미국의 정치철학자 한나 아렌트는 아이히만 재판의 기록을 『예루살렘의 아이히만』(한길사, 2006)으로 출간했다. 아렌트는 책에서 유대인 학살을 진행한 사람이 광신도나 반사회적 성격 장애자가 아닌 상부의 명령에 순응한 평범한 사람이었음을 뜻하는 개념으로 악의 평범성을 언급했다. 즉 악의 근원은 평범한 곳에 있다는 뜻이다.

악의 평범성을 대표하는 실험으로 1961년 미국의 심리학자 스탠리 밀그램이 진행한 복종 실험을 들 수 있다. 평범한 사람들이 어떻게 권위에 복종하게 되는지를 연구하기 위한 실험으로, 20세에서 50세까지 무작위로 모집된 참가자들에게 당시 4달러가량을 지급한 후 제비뽑기로 교사와 학생의 역할을 나눴다. 학생은 단어를 암기하고, 교사는 학생이 단어를 틀리면 정신을 차릴 수 있게 15V의 전기 충격을 주도록 지시받았다. 그런데 학생 역할을 한 참가자는 배우였으며, 전기 충격 장치도 가짜였다. 진정한 피실험자는 선생 역할을 맡은 참가자였다. 교사는 학생이 단어를 틀릴 때마다 전기 강도를 15V씩 높였고, 학생은 그에 맞춰 고통스러운 연기를 이어 갔다. 결과적으로 피험자의 65%가량이 최고 수준인 450V까지 전압을 올렸다. 나머지도 대부분 300V 정도까지 올렸고, 그 이하는 12%에 불과했다. 밀그램은 실험 결과에 따라 인간은 어떤 명령이 합법적인 권위에서 나왔다고 판단하면 그것이 어떤 행동이든 명령대로 행동한다고 밝혔다. 즉 인간은 권위에 복종하는 존재이며, 일정 조건이 주어지면 이성적인 사람이라도 악행을 저지를 가능성이 있다는 것이다. 이 실험은 윤리적인 면에서 많은 비판을 받았다.

한나 아렌트는 "다른 사람의 처지를 생각할 줄 모르는 생각의 무능은 말하기의 무능을 낳고 행동의 무능을 낳는다"라며, 타인에게 공감하지 못하고 비판력 없는 사고를 바탕으로 한 행동은 죄가 될 수 있음을 이야기했다. 우리가 악의 평범성에서 벗어나기 위해서는 타인을 존중하고 공감하는 마음과 더불어 자신이 한 행동과 그 행동이 미칠 영향을 생각하여 하지 않을 용기를 가져야 한다.

안면 피드백 효과

Facial feedback effect

특정한 표정으로 그와 관련된 정서를 유발하는 현상을 말한다. 즉 얼굴의 근육이 움직이면 그에 해당하는 감정을 느끼게 되는 것이다. 1988년 독일의 심리학자 프리츠 스트랙은 실험 참가자를 A, B 두 집단으로 나눠 만화를 읽게 했다. A집단은 펜을 가로로 뉘어서 중앙을 이로 물게 하였고, B집단은 입술을 오므린 채로 펜의 한쪽 끝을 물게 했다. A집단은 자연스럽게 웃는 것처럼 입꼬리가 올라갔고, B집단은 화가 난 것처럼 입을 쭉 내밀게 되었다. 실험 결과 A집단이 B집단보다 만화를 더 재미있게 즐기고 기분 좋게 봤음이 밝혀졌다. 연구자는 얼굴 근육 조절이 감정과 밀접하게 연결되어 있음을 밝혔다. 즉 미소를 짓는 표정 하나만으로 긍정적인 정서를 유발할 수 있는 것이다.

....

tip ①

우리 뇌는 실제와 가상을 구분하는 능력이 떨어진다. 정말 웃겨서 웃는 것과 웃는 표정만을 지을 때의 차이를 잘 구분하지 못한다.

tip ②

연구에 따르면 긍정적인 감정보다 부정적인 감정을 경험할 때 이 효과가 더욱 강조된다고 한다.

알프레트 아들러

Alfred Adler

    개인심리학의 창시자로 불리는 알프레트 아들러는 지그문트 프로이트, 카를 융과 더불어 심리학의 3대 거장 중한 명으로 불린다. 아들러는 1870년 오스트리아 빈에서 일곱 형제 중 둘째로 태어났다. 어려서부터 허약하여 구루병, 질식, 발작 등 다양한 질병을 달고 살았으며, 다섯 살 때는 당시 불치에 가까웠던 폐렴에 걸려 생을 마감할 뻔하기도 했다. 아들러는 자신의 신체적 질병과 어릴 적 죽은 남동생을 계기로 의사가 되기로 결심하여 빈대학교에서 의학을 전공했다. 아들러의 어릴 적 경험은 아들러의 이론에 직간접적인 영향을 미쳤다.

    아들러는 지그문트 프로이트를 대표하는 단체인 빈 정신분석학회의 초대 학회장을 맡을 정도로 프로이트와 관계가 깊었다. 그러나 프로이트의 관점과 일부 대치되는 부분이 지속되면서 1912년에 프로이트를 떠나 독립하였고, 이후 8명의 회원과 함께 개인심리학회를 설립했다. 그러한 이유는 아들러가 프로이트가 주장했던 본능적 충동이나 무의식적 과정보다 사회적 충동, 의식적 사고와 같은 사회적 영향이 인간의 정신에 더 중요한 영향을 끼친다고 여겼기 때문이다. 그는 인간의 정신이 아동기 초기에 형성되며 성인기까지 지속된다는 프로이트의 의견에는 동의하였으나, 인간의 행동을 지배하는 주요 요인이 성性이라는 프로이트의 주장에는 특히 반발하였다. 아들러는 아이들이 스스로 힘을 키워 나가는 방식에 깊은 관심을 가졌고, 이는 아들러의 목적론에 부합한다.

과거의 원인에 중심을 두는 프로이트와 달리 아들러의 목적론적 접근은 현재의 행동에 영향을 주는 것으로서 미래를 추구하는 것을 의미하며, 인간의 정신이 고정되어 있지 않음을 전제한다. 아들러는 모든 인간이 아동기에 부족했던 바를 성인이 되면서 보충하려는 의지를 보인다고 여겼다. 인간은 인정받고자하는 욕망이 자연스럽게 발생하며, 동시에 이로 인해 열등감이일어난다는 것이다. 그는 인정 욕구가 극심해질수록 일상생활에서 긴장감이 높아지며, 권력과 우월성의 목표를 더 강하게 의식한다고 여겼다. 이기적이거나 공동체적인 의도에 자극받아 목적을 향해 지속해서 움직인다는 것이다. 아들러는 타인의 시선 때문에 자유가 심각하게 제한된다고 했는데, 즉 인정 욕구를 부정해야 행복하고 자유로운 삶을 살 수 있다는 것이다.

아들러의 이론과 개입 방법은 기존의 다른 정신 역동 이론들과 마찬가지로 실증적 증거가 부족하다는 점과 더불어 열등감, 우월감과 같은 개념들이 너무 피상적이라는 점에서 많은 비판을 받았다. 그러나 그는 일상에서 일어나는 문제에 대한 다양한 해결책을 제시하며 일반인을 위한 이론을 발전시켰고, 이는 현대의 다양한 심리 치료가 발전하는 데 큰 영향을 미쳤다.

애빌린의 역설

Abilene paradox

조직에서 회의를 하다 보면 상사의 아이디어에 마음은 동의하지 않으나 분위기상 동조해야 하는 경우가 있다. 다른 사람들의 표정을 보면 그들의 마음도 대부분 비슷해 보인다. 이처럼 모두가 실제로 원하지 않았음에도 분위기상 합의가 된 듯한 상황을 애빌린의 역설이라 한다. 미국의 제리 하비 교수가 한 논문을 통해 "거짓된 합의"라는 표현을 활용하여 애빌린의 역설을 설명했다. 애빌린이란 이름은 제리 하비 교수가 텍사스주 애빌린 출신이기 때문이다.

이 현상의 원인으로는 집단의 의견에 반대했을 때 돌아오는 불이익과 집단에서 소외되기를 꺼리는 마음에 있다고 본다. 회의실에 있는 수십 명의 사람 중에 상사의 아이디어에 반대한 사람이 자기 혼자라면 어떨까? 그 순간의 분위기는 생각만 해도 끔찍하게 느껴진다. 이 현상은 집단 내 의사소통이 원활하게 되지 않는 수직적인 조직 구조에서 주로 나타난다. 현상이 심화되면 전문가들이 모였어도 팀워크가 만들어지지 않게 된다. 만약 의사소통이나 협업이 중요한 일을 하고 있다면 애빌린의 역설은 아주 치명적일 수 있다.

이러한 상황을 방지하기 위해서는 개인적인 의견을 표현할 수 있는 환경 조성이 중요하며 상대는 그 의견을 잘 들어주려는 노력이 필요하다. 수평적인 조직 구조가 늘어나면서 이러한 부분이 개선되고 있다는 점은 유의미하다.

애착 이론
Attachment theory

영유아가 양육자와 정서적 유대를 발달시켜 가는 과정을 설명한 이론이다. 영국의 정신분석가 존 볼비가 제시하였다. 볼비는 아이가 울거나 웃는 행동을 애착 대상을 자신의 주변에 머물게 하려는 본능적 행동으로 보았고, 어린 시절의 애착 유형에 따라 이것이 성인이 되어 이성을 만날 때도 적용된다고 생각했는데 이를 다음의 네 가지 유형으로 구분했다.

안정형은 가장 많이 보이는 유형이다. 다른 사람과 쉽게 가까워진다. 이성과 함께 있을 때 안정감을 느끼며, 떨어져 있어도 상대와의 신뢰 관계가 두텁기 때문에 안정감이 유지된다. 건강한 연애가 가능하며, 헤어져도 다시 시작하려는 성향이 강하다.

회피형은 상대와 일정 관계를 유지하지만 지나치게 가까워지는 것을 경계한다. 상대에게 자신의 감정을 잘 드러내지 않으며 완전히 의존하는 것을 지양한다. 애착 관계에 큰 깊이를 두지 않으며, 상대에게 상처받지 않으려 한다.

불안형은 상대의 관심이 식는 것, 헤어지는 것 등 모든 상황에 걱정을 한다. 이를 방지하기 위해 상대방에 집착한다. 이별 후 고통에서 쉽게 빠져나오지 못한다.

불안-회피형은 가장 적게 보이는 유형이다. 불안형과 회피형의 특성을 동시에 갖추고 있다. 다른 유형에 비해 연애에 어려움

Secure   Avoidant

Anxious   Anxious-Avoidant

을 겪는다.

애착 이론은 자신의 애착 유형을 알게 됨으로써 건강한 관계를 구축하는 데 도움을 준다는 점에 의의를 둘 수 있다.

tip

가장 바람직한 애착 유형은 안정형으로 볼 수 있다. 다른 애착 유형이라도 자신의 의지와 환경의 영향으로 얼마든지 바꿀 수 있다.

액면가 효과
Denomination effect

같은 금액일지라도 화폐 단위에 따라 화폐 가치를 주관적으로 해석하는 경향을 말한다. 뉴욕대학교 프리야 라구비르 교수와 메릴랜드대학교 조이디프 스리바스타바 교수가 2009년 논문에서 처음 언급했다. 그들은 대학생 89명을 대상으로 20달러 지폐 1장과 1달러 지폐 20장을 줬을 때의 소비 패턴이 어떻게 다른지 비교했다. 결과적으로 20달러 지폐를 가진 사람들의 소비 가능성이 더 낮게 나왔다. 추가로 1달러 동전 1개와 25센트 동전 4개로 실험을 진행했을 때도 비슷한 결과가 나왔다. 즉 단위가 큰 화폐의 가치를 더 높게 생각해서 소비를 절제한다고 볼 수 있다. 우리가 흔히 5만 원짜리를 깨기 아까워서 쓰지 않았다고 말하는 것도 같은 이유이다.

....

tip

조카에게 세뱃돈을 줄 때 1000원짜리 50장보다는 5만 원짜리 1장이 더 가치를 발휘한다고 볼 수 있다.

앨리스 증후군

Alice in wonderland syndrome

영국의 작가 루이스 캐럴의 『이상한 나라의 앨리스』에서 주인공 앨리스는 토끼를 따라 이상한 나라로 들어가, 그곳에서 몸이 커지기도 하고 작아지기도 하며 환상적이고 기묘한 모험을 한다. 이 책에서 유래된 앨리스 증후군은 물체가 실제보다 작게 또는 크게 보이거나 심할 경우 왜곡되어 보이는 증상을 말한다. 1955년에 영국의 정신과 의사 존 토드가 논문에 처음 언급했다 하여 토드 증후군Todd syndrome이라고도 한다. 토드는 이 용어를 앨리스가 겪는 현상을 환자들이 호소한 데서 착안하였다. 우리나라에서는 2010년 방영한 유명 드라마에서 언급되면서 대중에게 알려졌다.

이 증후군의 원인은 명확히 밝혀지지 않았으나 뇌의 측두엽에 이상이 생김으로써 시각 정보를 받아들이는 과정에 발생하는 것이라고 추측한다. 이 증후군을 겪는 사람들이 대부분 편두통을 겪는 것을 근거로 드는데, 일부에서는 캐럴이 오랫동안 편두통을 앓았다는 점에 주목하여 작가 자신이 앨리스 증후군을 앓으며 책을 집필했다고도 본다. 보통은 주로 유아기에 나타나 증상이 점차 사라진다. 지속되어도 건강에 직접적인 문제를 야기하진 않으나 불안, 공황 장애 등으로 이어지기도 한다. 전문가들은 편두통을 예방하는 것으로 앨리스 증후군을 완화할 수 있다고 보며, 마그네슘, 오메가3 등 혈관 질환에 좋은 식품을 챙겨 먹길 권유한다.

Albert
Bandura

앨버트 밴듀라

미국의 심리학자 앨버트 밴듀라는 사회 인지 학습 이론의 창시자로 불린다. 아이오와대학교 시절에 미국의 신경심리학자 아서 레스터 벤턴, 근대 심리학의 창시자 윌리엄 제임스의 영향을 받아 심리학에 몰두했다고 알려졌다. 연구 초기에는 임상심리학에 관심을 가졌지만, 이후 행동 수정 이론, 자기 효능감 등으로 연구를 옮겨 갔다.

당시는 스키너, 존 왓슨을 필두로 한 행동주의가 지배적인 시기였다. 밴듀라는 보상과 처벌이라는 단순한 틀을 가진 이론으로는 인간의 행동을 적절하게 분석하지 못한다고 여겼다. 인간의 행동은 주로 타인에게서 학습된다고 생각한 그는 사회적 학습 및 공격성에 대한 연구를 지속했다. 대표적으로 1961년 3세에서 6세 사이의 미취학 아동을 대상으로 시행된 보보 인형 실험이 있다. 이 실험에서는 연구원이 놀이방에서 보보 인형을 때리고 손으로 집어 던지는 등의 공격적인 행동을 보였고, 이후 이 행동을 본 아이들은 보지 않은 아이들과 비교했을 때 더 빈번하게 보보 인형을 공격적으로 다루는 모습을 드러냈다. 이 실험으로 밴듀라는 인간의 행동이 강화나 보상뿐 아니라 모방이나 교육적 학습을 통해 이뤄진다는 것을 밝혀냈다. 밴듀라의 사회 인지 학습 이론의 핵심 개념은 사회 환경이 개인의 행동 및 태도 형성에 큰 영향을 미친다는 것이다. 이 실험은 미디어에 등장하는 폭력적이고 선정적인 장면이 아동에게 잠재적 영향을 미칠 수 있음을 보여 주는 중요한 근거로 여겨진다.

밴듀라는 행동주의에서 인지심리학으로의 전환에 핵심적인 인물로 손꼽힌다. 또한 성격심리학, 교육학, 심리 치료 등 다양한 분야에 큰 영향을 미쳤다.

....

tip

보보 인형은 원래 펀치용으로 개발된 장난감이라는 측면에서 아이들의 행동이 단순히 인형을 가지고 놀기 위함이었다는 지적을 받았다.

앨프리드 히치콕

Alfred Hitchcock

세계적인 영화감독 앨프리드 히치콕은 서스펜스 영화의 거장이라고 불린다. 현대의 수많은 공포, 스릴러 영화가 히치콕 영화에 큰 영향을 받았다. 히치콕의 대표적인 작품으로는 〈현기증〉, 〈사이코〉, 〈새〉 등을 들 수 있다.

서스펜스란 영화나 연극에서 관객들에게 앞으로 일어날 상황에 불안감, 긴장감을 조성하는 것을 말한다. 즉 히치콕의 영화는 인간의 본연적인 불안과 공포를 잘 꺼낸다고 볼 수 있다. 대표적으로 〈사이코〉는 개봉됐을 때 영화 시작 후 20분이 지나면 관객을 입장하지 못하게 했으며, 상영이 끝난 후에는 관객을 30초가량 암흑 속에 두었다.

히치콕은 음악을 잘 사용하는 감독으로도 유명했다. 영화 〈사이코〉의 45초간의 샤워 장면은 살인 장면에 단조의 기괴한 음악이 더해짐으로써 영화사를 대표하는 장면 중 하나가 될 수 있었다. 실제로 히치콕의 영화 〈현기증〉에 나오는 한 장면을 사람들에게 보여 줬을 때 음악의 유무에 따라 장면에 등장하는 인물에 대한 해석이 달라지는 실험 결과가 나왔다.

히치콕을 대표하는 한 가지는 맥거핀MacGuffin이다. 맥거핀은 작품의 스토리에 큰 영향을 주지 않으나 관객의 시선을 의도적으로 묶는 장치이자 속임수로, 주의를 환기하고 긴장감과 흥미를 유발할 수 있어서 다양한 영화에서 발견된다.

....

tip

대표적인 맥거핀 효과로 〈미션 임파서블3〉의 토끼 발, 〈라이언 일병 구하기〉의 라이언 일병을 들 수 있다.

앵커링 효과
Anchoring effect

행동경제학의 창시자인 대니얼 카너먼과 아모스 트버스키가 한 가지 실험을 진행했다. 실험 참가자들에게 1부터 100까지 있는 행운의 바퀴를 돌려서 나온 숫자가 '유엔에 가입한 국가 중 아프리카 국가의 비율'보다 많은지 적은지 추측해보라고 했다. 예를 들어 바퀴를 돌려 나온 숫자가 20일 때 질문에 대한 답이 20보다 낮은지 높은지 묻는 것이다. 실험 결과 대부분 바퀴에 걸린 숫자와 비슷하게 대답했고, 참가자들은 우연히 얻은 숫자가 답을 내리는 데 영향을 미쳤다고 답했다. 이처럼 특정한 숫자나 처음 제시된 기준점이 이후의 판단에 영향을 미치는 현상을 앵커링 효과라 부른다. 배가 닻anchor을 내리면 닻과 배를 연결한 밧줄의 범위 내에서만 움직일 수 있는 데 빗대었다. 닻내림 효과, 정박 효과라고도 부른다. 카너먼이 개념화한 휴리스틱 사고의 일종으로 볼 수 있다.

이 효과는 일상에서 흔히 발견할 수 있다. 마트에서 할인가로 판매되는 제품들을 사면 기존 가격보다 저렴하게 구매하여 합리적인 소비를 했다고 생각한다. 주식의 경우 자신이 구매한 가격을 생각해서 그보다 많이 떨어져도 처음의 가격을 잊지 못해 놓지 못한다. 혹은 고점에 도달한 금액을 보고 그 가격보다 떨어지면 별다른 합리적 이유 없이 저렴하다고 판단하여 구매한다.

앵커링 효과를 피하거나 감소시키기란 쉽지 않다. 한번 머릿속에 새겨진 생각을 벗어나기 힘든 이유와 같다. 그럼에도 시야를 넓혀 선입견에 치우치지 않는 노력이 필요하다. 한쪽으로 쏠린 시선은 주변의 많은 것을 보지 못하게 만든다.

tip

가격 협상 시 보통 제시한 가격을 기준으로 협상이 진행되기 때문에 먼저 가격을 제시하는 사람에게 유리한 방향으로 흘러갈 가능성이 높다. 일반적으로 상대방은 먼저 제시한 가격보다 높게 부르기보다는 그 가격을 기준으로 최대한 덜 낮게 부르려 노력한다.

야생마 엔딩 법칙

흡혈박쥐는 초원에 사는 야생마의 몸에 붙어 태연하게 피를 빨아먹는다. 야생마가 박쥐를 떨쳐내려 해도 여러모로 쉽지가 않다. 흡혈박쥐에 물린 야생마는 죽음을 맞이하기도 한다. 연구에 따르면 흡혈박쥐가 빨아먹는 피의 양은 얼마 되지 않는다. 즉 야생마가 죽는 원인은 흡혈박쥐에게 물린 상처에 감염된 균이거나, 흡혈박쥐에게 물린 이후 느끼는 극심한 분노다. 이러한 야생마의 행동에 빗대어 사소한 일로 분노를 느끼거나 다른 사람의 행동으로 자신에게 해를 입히는 현상을 야생마 엔딩이라 칭한다.

양 떼 효과

Herding effect

자신이 속한 무리에서 혼자 뒤처지지 않으려고 무리의 행동을 따라 하는 현상을 일컫는다. 양들이 우두머리를 따라 움직이는 모습에서 착안한 것으로 미국의 경제학자 하비 리벤스타인이 명명했다. 인간의 추종 심리를 상징적으로 나타내며 일종의 군중심리로 볼 수 있다. 일반적으로 다른 사람들이 특정 브랜드 제품을 사면 무엇인지 잘 모르지만 일단 사고 보는 행위를 들 수 있다. 주식이나 부동산도 마찬가지다. 그 종목, 그 지역, 그 아파트 등 지칭된 곳이 어떤 것인지도 모른 채 쏠려 가듯 구매한다. 시세가 상승할 때는 좋은 결과로 나올 수 있지만, 자신만의 분석 없이 맹목적으로 결정하면 대부분 피해를 보게 된다. 신중한 판단 뒤에 따라가면 많은 수익은 못 벌 수 있어도, 최소한의 피해는 사전에 막을 수 있다.

tip

양 떼가 지나가는 길목에 나무를 가로로 놓으면 우두머리가 뛰어넘는데, 그 후에 바로 나무를 치워도 뒤에 따라오던 양 떼들은 폴짝 뛴다고 한다.

양가감정
Ambivalence

자녀가 핸드폰을 하다가 늦게 자서 다음 날 아침에 학교에 지각할 상황이 생겼다. 부모는 빨리 일어나라며 아이를 보챈다. 하지만 아이는 뭉그적거리며 부모의 마음을 애태운다. 자녀는 뒤늦게 학교에 간 후 학원까지 다 마치고 자정이 다 되어서야 힘없이 집에 들어온다. 부모는 그 모습을 보며 안타까움과 애달픔을 느낀다. 그러나 아이는 밤늦게까지 게임을 하고 다음 날 다시 지각을 한다. 일반적으로 상반되는 감정이 동시에 적용되긴 어렵지만, 이러한 상황에서 부모는 아이의 행동에 짜증이 나고 화가 나면서도 한편으론 아이의 상황을 이해하고 공감하며 미안하고 고마운 마음이 든다. 이처럼 상호 대립되거나 모순되는 두 감정이 공존하는 상태를 양가감정이라고 부른다.

양가감정은 1910년 스위스의 정신의학자 오이겐 블로일러가 처음 언급했다. 블로일러는 양가감정을 정신질환의 일종인 조현병의 기본 증상으로 여겼으며, 평범한 사람에게도 존재한다고 주장했다. 이후 프로이트가 자녀와 부모 사이를 설명할 때 양가감정을 언급하면서 대중화되었다.

연애에서는 주로 상대가 어떠한 잘못을 했거나 이별을 앞둘 때 발생한다. 상대가 잘못을 했을 때 상대에게 미운 감정이 발생하는 것은 아주 자연스러운 과정이다. 그럼에도 그 사람을 사랑하기에 이해하고 용서할 수 있어야 한다고 여기기도 한다. 우리가 흔히 말하는 애증이다. 사랑과 미움의 갈등이 심한 상태에서 미움을 억압하기 위해 사랑이 의식적으로 지나치게 강조되는 것이다. 이별할 때도 마찬가지이다. 상대가 너무 밉거나 싫어서 헤어지려 하지만 막상 헤어지면 슬프고 그리울 것 같은 감정이 복합적으로 발생한다.

양가감정을 너무 부정적으로 바라볼 필요는 없다. 내면에서 부정되지 않고 수용되는 것이 조금 더 중요하다. 만약 감정이 심화된다면 상대와 대화로 풀어 보는 게 좋다. 때로는 감정을 숨기는 것보다 드러내는 것이 관계를 유지하는 데 도움이 된다.

tip

양가감정은 우울증 환자나 자살 의도가 있는 사람을 대상으로 하는 인지 치료에서 중요하게 여겨진다.

〈양들의 침묵〉

The Silence of the Lambs

1991년 개봉한 영화로서 토머스 해리스의 동명 소설을 원작으로 한다. 탄탄한 각본과 연출력 그리고 배우들의 압도적인 연기력으로 범죄 스릴러 영화의 세계적인 걸작으로 꼽힌다. 영화는 FBI 수습요원 스탈링이 버팔로 빌이라는 별명이 붙은 살인범을 잡기 위해 뛰어난 정신과 의사였지만 자신의 환자를 9명이나 죽인 한니발 렉터 박사를 만나면서 벌어지는 일을 담고 있다. 영화의 백미는 사이코패스인 렉터 박사와 스탈링의 밀고 당기는 심리 싸움이다. 렉터 박사는 스탈링의 어린 시절 트라우마를 파고들고, 스탈링은 그걸 역이용하여 자신이 원하는 것을 얻으려 한다. 그 과정이 범죄자와 범죄심리학자의 실제 모습을 대변하는 것 같아 범죄 심리 영화의 교본으로 불린다.

언더도그 효과

Underdog effect

사람들이 경쟁에서 열세에 놓인 주체를 응원하고 지지하는 현상을 말한다. 투견 시합에서 아래에 깔린 개under dog를 응원하게 되는 현상에서 비롯되었다. 위에 올라타 우세를 보이는 개는 탑도그top dog라 부른다. 이 효과의 대표적인 사례가 1948년 미국 대선이다. 사전 여론조사에서 뒤지던 민주당의 해리 트루먼 후보가 공화당의 토머스 듀이 후보를 제치고 대통령에 당선되었다. 분석가들은 부동층 유권자들이 언더도그인 트루먼에게 동정표를 던졌다고 보았다. 대중의 심리 저변에 있는 약자에 대한 동질감, 관대함이 작용되었음을 의미한다. 언더도그 효과는 정치, 스포츠 등 다양한 영역에 걸쳐 나타난다.

tip

2008년 미국 대선에서 버락 오바마와 존 매케인은 스스로 자신이 언더도그라고 규정했다.

언더마이닝 효과
Undermining effect

좋아하는 취미가 돈을 버는 일이 되면 즐거움이 지속될 것 같지만, 즐거움이 지속되기보다 오히려 그 취미에 흥미를 잃어버리기도 한다. 돈과 같은 외적 보상을 받기 위해 의식하며 노력하면 즐거운 행위가 목적을 위한 수단이 되기에 내적 동기부여가 저하되어 흥미가 지속되지 않는 것이다. 이러한 현상을 언더마이닝 효과라고 한다. 1970년대 미국의 심리학자 에드워드 데시가 처음 언급했다고 알려졌다. 이를 해결하는 방법으로 크게 세 가지를 들 수 있다. 먼저 목표와 가치에 대한 명확한 이해가 이뤄져야 하며 그에 따른 행동 계획을 세워야 한다. 다음으로 자신의 능력에 대한 믿음을 가짐으로써 자기 효능감을 높여야 한다. 마지막으로 눈앞에 놓인 결과보다 과정을 중요시함으로써 전문성을 키워야 한다.

....

tip

이 효과의 대표 분야로 교육을 들 수 있다. 학생들이 좋은 성적을 받기 위해 외적 보상에 의존하여 공부하면 학습 동기가 약해진다. 이를 해소하기 위해 내적으로 만족할 만한 성취감을 느낄 학습 환경을 만들어 나가야 한다.

에듀퍼리먼 증후군

일상에서 일어나는 일들을 자신의 탓으로 여겨 자책하며 자학하는 증상을 말한다. 타인에게 혼이 나거나 인격을 무시당하는 부정적인 상황에서 주로 일어나며, 자존감 결여로 인해 발생하는 증상이다. 자존감이 낮으면 '나'라는 존재에 의구심을 품고, 무엇을 하든 자신감이 없다. 스스로 칭찬에 인색하여 타인의 칭찬이나 격려도 온전히 받아들이지 못한다. 심할 경우 대인기피증으로 이어지기도 한다. 타인의 시선에서 벗어나 자신에게 집중하는 시간을 가져야 한다. 작은 일부터 성취감을 느끼는 것이 중요하다. 이때 칭찬을 빼먹어선 안 된다. 칭찬은 고래도 춤추게 한다.

에드워드 티치너

Edward Titchener

     미국의 심리학자 에드워드 티치너는 근대 심리학의 아버지로 불리는 빌헬름 분트의 영향을 받았으며, 분트의 실험심리학 발전에 이바지했다. 이후 다양한 연구를 통해 인간의 의식을 중심으로 마음의 구조를 설명하는 구성주의 심리학을 주장했고, 당시 미국 심리학의 주류인 행동주의, 기능주의를 비판하며 그에 대항했다. 1909년 티치너는 '~속으로 들어가서 느끼다, 감정이입'이라는 의미인 독일어 'einfühlung'을 '공감 empathy'으로 번역했다. 이전부터 많은 연구자가 공감과 관련된 단어를 사용했으나, 'empathy'란 용어를 처음 도입한 사람은 티치너로 알려졌다. 티치너는 공감을 상대의 감정을 단순히 인지하는 것이 아니라 상대의 가치관 형성 과정과 그 작동 방식을 이해하는 것이라고 보았다.

Erich Fromm

에리히 프롬

       미국의 정신분석학자인 에리히 프롬은 사회심리학의 권위자이다. 연구 초기에는 프로이트의 정신분석학과 마르크스 사상에 많은 영향을 받았다. 1933년 나치의 탄압을 피해 미국으로 망명 후 프로이트의 정신분석을 재해석하여 인본주의적 정신분석을 제창했다. 그는 프로이트의 기본 개념을 대부분 받아들였으나, 인간을 단순히 생물학적 존재로만 보지 않고 사회적 존재로 간주했고, 그런 점에서 인간의 상호적인 관계를 중요시했다. 사회적 성격이란 개념을 설정하여 근대 사회에 숨어 있던 성격을 드러내려 한 그는 이를 바탕으로 나치즘을 수용하고 지지한 사람들의 심리를 분석하려 했다.

    한편 그는 인간이 자유를 추구하는 것을 목표로 삼아야 한다고 말했다. 한평생 자유가 무엇인지 되뇌었으며, 인간에게 내재된 자신만의 자유를 개발해야 한다고 주장했다. 인간이 문화와 경제 시스템의 영향을 받지만 자유를 위해서라면 맞서 싸워야 하는 용기가 필요하다고도 말했다.

　에리히 프롬은 대중에게 『사랑의 기술』(문예출판사, 2019), 『소유냐 존재냐』(까치, 2020), 『자유로부터의 도피』(휴머니스트, 2020) 등을 집필한 유명 저자로 더 잘 알려져 있다. 그중 1956년에 출간한 『사랑의 기술』은 에리히 프롬의 대표 저서로서 사랑에 대한 일반적인 관점을 바꾼 책이다. 이 책에서 그는 사랑을 감정의 범주에만 묶지 않고 기술로 전제하며, 사랑을 잘하기 위해서는 사랑의 본질을 파악한 후 이에 걸맞은 훈련을 해야 한다고 말했다. 그리하여 사랑의 기술을 익히지 못한 사람은 사랑에 실패할 것으로 보았다.

에릭 번
Eric Berne

　　미국의 정신의학자인 에릭 번은 교류 분석 이론의 창시자이다. 군 입대 전에 정신분석학자인 폴 페더른에게 학문 수련을 받았으며, 제대 후에 정신분석학자인 에릭 에릭슨에게 지도를 받으며 다시 연구를 시작했다. 그러나 정신분석 이론에 한계를 느껴 10여 년의 연구 끝에 교류 분석 이론을 완성했다.

　　1964년 출간된 『심리 게임』(교양인, 2009)에서 처음으로 설명된 교류 분석은 인간의 교류나 행동에 관한 이론 체계로서 개인의 성장과 변화를 추구했다. 교류란 두 사람 사이의 자아 상태가 자극과 반응으로 연결되는 것으로, 쉽게 말해 사람과 사람 간의 상호관계를 분석하는 것을 의미한다.

　　번은 인간이 세 가지의 자아 상태로 구조화되어 있으며, 상황에 따라 역할을 달리한다고 보았다. 부모 자아(P)는 부모나 부모와 같은 사람에게서 받은 영향을 비판 없이 재현한다. 어른 자아(A)는 현실에서 반응하는 행동, 사고, 감정 등으로 해결책을 찾는다. 어린이 자아(C)는 어린아이처럼 행동하거나 감정을 그대로 표현한다. 세 가지 상태 모두 긍정적 측면과 부정적 측면을 가지고 있으며, 자아 상태에 효율적인 기능이 부족할 때는 여러 문제가 발생할 수 있다고 보았다.

　　에릭 번의 사망 이후 학자들의 다양한 연구를 통해 교류 분석은 더욱 체계적인 치료적 접근법이 되었다.

Erik
Erikson

에릭 에릭슨

미국의 심리학자인 에릭 에릭슨은 심리사회적 발달 이론의 창시자이다. 그의 이 이론은 정체성 이론이라고도 불린다. 에릭슨은 자신의 아버지가 누구인지 모른 채 유대인 어머니, 유대인 새아버지와 함께 살았다. 자신의 출생과 정체성에 느낀 혼란스러움과 그때의 경험이 차후 이론 확립의 배경이 되었다.

에릭슨은 여느 심리학자와는 다르게 고등학교가 최종 학력으로, 대학에 진학하는 대신 유럽을 여행하며 사색에 몰두했다. 25세경 친구의 소개로 참가한 프로그램에서 아나 프로이트를 만나 정신분석학에 입문했고, 이후 프로이트 이론에 몰두하게 되었다. 그는 프로이트의 정신분석 이론을 토대로 정체성을 연구했으나, 사람의 발달이 성욕뿐만 아니라 사회적 상호관계에서 이루어진다고 여겼고, 그런 점에서 신新프로이트학파의 한 사람으로 간주된다. 31세가 되던 해 미국으로 이주하면서 본격적으로 아동 정신분석학을 연구했다.

에릭슨은 인간 생애의 발달 과정을 8단계로 구분했으나 각 단계가 단절된 것이 아니라 연속되고 축적된다고 보았다. 그리고 그 과정에서 불안과 갈등을 경험하며 성장한다고 주장했다. 에릭슨의 이론은 개인적 관찰에 입각하며 객관적 증거가 없다는 점에서 비판을 받기도 한다. 그러나 청소년기 이후의 성인기를 초기, 중년기, 노년기로 나누어 설명하여 정신분석학적 자아심리학을 비약적으로 발전시켰다는 점만으로도 큰 의의를 둘 수 있다.

에릭 호퍼
Eric Hoffer

　　미국의 사회철학자인 에릭 호퍼는 길 위의 철학자로 불린다. 호퍼는 일찍이 부모를 여의고 부두 노동자, 사금 채취공으로 길 위에서 생계를 이어 갔으며, 남는 시간에는 수많은 책을 읽으며 사색했다. 1941년부터는 육체노동을 그만두고 본격적으로 책을 쓰기 시작하여 총 11권을 집필했다. 특히 호퍼에게 지금의 명성을 안겨 준 『맹신자들』(궁리, 2011)은 대중운동의 속성을 탐구한 명저로 손꼽히며, 집단 동일시에 관한 심리 연구 서적으로 테러와 관련된 분야에 유용하게 적용된다. 호퍼가 사망한 해 미국 대통령의 자유훈장이 수여되었으며, 2001년 호퍼의 이름을 딴 '에릭 호퍼 문학상'이 제정되었다.

----

tip

호퍼는 어린 시절 실명을 했으나 얼마 후 기적처럼 시력을 회복했다. 그러나 언제 다시 시력을 잃을지 모른다는 불안감에 독서에 빠졌다고 한다.

에멘탈 효과

Emmental effect

스위스의 상징물 중 하나인 에멘탈 치즈는 구멍이 있다. 제조 과정 및 보관 온도에 따라 크기가 달라질 수 있으나 다른 치즈 대비 구멍이 큰 편이다. 이 치즈는 딱딱해서 썰어 먹기가 힘들어, 뚫린 구멍에 칼을 집어넣어야 쉽게 자를 수 있다. 이에 빗대어 상대의 심리적 약점을 활용하여 마음에 담아 둔 이야기를 밖으로 꺼내게 만드는 것을 에멘탈 효과라 한다. 범죄 심리학에서 주로 사용되는데, 에멘탈 치즈 구멍 사이로 칼을 넣듯 범죄자의 가족, 사생활 등 범죄자가 흔들릴 만한 구멍 사이로 심리를 파고들어 가는 것이다. 학자들은 에멘탈 효과가 잘 발휘되기 위해서는 관심을 바탕으로 경청하는 것이 중요하다고 말한다.

tip

2009년 발생한 강호순 사건 담당 수사관은 강호순의 자녀 이야기를 집중적으로 묻는 방법으로 자백을 받았다고 밝혔다.

에이브러햄 매슬로

Abraham Maslow

우리에게 욕구 5단계 이론으로 유명한 에이브러햄 매슬로는 인본주의 심리학의 대표 권위자이다. 매슬로는 어린 시절 사회의 반유대주의 현상 때문에 혼자 있는 시간이 많아 자연스럽게 도서관에서 책을 가까이했다. 위스콘신대학교에서 심리학을 시작했으며, 이후 여러 저명한 심리학자와의 만남을 통해 자신의 사상에 많은 영향을 받았다. 그중에서도 인류학자인 루스 베니딕트와 깊은 교류를 나눴는데 그의 인간성을 탐구하는 과정에서 자아실현 개념이 고안되었다고 알려져 있다.

매슬로는 인간의 행동이 기본적 욕구에 따라 동기화한다고 보았다. 대표적 이론인 욕구 위계 이론needs hierarchy theory은 인간의 동기가 작용하는 양상을 설명하기 위해 5단계로 구분되었다. 가장 기초적인 단계인 생리적 욕구부터 시작하여, 안정의 욕구, 애정과 소속의 욕구, 존중의 욕구, 마지막으로 자아실현의 욕구이다. 그는 욕구 단계가 계층적으로 배열돼 하위 단계의 욕구가 충족되어야 상위 단계의 욕구가 발생한다고 보았다.

욕구 위계 이론은 사람마다 가치의 기준이 다르기 때문에 욕구 단계가 일반화될 수 없다는 점과 동시에 발생할 수 있는 욕구에 대한 설명이 부족하다는 점에서 많은 비판을 받았다. 그럼에도 인간의 동기를 설명하는 기본적이고 보편적인 모형을 제시했다는 점에서 의의를 갖는다.

엘렉트라 콤플렉스

Electra complex

　　딸이 아버지에게 애정을 품고 어머니를 경쟁자로 인식하여 반감을 가지는 심리를 말한다. 심리학자 카를 융에 의해 언급되었으며, 그리스 신화의 엘렉트라 이야기에서 유래했다. 트로이 원정의 총지휘관이자 미케네의 왕인 아가멤논은 왕비 클리타임네스트라와 그녀의 정부의 손에 살해된다. 가까스로 목숨을 구한 아가멤논의 딸인 엘렉트라는 이후 조국을 버리고 망명한 동생 오레스테스와 함께 어머니와 그녀의 정부를 살해하여 아버지의 죽음을 복수한다.

　　엘렉트라 콤플렉스의 이론은 프로이트에 의해 정립되었다. 약 3~5세의 여자아이가 아버지의 남근이 자신에게 없음을 깨닫고 남근을 선망한다. 동시에 자신에게 남근을 주지 않은 어머니를 원망한다. 보통은 시간이 흘러 어머니에 대한 애정을 찾지만, 부모와 제대로 정서적인 교감을 갖지 못하면 어머니에 대한 반감이 깊어진다. 어머니가 예쁜 것을 가지면 자신도 가지고 싶고, 어머니보다 더 예쁘다는 소리를 듣길 원한다. 나중에는 어머니처럼 행동해야 아버지에게 사랑받는다고 생각하여 어머니와 비슷한 행동을 하기도 한다.

　　이 콤플렉스는 부모의 자녀 양육에 대한 책임감과 연결될 수 있다. 성격과 감정이 정립되는 유아 시기에는 아이의 행동과 목소리에 눈과 귀를 기울이는 세심한 관심이 필요하다.

여왕벌 증후군
Queen bee syndrome

여왕벌이 벌집 안에서 유일한 권력을 갖는 것처럼 조직 내에서 인정받는 여성이 자신 혼자면 충분하다고 여기는 성향을 말한다. 그동안 쌓아 온 권위를 다른 여성과 나누고 싶어 하지 않는 것이다. 여러 연구에 따르면 여왕벌 성향이 있는 여성은 조직 내 다른 여성을 괴롭히고 차별하는 행동을 보였으며 승진에도 부정적인 영향을 끼쳤다. 명확한 원인은 밝혀지지 않았으나 스스로 과시하려는 욕망과 더불어 다른 여성을 자신의 경쟁자로 생각하기 때문이라고 본다. 여성 리더들이 다른 여성들과 적극적으로 협력하는 형태가 늘어나고 있어 현실과 맞지 않는다는 견해도 있다.

tip

이 증후군을 겪는 여성은 일반적으로 자존감이 낮으며, 자신의 불안감을 표출함으로써 안도감을 찾으려 한다.

328

여키스도슨 법칙

Yerkes-Dodson law

각성 수준과 수행 수준의 연관성을 제시한 이론이다. 1908년 미국의 심리학자 로버트 여키스와 존 도슨이 명명했다. 이 법칙에 따르면 각성의 정도에 따라 수행 능력이 향상되지만 일정 수준까지만 증가하며, 중간 수준의 각성이 가장 높은 수행 수준을 가능하게 하는데 이를 최적 각성 수준이라고 한다. 각성 수준이 너무 낮거나 높으면 수행에 방해가 된다. 예를 들어 중요한 면접을 앞두고 지나치게 각성하면 준비된 질문에도 제대로 대답하지 못할 수 있다. 이와는 반대로 일정 수준 이하로 낮게 각성하면 집중력이 떨어지게 되어 면접에서 실수할 확률이 높아진다.

열등 콤플렉스

Inferiority complex

오스트리아의 정신의학자 알프레트 아들러는 인간은 본디 약하고 무기력한 존재로 태어났지만, 현재보다 더 나아지길 바라는 욕구를 가졌다고 보았다. 그런 의미에서 인간은 누구나 어떤 측면에서 열등감을 가지고 있으며, 이 열등감이 부정적인 것이 아닌 보편적 욕구이자 노력의 원천이라고 생각했다. 다만 열등감을 온전히 인정하고 극복하지 않으면 이것이 억압되어 콤플렉스로 나타난다고 보았고, 이를 열등 콤플렉스라고 칭했다.

열등 콤플렉스는 자신이 무언가를 실천하려 할 때 실천하지 않는 핑계의 대상이 된다. 자신을 상대보다 못한 사람으로 취급함으로써 행동을 회피하려 하는 것이다. 예를 들어 취업을 준비하는 사람이 '나는 대학교가 좋지 않으니까 좋은 기업에 넣어 봤자 떨어질 거야', '나는 학점이 낮으니까 면접관들이 좋게 볼 리 없어'라고 생각하며 행위 자체를 머뭇거리거나 지레 포기한다. 단순한 주관적 관점으로 볼 수 있지만, 이런 관점은 같은 조건에 있는 사람 사이에서도 시작부터 격차가 벌어지는 이유가 된다. 분명한 것은 상대보다 열등하다고 해서 자신이 하지 않아도 될 이유는 없는 것이다.

이 콤플렉스를 가진 사람은 자존감이 떨어지면서 스스로 신뢰하지 못하는 상태에 다다라, 노력해 봤자 안 된다고 섣불리 판단하게 된다. 열등감이 주는 불편에서 벗어나기 위해 더 많은 노력을 하기도 한다. 그러나 노력이 과하면 자만해지거나, 스스로 우월하다고 믿는 병리적 신념인 우월 콤플렉스로 이어지기도 한다. 열등감을 감추기 위해 억지로 자신을 과시하거나 위장해서 발생한 결과이다. 가끔은 자신의 열등감을 타인에게 대놓고 공표하여 자신을 불행한 사람으로 만들기도 하는데 이는 특별한 사람으로 대하라는 무언의 압박과도 같다.

열등 콤플렉스에서 벗어나려면 열등감을 유발하는 원인을 찾아야 한다. 원인을 최대한 객관적으로 바라보는 시선이 필요하다. 무언가 부족한 부분을 개선할 수 있다고 판단되면 행동을 통해 변화하려 노력해야 한다. 노력을 했음에도 바라는 결과가 나오지 않을까 두려울 수 있다. 그러나 행동하지 않는 변화는 없음을 스스로 인지해야 한다. 다만 앞서 말했듯 과한 노력은 자만과 우월 콤플렉스로 이어질 수 있음을 주의해야 한다. 자신의 노력으로도 개선할 수 없는 부분이라면 과감히 포기하고 받아들이는 것도 좋은 방법일 수 있다. 앞서 예로 든 대학교와 학점은 이미 달라질 수 없는 요소이다. 대학원을 가서 학력을 높이는 방법이 있으나 근원적인 부분으로 보긴 힘들다. 취업에서 좋은 점수를 받을 수 있는 다른 무언가를 찾아 획득하려 노력하거나, 취업이 아닌 자신만의 길을 개척할 수 있다. 생각을 달리하고 행동하는 것만으로도 우리는 과한 열등감에서 조금은 자유로워질 수 있다.

영리한 한스 효과

Clever Hans effect

독일의 교사인 빌헬름 폰 오스텐은 동물도 일정 이상의 지능이 있다는 가정 아래 한스라는 이름의 말을 가르쳤다. 칠판에 수를 쓰고 그 수만큼 두드리는 방식으로 가르쳤더니 얼마 후 한스가 사칙연산을 했다. 비슷한 형태로 알파벳을 가르쳤더니 자신의 이름을 써냈다. 이를 확인하고자 독일의 심리학자 오스카 풍스트는 몇 가지 실험을 했다. 그런데 한스가 눈을 가리면 문제의 답을 맞히지 못했으며, 질문자와 거리가 멀어질수록 정답률이 떨어졌다. 풍스트는 한스가 천부적인 영리함이 아닌 질문자의 표정, 몸짓과 같은 비언어적 단서에서 답을 알아차리는 법을 배웠음을 밝혔다. 이처럼 연구자의 일련의 기대나 행동이 피험자에게 영향을 미쳐 결과에 반영되는 현상을 영리한 한스 효과라고 부른다.

오귀인 효과

Misattribution effect

커피에 있는 카페인은 심장을 두근거리게 한다. 이러한 현상은 우리가 사랑에 빠졌을 때 느끼는 감정과 유사하다고 한다. 그런 점에서 이성과 커피를 마시며 대화하면 상대에게 사랑을 느낄 확률이 더 높다고 볼 수 있다. 이처럼 어떠한 이유로 각성된 감정이 나타났을 때 그 원인을 다른 곳에서 찾는 현상을 오귀인 효과라고 말한다. 사람이 경험하는 감정이 다른 결론으로 이어질 수 있음을 뜻한다.

1974년 사회심리학자 도널드 더턴과 아서 아론이 벤쿠버 캐필라노강에서 한 실험을 진행했다. 연구진은 남성 참가자들을 두 집단으로 나눠 높이 70m의 현수교와 낮고 안전한 다리를 각각 건너게 했다. 참가자들이 다리 위를 걷던 중 다리 중간에서 매력적인 여성이 설문조사를 요청했다. 설문조사가 끝난 후 여성이 설문조사의 결과가 궁금하면 연락을 달라는 뜻으로 전화번호를 건넸다. 그 결과 현수교를 건넌 사람 중에서는 9명, 안전한 다리를 건넌 사람 중에서는 2명이 추가로 연락했다. 연구진은 다리를 건너며 긴장과 두려움에 떨었던 사람들이 이성에게 더욱 호감을 느꼈다고 밝혔다. 위험하고 스릴 있는 상황에서 촉발된 생리적 반응을 여성에게 호감을 느껴 발생한 두근거림으로 착각했기 때문이었다. 즉 우리 뇌는 극적인 상황에서 이성을 대할 때 더욱 강한 호감을 보인다. 이 현상이 흔들다리에서 진행한 실험으로 발생한 까닭에 흔들다리 효과라고도 불린다.

오랫동안 숨겨 왔던 고백을 성공하고 싶거나, 상대와의 호감을 계속 이어 가고 싶다면 조용한 공간보다 조금은 시끌벅적하면서도 심장이 두근거릴 수 있는 공간에서의 만남이 효과적일 것이다.

오셀로 증후군
Othello syndrome

　　배우자의 불륜을 의심하며, 이로 인해 피해를 입고 있다고 여기는 증상을 말한다. 일반적으로 의처증이나 의부증으로 잘 알려졌으며 부정 망상infidelity delusion이라고도 부른다. 1951년 영국의 정신과 의사였던 존 토드 박사가 셰익스피어의 4대 비극 중 하나인 『오셀로』에서 가져와 처음 기록했다. 당시에는 오셀로 증후군을 위험한 정신병으로 분류했다.

　주인공 오셀로는 당시 흑인이라는 태생적인 한계를 극복하고 베니스의 장군이 된 인물이다. 공화국 원로의 딸인 데스데모나는 아버지의 반대를 무릅쓰고 오셀로와 결혼한다. 오셀로는 자기가 신임한 이아고의 음모에 휘말려 자신의 부관인 캐시오와 데스데모나의 부정을 의심하고 질투에 눈이 멀어 아내를 죽이고 만다. 이후 사건의 진실이 밝혀지자 오셀로는 자책감에 시달리다 자살을 선택한다.

　일반적으로 평소 질투심이 강하거나 지배적 성향이 강한 부모 밑에서 자란 사람들이 이 증후군에 빠지기 쉽다고 알려져 있다. 또한 배우자에 대한 열등감이 있거나 자존감이 낮을 때 발생하기 쉽다. 이 증후군을 겪는 사람은 배우자에 대한 집착이 편집증에 가까울 정도로 강해지고 비이성적 태도로 상황을 받아들이게 되어, 부정을 저지른 증거가 없음에도 오히려 그것을 의심하고 증거를 찾아내려 한다.

상대는 이 증후군을 겪는 사람이 자신을 사랑하기 때문이라는 명목으로 그 사람을 이해하려 하기도 한다. 그러나 전문가들은 사랑이 아닌 정신적 학대로 본다. 망상 장애의 일종이기에 치료를 결심할 용기가 필요하다.

오이디푸스 콤플렉스

Oedipus complex

현대 심리학의 아버지라 불리는 지그문트 프로이트는 수많은 고전 문학을 탐독했고 그로부터 많은 영향을 받았다고 알려졌는데, 그중 하나가 그리스 비극을 대표하는 오이디푸스 이야기이다. 테베의 왕 라이오스는 새로 태어나는 왕자가 성장하면 자신의 생명을 위협할 것이라는 신탁을 받고 어느 양치기에게 자신의 아들을 맡기며 죽이라고 명했다. 그러나 양치기는 아이를 죽이지 못하고 '부은 발'이란 뜻인 오이디푸스라는 이름을 지어 주었다. 시간이 흘러 길에서 라이오스왕을 만난 오이디푸스는 그가 친아버지라는 것을 모른 채 왕을 죽이고 말았고, 이후 테베의 왕으로 추대되어 친어머니인 이오카스테와 결혼하게 되었다. 오랜 시간이 흘러 진실을 마주한 이오카스테는 스스로 목숨을 끊었고, 오이디푸스는 자신의 두 눈을 찔러 실명시켰다. 프로이트는 이 비극을 가져와 오이디푸스 콤플렉스를 이야기했다. 오이디푸스 콤플렉스는 아들이 동성인 아버지에게는 적대적이고 공격적이지만 이성인 어머니에게는 호의적이며 성적 애착을 가지는 심리적 집합 체계이다.

프로이트는 모든 인간이 심리 성적 경험을 한다고 이야기하며 이를 총 5단계(구강기-항문기-남근기-잠복기-생식기)로 나누고, 그중 약 3~5세 전후를 남근기라고 칭했다. 남근기에는 남녀의 성기가 다른 것에 호기심을 보인다. 특히 남자아이는 어머니에게 성적 관심을 가지고 접근하는 욕망을 가지게 되어 아버지를 경쟁자로 느끼는 심리적 갈등을 겪는다. 또한 아버지에게 적대감을 느끼지만, 반대로 자신의 적대감을 알고 아버지가 자신을 해칠지도 모른다는 거세 불안을 경험한다. 그리고 아버지의 강함을 인정하고, 아버지와 같은 위치에 서는 과정에서 초자아가 형성된다. 이후 잠복기에 초자아가 강화되어 아버지라는 존재를 수용함으로써 오이디푸스 콤플렉스를 벗어날 수 있게 되며, 부모의 인정을 받는 순간 사회 구성원의 하나로 거듭나는 것이다. 반대로 오이디푸스 욕구를 억압하는 데 실패하면 평범한 삶을 받아들이기 어려워한다. 겉으론 평범해 보일지라도 자신이 아버지보다 우월한 존재가 되어 사랑하는 대상에게 인정받고 싶어하게 된다.

성욕을 모든 콤플렉스의 근본 원인으로 여기는 것은 지나친 일반화라는 점에서 비판의 여지가 있다. 또한 세상의 모든 아버지가 엄격하고 무서운 권위자의 모습을 가지진 않으며, 아들이 아버지에게 느끼는 살해 충동도 극단적으로 여겨진다. 그러나 현실 앞에서 수없이 타협하고 그렇지 않길 반복하는 평범한 인간인 우리에게 오이디푸스 콤플렉스가 근원적 진실의 한 부분을 담당한다는 것을 부정하긴 힘들 것이다. 오이디푸스 콤플렉스는 완전히 없어지기보다 생애 전반에 걸쳐 무의식으로 남아 있음으로써 선택에 다양한 영향을 미친다.

오컴의 면도날

Occam's razor

어떤 문제에 관하여 긴 고민 끝에 답을 내린다고 해서 꼭 좋은 것만은 아니다. 상황에 따라 논리적으로 가장 단순한 일이 정답에 가까울 수 있다. 불필요한 가정이 많아질수록 현상의 인과관계에도 크게 영향을 미친다고 볼 수 있다. 이처럼 놓인 선택지 중 복잡한 가설을 면도날처럼 잘라 내어 단순한 가정을 선택하는 현상을 오컴의 면도날이라고 한다. 단순성의 원칙 혹은 경제성의 원리라고도 부른다. 14세기 영국의 철학자 윌리엄 오컴이 주장했지만 오컴의 면도날이란 명칭은 1852년 영국의 철학자 윌리엄 해밀턴에 의해 붙여졌다.

오컴은 어렵고 중대한 문제일수록 해법이나 이론이 간결하고 명료해야 한다고 생각했다. 이 방법은 현대 사회에서는 중대한 일뿐만 아니라 일상에서 발견하는 사소한 일에도 적용할 수 있다. 예를 들어 한 학생이 성적을 낮게 받았을 때 학생의 태도가 마음에 들지 않는 교수가 일부러 점수를 낮게 줬을 것이라는 복잡한 설명이 필요한 가정보다 학생이 공부를 제대로 하지 않았다는 단순한 생각이 답에 가깝다는 것이다.

오컴의 면도날은 분석을 통한 해석이라기보다는 어림짐작에 가까워 명확한 진실을 밝혀내지 못할 확률이 높다. 그럼에도 복잡한 생각으로 하루를 살아가는 현대인에게는 어쩌면 그 무엇보다 필요한 방식일 수 있다.

〈오페라의 유령〉

The Phantom of the Opera

프랑스의 소설가 가스통 르루의 동명 소설을 바탕으로 한 뮤지컬이다. 파리의 오페라하우스 지하에 숨어 사는 팬텀은 추한 몰골을 가리기 위해 늘 가면을 쓴다. 어느 날 크리스틴의 모습을 보고 사랑에 빠진 그는 그녀를 최고의 프리마돈나로 만든다. 크리스틴은 팬텀이 아닌 라울 백작에게 의지하고 이를 눈치챈 팬텀은 크리스틴을 납치하고 만다. 심리학적으로 팬

텀의 가면은 카를 융의 페르소나에 접목하여 설명할 수 있다. 카를 융은 페르소나가 타인에게 비치는 외적 인격을 나타내는 심리적 가면이며, 무의식 속에 있는 열등한 모습을 타인에게 보이지 않으려 진정한 자아와 갈등을 일으킨다고 보았다. 팬텀은 불안정한 정신 상태에 기반한 열등감과 외로움에 시달리는 존재이나 가면 밖으로는 그런 모습을 보이지 않는다. 즉 가면은 팬텀이 자신의 내적 자아를 가리고 외적 자아에 맞춰진 새로운 정체성을 취하는 것을 상징한다고 볼 수 있다. 타인과 함께 살아가는 우리도 누구나 각자만의 가면을 가지고 있다. 중요한 것은 가면 뒤에 내 모습도 인정하고 성찰하려는 자세일 것이다.

tip
〈오페라의 유령〉은 〈레미제라블〉, 〈캣츠〉, 〈미스 사이공〉과 함께 세계 4대 뮤지컬 중 하나로 손꼽힌다.

올리버 색스
Oliver Sacks

저명한 신경학자인 올리버 색스는 의학계의 시인으로 불린다. 현존했던 신경학자 중 가장 방대한 저서를 남겼다고 알려졌다. 그는 평생을 의사이자 환자였으며, 문인이자 심리학자로서 삶을 이어 나갔는데, 러시아의 신경심리학자 알렉산드르 로마노비치 루리아가 인문학적 관점에서 환자를 서술한 '로맨틱 사이언스romantic science'로부터 많은 영감을 받았다.

어린 시절 조현병을 앓는 친형을 보고 자랐으며, 소극적인 성격 탓에 따돌림을 당했고, 동성애자였으나 어머니로부터 혐오스럽다는 말을 들음으로써 평생을 감추며 살아야 했다. 또한 타인의 얼굴을 잘 인식하지 못하는 실인증을 앓았으며 약간의 틱 증세도 있었다. 이러한 경험들은 그의 삶에 큰 영향을 미쳤다.

1970년 출간한 에세이 『편두통』(알마, 2020)을 시작으로 자신이 담당한 환자와 그들이 겪는 질병인 인지 장애, 조증, 과잉 장애 등과 관련된 글을 써 내려갔다. 그의 글은 환자를 단순히 치료할 사람으로만 보지 않았고, 인간적이고 따뜻한 시선으로 환자를 세상에 드러냈다. 특히 대표 저서인 『아내를 모자로 착각한 남자』(알마, 2016)에서는 환자들을 질병과 싸우며 존엄을 지키려 노력하는 사람이자 특별한 재능을 가진 사람으로, 시인, 음악가, 천재적 예술가로 표현했다. 그의 글은 대중에게 '다름'을 인지시켰고, 신경질환에 대한 편견을 깨는 데 크게 기여했다.

옴팔로스 증후군

Omphalos syndrome

제우스가 독수리 두 마리를 동서로 날려 보내어 두 독수리가 만나는 곳을 세상의 중심이라고 여겼다. 그곳은 아테네 북동쪽에 위치한 고대 도시 델포이였다. 그리스인은 델포이 신전 중앙에 둥근 돌을 놓아 그리스어로 배꼽을 뜻하는 옴팔로스라 표시하고 그곳이 세상의 중심이라 믿었다. 이에 빗대어 세상의 모든 현상이 자신을 중심으로 돌아간다고 여기는 증상을 옴팔로스 증후군이라 일컫는다. 이는 인간이 본질적으로 자기중심적인 존재이기에 비롯된 현상이다. 일종의 자기과신으로서 자기 틀에 박혀 남의 이야기에 귀 기울이지 않는 경향을 보인다.

〈완벽한 타인〉

이탈리아 영화 〈퍼펙트 스트레인저Perfect Strangers〉를 리메이크한 국내 작품이다. 영화는 4명의 친한 친구와 그들의 반려자 3명이 한자리에 모여 핸드폰을 식탁에 올려놓은 뒤 전화, 문자 등이 오면 모든 것을 공개하는 게임을 한다. 그로 인해 발생하는 심리적인 변화와 갈등, 진정한 인간관계에 관한 이야기가 담겨 있다. 이 영화의 특이한 점이라면 '핸드폰'을 전면에 등장시켰다는 점이다. 핸드폰은 현대인의 필수품이자 매우 중요한 의사소통 도구이다. 영화는 핸드폰을 통해 문자나 전화를 주고받으며 서로의 관계를 형성하거나 변화시킨다. 또한 핸드폰은 개인의 사생활이 담긴 상징적인 공간이다. 영화에 등장하는 인물들은 서로가 서로의 핸드폰을 열어볼 때 서로의 비밀과 불신을 드러내면서 상호작용한다. 핸드폰은 판도라의 상자 역할을 한다. 이 영화는 우리가 제일 잘 안다고 생각한 사람이 어쩌면 제일 모르는 완벽한 타인일 수 있음을 상기시킨다.

....

tip

영화에서 사람은 누구나 세 개의 삶을 산다고 한다. 공적인 삶, 개인적인 삶, 비밀의 삶이다.

왼쪽 자릿수 효과

Left digit effect

       오른쪽보다 왼쪽에 표기된 숫자에 더 주의를 기울이는 현상을 말한다. 미국의 한 대학에서 실험 참가자들에게 아래의 두 공식을 준 후 계산하지 않고 1초 만에 대략의 추정치를 구하라고 제시했다.

A: 1X2X3X4X5X6X7X8 = ?

B: 8X7X6X5X4X3X2X1 = ?

대부분 똑같은 답이 나왔으리라 생각하겠지만 A보다 B의 평균값이 4배가량 높았다. 이는 왼쪽에 놓인 숫자의 값이 사람들에게 더 크게 반영되었음을 의미한다. 이 현상은 소비자가 제품을 구매할 때 그 심리에 큰 영향을 미친다. 마트나 홈쇼핑에서 1만 9900원과 같은 할인을 자주 사용하는 이유이다.

요나 콤플렉스

Jonah complex

우리는 머릿속에서 수없이 생각한 문제라도 막상 현실에 부딪쳤을 때 도전을 머뭇거리거나 꺼리는 경향이 있다. 실패에 대한 두려움 때문에 자신의 능력을 믿지 못하고 스스로 포기하고 만다. 생애 한 번쯤 마주할 수 있을까 하는 그런 위대한 일일수록 더욱 그렇다. 미국의 심리학자 에이브러햄 매슬로는 이러한 현상을 구약성서에 나오는 요나의 이야기에 비유해 설명했다.

하나님은 예언자 요나에게 아시리아의 대도시인 니느웨로 가서 그 도시가 하나님의 심판을 받을 것이라고 예언하라고 명했다. 그러나 요나는 명령을 거역하고 니느웨의 반대 방향으로 가는 배를 탔다가 3일 동안 고래 배 속에 갇혔다. 요나는 구원을 위한 기도를 올렸고 고래는 그를 땅으로 뱉어 냈다. 요나는 니느웨로 가서 예언을 했고, 사람들은 회개하여 하나님의 심판을 면할 수 있었다. 요나는 하나님의 명이 어려운 사명인 동시에 자신에게 매우 드높은 명예임을 알았지만 평생에 다시 없을지도 모르는 기회가 막상 현실이 되자 큰 두려움을 느꼈다. 그 막연한 두려움은 자신이 잘할 수 있는 가능성마저 무의미하게 만들었다.

매슬로는 사람들에게 자신의 단점만큼이나 장점을 드러내는 것을 두려워하는 경향이 있다고 했다. 위대한 일을 하고 싶은 마음이 없진 않으나 남보다 돋보이는 것이 두려워 거부하려 한다는 것이다. 매슬로는 막연히 하루를 살아가는 것도 삶이지만 그러지 않기를 바랐다. 학생들에게 인간의 심리를 설명하며 평범한 심리학자가 되려고 공부하는 것은 의미가 크지 않다고 말한 이유였을 것이다.

인간의 내부에는 안정과 방어를 추구하여 모험을 두려워하고 새로운 시도를 하지 않으려는 쪽과 자신의 능력을 발휘하여 외부 세계와 맞서고자 하는 힘이 있다. 매슬로는 이러한 균형이 잘 잡힌 사람을 성공적으로 자아실현을 이룬 사람으로 보았다. 반면 요나 콤플렉스가 강한 사람은 도전을 회피하거나 머뭇거리며 자신을 믿지 못한다. 이는 자존감과 깊은 연관을 가진다. 우리가 요나 콤플렉스를 극복해야 하는 중요한 이유이다.

한편 프랑스의 철학자 가스통 바슐라르는 『공간의 시학』(동문선, 2003)이란 저서에서 요나 콤플렉스를 모태 귀소 본능母胎歸所本能으로 해석하기도 했다. 인간은 태아였을 때 형성된 무의식으로 어떤 공간에 있을 때 평안함을 느끼는데, 요나가 고래 배 속에 있을 때에 그런 평안함을 느낀 것이다. 바슐라르는 인간은 누구나 그 본성을 되찾고자 하는 욕구를 가지며, 이를 거스르면 요나 콤플렉스를 거친다고 보았다. 이는 주어진 현실에 적응하지 못하고 어머니 배 속으로 들어가고 싶어 하는 것을 의미한다.

욕구 상보성 가설

Need complementarity hypotheses

사람들이 서로의 욕구를 만족시킬 수 있는 상대와의 관계를 선호하는 현상을 의미한다. 쉽게 말해 자신의 성향과 반대되는 사람에게 마음이 끌리는 것이다. 예를 들어 외향적이고 활동적인 사람이 내성적이고 혼자만의 시간을 즐기는 사람을 좋아하거나, 우유부단하고 의존적인 사람이 의사가 분명하고 독립적인 사람을 좋아하는 것이다. 미국의 심리학자 머리 보언은 심리적으로 미성숙한 사람일수록 서로 다른 성향을 가진 이성에게 끌린다고 보았다. 그런 점에서 본다면 심리적으로 부족한 부분을 상대로 인해 채움으로써 심리적 안정감을 찾는다고 볼 수 있다.

"

용기와 관심, 열린 생각이야말로 복종을 물리칠 수 있는 힘이다.

"

　　미국의 사회심리학자 스탠리 밀그램이 한 말이다. 밀그램은 1961년에 복종 실험을 진행했다. 그 결과 인간은 권위에 복종하는 존재이며 일정 조건이 주어지면 평범한 사람도 악행을 저지를 수 있다고 보았다. 그러나 밀그램이 이러한 실험을 진행한 데는 결국 복종에 대해 순응하지 않는 것이 중요하다고 여겨서였다. 밀그램은 복종에서 벗어나 자발적으로 행동하길 원한다면 내적인 명령에 의식적으로 복종하는 습관에서 자유로워져야 한다고 했다. 내면에서 들려오는 자신의 목소리를 발견하고 본질을 부정하지 않는 것이 중요한 것이다. 그러기 위해선 자존감을 높여야 한다. 자존감 상실은 복종의 원동력이 된다. 높은 자존감을 기반으로 진실을 마주하려는 태도를 가짐으로써 권위에 불복종할 힘이 생긴다.

"우리 세대의 가장 위대한 발견은
인간이 마음가짐에서 태도를 바꿔
자신의 삶을 바꿀 수 있다는 것이다."

미국의 심리학자 윌리엄 제임스는 심리적인 자세와 태도가 인간을 스스로 변화시킬 수 있음을 주장하며, 머릿속에 들어 있는 생각이 이미 실현된 것처럼 믿고 행동한다면 그 생각이 실제 삶과 연결될 수 있음을 의심치 않았다. 특히 긍정적인 사고방식은 이후의 삶을 조금 더 낙천적이고 건설적으로 이어질 수 있도록 한다고 보았다. 그리고 만약 머릿속의 생각이 습관으로 연결된다면 차후에는 신념으로 이어져 더 좋은 결과를 불러일으킬 수 있다고 했다. 제임스는 상대의 작은 습관이 강렬한 첫인상으로 남을 수 있다고 말할 만큼 습관의 중요성을 늘 강조했다. 지금의 자신이 마음에 들지 않는다면 몸에 밴 좋지 못한 습관부터 바꿔 나가려는 노력이 필요하다.

"우리가 진짜로 해야 할 것은 이로운 감정과 해로운 감정을 구분하는 것이다."

합리적 정서 행동 치료의 창시자 앨버트 엘리스는 생각의 틀을 바꾸는 것으로 정신적 심리 치료가 가능하다고 보았다. 감정을 결정하는 것은 외부 사건이나 대상이 아닌 자신의 생각이기 때문이다. 여기에서는 이로운 감정과 해로운 감정으로 구분하는 것이 필요하지만, 감정은 두 요소를 모두 포함하고 있기에 명확하게 구분하기가 어려운 게 사실이다. 그러나 그 감정과 함께 나타나는 생각과 행동을 인식함으로써 두 감정을 구분할 수 있다. 두 감정이 구분되었다면, 부정적인 감정은 그 자리에 놓고 올 필요가 있다. 두 감정 모두 개인을 구성하는 필수 요소지만, 긍정적인 감정에 집중함으로써 더 나은 결과를 불러올 수 있다. 부정적인 감정은 대부분 지나간 일에 관해 발생한다. 쏟은 물은 다시 주워 담을 수 없듯이 이미 벌어진 일은 되돌릴 수 없다. 지금 이 순간에 집중함으로써 일어나는 생각들이 계속 흘러가게 둬야 할 것이다.

우월 콤플렉스

Superiority complex

아들러 심리학에 따르면 인간은 현재보다 더 나아지길 바라며 무기력한 상태에서 벗어나려는 보편적인 욕구를 가진다. 이를 목표 추구라고 한다. 우리가 끊임없이 공부하고 자기계발을 하려는 이유이다. 함께 살아가는 사회에서 단순히 나아진다는 개념은 의미가 모호한 부분이 있어서 자연스럽게 누군가와 비교하며 자신을 평가하게 되고, 자신이 상대보다 부족하다고 여겨지면 자신을 미성숙한 존재로 여겨 열등감을 느끼게 된다. 상대에 대한 열등감을 해소하려면 자신의 우수함을 증명해야 한다. 그러기 위해서는 상대를 적대시하고 경쟁에서 이겨야 하지만, 일상에서 그러기란 쉽지 않고, 결국 스스로 우월하다고 믿을 수밖에 없는 현상이 발생한다. 이러한 병리적 신념을 우월 콤플렉스라고 말한다.

....

tip

뉴스에서 접하는 '갑질'은 강한 열등감을 감추기 위한 우월 콤플렉스의 한 측면으로 볼 수 있다.

원숭이 애착 실험

Monkey love experiment

20세기 중반까지는 모성의 애착을 영양 욕구에 대한 공급의 보상 차원으로 여겼다. 이를 의심한 미국의 심리학자 해리 할로는 1958년 한 실험을 통해 그 의심을 해결했다.

인간과 94%가량의 유전자를 공유한다는 붉은털원숭이의 갓 태어난 새끼를 두 개의 우리에 각각 4마리씩 넣었다. 한쪽에는 우유가 나오는 철사로 만들어진 어미가, 다른 한쪽에는 우유가 나오지 않는 헝겊으로 된 어미가 있었다. 나중에 둘 중 하나를 선택하게 했을 때 8마리 모두 헝겊으로 된 어미를 선택했다. 배가 고프면 철사 어미에게로 갔다가 다시 헝겊 어미에게 돌아와 종일 붙어 있었다. 공포스러운 상황을 연출하자 헝겊 어미에게 향했고, 헝겊 어미를 치웠을 때는 구석에서 몸을 웅크렸다. 이후 철사 우리에서 자란 원숭이 중 일부가 난폭하게 변했는데, 하루 30분씩 몸을 흔드는 어미를 옆에 두자 폭력성이 사라졌다. 몸을 흔드는 어미는 철사로 만든 어미보다 훨씬 더 많은 피부 접촉과 동작을 통해 원숭이들과 상호작용함으로써 정서적 안정감을 불러왔다. 이 실험 결과로 할로는 새끼 원숭이가 성장하기 위해서는 영유아기 때 애착 관계 형성이 중요하다는 점과 어머니와 아이의 애착에는 영양 공급보다 스킨십이 가미된 안락함이 더 큰 영향을 미친다는 점을 밝혔다.

이 실험은 동물을 이용해 사랑의 본질에 접근한 최초의 실험으로 볼 수 있다. 실험 당시 미국의 육아 환경이 아주 경직되었다는 지적이 있었기 때문에 이 실험 결과는 미국의 육아법에 상당한 영향을 끼쳤다.

일방적인 사랑만 준다고 하여 부모와 자녀 사이에 애착이 생기지 않는다. 곁에 있어 주고, 대화하고 안아 줌으로써 아이는 정서적인 안정을 느낄 수 있다.

tip

해리 할로 교수는 이 실험으로 동물 권리와 동물 실험의 도덕성에 관하여 상당한 비판을 받았다.

월렌다 효과

Wallenda effect

미국의 유명한 고공 외줄 묘기 공연가인 칼 월렌다가 73세가 되던 해 푸에르토리코의 해변 도시 산후안에서 은퇴 공연을 마련했다. 사전에 실패란 없던 월렌다였기에 사람들은 멋진 피날레를 기대했다. 그러나 월렌다는 와이어 중간 지점까지 갔을 때 난도가 높지 않은 동작을 보여 준 후 수십 미터 높이에서 떨어져 사망했다. 그의 아내는 한 인터뷰에서 월렌다가 이전과는 달리 줄을 타는 행위보다 공연의 실패 유무에 더 신경을 썼다고 밝혔다. 이후 심리학자들은 월렌다의 상황에 빗대 거대한 심리 압박을 받으며 끝없이 근심 걱정을 하는 상태를 월렌다 효과 혹은 월렌다 심리 상태라 칭했다.

〈위플래쉬〉

Whiplash

2014년 제작된 영화로서 두 인물의 심리가 음악을 통해 대변되는 수작으로 불린다. 주인공인 앤드류는 최고의 드러머를 꿈꾸며 최고의 지휘자이자 최악의 폭군으로 불리는 플레처 교수를 만난다. 플레처 교수는 학생들의 실력 향상을 위해 형언하기 힘든 폭언과 학대를 서슴지 않는데, 이는 심리학적으로 가스라이팅의 한 형태로 볼 수 있다. 학생들의 성공하고 싶은 욕망을 이용하여 상대의 생각과 행동을 조종하려 하기 때문이다. 앤드류는 그의 행동이 가혹한 줄 알고 있음에도 연주가 완벽해야 한다는 강박에 열등감이 더해져 집착과 광기 어린 모습을 보이게 된다. 우리는 두 인물을 통해 하나의 목표를 달성하기 위한 노력의 중요성뿐 아니라 인간의 욕망에 대해 조금 더 깊이 생각할 수 있다. 이러한 집착과 광기는 일상에서도 언제든 발생할 수 있다. 학업, 수입, 명예 등 분야만 다를 뿐이다. 결국 자신에게 다가온 욕망을 어떻게 이해하고 받아들이며 적용하느냐에 따라 어떠한 삶을 추구하며 살아갈지 달라진다.

....

tip

영화 제목인 "위플래쉬"는 앤드류가 연주하는 곡의 이름이자 영어로 '채찍질'이란 뜻이다.

윌리엄 제임스

William James

　　독일의 빌헬름 분트와 함께 근대 심리학의 창시자로 추앙받는 윌리엄 제임스는 1842년 미국에서 태어났다. 유럽에서 학창 시절을 보낸 그는 미국으로 돌아와 의학 전공으로 하버드대학교에 입학했다. 이후 독일의 저명한 생리학자 헤르만 폰 헬름홀츠에게 생리학을 배웠고, 서른이 되던 해에 모교에서 생리학 강의를 시작했으며, 3년 후 미국 최초의 심리학 수업인 '생리학과 심리학의 관계'를 개설했다.

　　제임스는 기능주의 심리학의 대표자로 여겨진다. 마음의 구조를 분석하는 구조주의와 달리 기능주의는 마음이 어떻게 기능하는지를 알고 싶어 했는데, 의식의 흐름을 과학적으로 연구할 수 있는지, 그것이 정말 실체를 가지는지에 관한 비판을 받았다. 그러나 실용적인 관점에서는 심리 치료, 교육 등 여러 응용 분야로 심리학이 대중화되는 데 크게 기여했다.

　　제임스는 의식의 유동적인 성질에 주목하여 의식을 정적이며 요소적인 것으로 보는 기존의 사고방식을 개혁하려 했다. 그리하여 의식이 강물처럼 연속적으로 흐르기 때문에 의식의 단편을 잘게 나누는 것은 불가능하며, 의식을 사슬이나 기차로 표현하는 것은 옳지 못하다고 주장하였다. 이를 의식의 흐름으로 칭한 제임스는 심리학에 관한 자신의 관점을 12년 동안 집필하여 현대 심리학의 기본서라 여겨지는 『심리학의 원리』(아카넷, 2008)를 출간했다.

율리시스의 계약

Ulysses
contract

（心）

　　　　누군가 강요하지 않아도 보다 나은 결과를 얻기 위해 스스로 제약을 가하는 경향을 말한다. 미국의 신경과학자 데이비드 이글먼이 그리스 신화에 나오는 오디세우스의 이야기에 빗대어 처음 언급했다. 율리시스는 트로이 전쟁을 승리로 이끈 오디세우스의 영어식 표현이다. 오디세우스가 바다를 건너 고향으로 돌아오던 중 반은 사람, 반은 새의 모습을 한 세이렌의 이야기를 듣게 되었다. 사람들이 세이렌의 아름다운 목소리에 정신이 홀려 위험한 일에 처한다는 것이었다. 오디세우스는 선원들에게 밀랍으로 귀를 막으라고 지시하면서, 자신을 돛대에 꽁꽁 동여매고 어떠한 일이 있어도 풀지 말라고 했다. 현재의 오디세우스가 미래의 오디세우스를 통제한 것이다. 일상에서 이 용어는 나약함, 나태함을 보완하고 마주할 두려움을 제약하는 데서 주로 사용된다.

....

tip
금연, 금주 기간 중에 자신이 흡연하거나 술을 마시는 모습을 보았을 경우 돈을 준다고 말하는 행위도 율리시스의 계약의 한 측면으로 볼 수 있다.

의미 포화

Semantic satiation

평소에 사용하는 단어가 갑자기 낯설게 느껴질 때가 있다. 특히 반복적으로 읽거나 되뇔 때 더 자주 느껴지곤 한다. 이러한 심리적 현상을 의미 포화라고 한다. 미국 하와이대학교의 심리학 교수인 리언 자코보비츠 제임스가 1962년 논문에서 처음 사용했다. 제임스 교수는 언어의 반복이 특정 신경을 반복적으로 자극하여 반응 억제를 일으킨다고 보았다. 즉 같은 문자를 반복해서 보게 되면 뇌가 지쳐 문자를 헷갈리는 것이다. 이 현상은 일시적이기에 큰 문제로 여기지 않아도 된다. 일부에서는 단순한 착각에 의해 발생하는 현상으로 여기기도 한다.

day
251

이마고
Imago

이미지image의 라틴어 어원으로서 어린 시절 다양한 경험으로 형성된 이미지를 뜻한다. 이마고의 형성은 성인이 되어 자신의 배우자를 선택하는 데 큰 영향을 미친다고 여겨지는데, 자신에게 형성된 이마고가 긍정적이냐 부정적이냐에 따라 끌리는 경향도 다르다고 본다. 만약 어린 시절에 경험한 상처가 치유되지 않으면 부정적인 이마고와 비슷한 상대와 함께할 가능성이 높아진다. 이로 인해 이마고는 부부 관계 치료에도 적용된다. 부부 갈등의 원인이 되는 부분들을 이마고와 연관시키는 것이다. 서로에 대해 이해하는 것을 촉진하기 위해 이마고 부부 대화법을 활용한다.

....

tip

이마고 부부 대화법은 반영하기, 인정하기, 공감하기 총 3단계로 나뉜다.

이사벨 브릭스 마이어스

Isabel Briggs Myers

MBTI

미국의 심리학자인 이사벨 브릭스 마이어스는 성격 유형 검사 마이어스-브릭스 유형 지표Myers-Briggs Type Indicator, MBTI의 창시자이다. 현재 많은 사람이 관심을 두는 MBTI는 우연한 계기로 만들어졌다. 당시 이사벨 마이어스의 남자 친구였던 클래런스 마이어스가 크리스마스 휴가차 마이어스의 집에 들렀을 때, 그녀의 어머니 캐서린 브릭스는 딸의 남자 친구가 자기 가족들과 성격에 다른 점이 많다는 것을 깨달았다. 이를 계기로 어머니와 딸은 인간을 성격 유형에 따라 분류하는 일에 관심을 갖게 되었다.

두 사람은 심리학을 전공하지 않았다. 이사벨 마이어스는 스워스모어칼리지에서 정치학을 전공했다. 그렇기에 당시 심리학의 주요 인사였던 카를 융의 『심리 유형』(부글부스, 2019)을 이론적 토대로 하여 성격 유형 분류를 진행했는데 융의 성격 유형 이론은 사람마다 선천적으로 타고나는 행동 및 사고 양식이 있다는 가설에서 출발했다.

어머니 캐서린의 연구는 이사벨을 통해 계속 이어졌다. 이사벨은 특히 제2차 세계대전을 기준으로 인간의 차이를 이해하는 심리적 수단이 매우 중요하다고 여겼고, 1980년에 사망할 때까지 40여 년 동안 지표를 연구하고 개발했다.

MBTI는 쉽게 응답할 수 있는 문항을 통해 각자 선호하는 경향을 찾고, 그 경향이 실생활에 어떻게 영향을 미치는지 파악하는 도구이다. 낮은 유효성 및 신뢰성으로 인해 비판을 받지만, 성격 검사를 대중화하는 데 크게 기여했음은 부정하기 어렵다.

....

tip

MBTI는 주의 초점(내향/외향), 인식 형태(직관/감각), 판단 기준(감정/사고), 생활 양식(인식/판단) 네 범주에 따라 총 16개의 성격으로 나타난다.

이웃 효과

Neighbor effect

1913년부터 28년간 미국의 많은 신문에 연재된 『존스네 따라하기Keeping Up with the Joneses』란 유명한 만화가 있다. 존스네는 만화에 등장하지 않지만, 이웃들은 존스네의 행동을 따라 하려 한다. 오히려 따라 하지 않으면 그 동네에서 밀려날까 봐 불안해한다. 이후 이러한 상황에 빗대어 'keeping up with the Joneses'는 영어사전에 '남에게 뒤처지지 않으려 애쓰다'란 뜻으로 등재되었다. 이처럼 주변과의 비교를 통해 상대적으로 자신을 평가하는 현상을 이웃 효과라 부른다. 존스네는 당시 미국 중산층의 소비 형태를 대표하는 가정으로 볼 수 있다. 그런데 그로부터 100여 년이 흐른 지금 우리의 삶도 그때와 별반 다르지 않다. 주변의 재산이나 소비 수준에 비추어 자신을 평가하며 우월감을 가지려 한다. 사회 구성원으로서 타인의 시선을 모른 체할 수 없으나 각자의 가치관에 맞춰 살아갈 필요가 있다.

....

tip

이웃 효과를 대표하는 말로 '엄친아(엄마 친구 아들)'가 있다.

이카루스 콤플렉스

Icarus complex

우리는 인간의 욕망을 경계할 때 이카루스 이야기를 빌리곤 한다. 뛰어난 발명가이자 건축가인 다이달로스는 크레타섬의 미노스왕의 노여움을 사 아들 이카루스와 함께 미궁에 갇혔다. 다이달로스는 미궁을 탈출하기 위해 밀랍으로 만든 날개를 한 쌍씩 자신과 아들의 등에 붙였다. 이카루스는 너무 높게 오르지 말라는 아버지의 경고를 무시한 채 끝없이 날아오르다 태양의 열기에 밀랍이 녹으면서 바다로 빠져 죽음을 맞이했다. 이 이야기로부터 미국의 심리학자 헨리 머리는 추락할 수 있음에도 사회에서 끝없이 올라가기만을 바라는 사람의 심리를 이카루스 콤플렉스라 칭하고, 이 콤플렉스의 기반에는 타인에게 주목받고 싶은 마음이 있다고 말했다. 과한 욕망은 파멸로 이어질 수 있음을 깨닫게 한다.

이케아 효과

IKEA effect

1943년 스웨덴의 작은 가정용품점이었던 이케아가 현재 글로벌 기업이 된 중심에는 좋은 디자인과 괜찮은 질의 가구를 소비자에게 합리적인 가격으로 제공했기 때문이다. 이케아는 고객에게 완제품이 아닌 직접 조립할 수 있는 부품들을 제공했다. 생산, 물류, 재고 비용을 최소화하여 가격을 줄이기 위해서였다. 이러한 방식에 익숙하지 않던 소비자들이 처음에는 불편을 호소했다. 이전까지 소비자에게 가구란 완제품의 형태였기 때문이다. 그러나 시간과 노력을 들여 가구를 직접 조립함으로써 소비자들은 기존의 완제품을 구매했을 때보다 더 높은 만족감을 얻게 되었다. 이처럼 소비자들이 직접 노동을 함으로써 결과물에 대한 애정이 생겨 만족도가 더 높아지는 인지적 편향 현상을 이케아 효과라고 부른다. 이케아의 성공은 오늘날 많은 기업이 최종 완성 전 단계의 제품을 판매하는 계기가 되었다.

....

tip

이케아 효과는 자신이 노력해서 얻은 결과의 가치를 더 높게 평가하는 노력 정당화 (effort justification)의 한 부분이다.

"인간은 늑대이기도 하고
양이기도 하다."

미국의 정신분석학자인 에리히 프롬은 인간을 사회적 존재로 간주했으며, 철학에서 주로 다루던 선과 악에 관하여 많은 연구를 했다. 1964년에 그가 출간한 저서 『인간의 마음』(문예출판사, 2002)은 인간이 늑대인지 양인지에 대한 화두를 던졌다. 그는 인간의 선악은 눈앞에 보이고 만져지는 실체로 존재하는 것이 아닌 마음속에 내재한다고 보았다. 우리 마음에는 늑대와 같은 잔인함과 폭력성을 가지고 있으면서도 양과 같은 순수함과 온순함을 가진다는 뜻으로, 인간의 본성을 입체적으로 본 것이다. 그는 두 성향 중 어떤 것이 우세한지에 따라 일련의 행동으로 이어지는데 무엇을 선택할지는 결국 개인의 자유라고 생각했다.

"
인간은 미래를 생각하는 유일한 동물이다.
"

미국의 심리학자 대니얼 길버트는 행복론의 권위자로 불린다. 길버트는 인간이 미래를 생각하는 유일한 동물로서 미래를 미리 짐작하고 겁먹는 성향이 있다고 보았다. 동물은 음식을 먹을 때 살이 찌는 것을 걱정하지 않으며, 잠을 자기 전에 다음 날 무엇을 해야 할지 고민하지 않는다. 반면, 인간은 미래에 대한 생각으로 하루에 최소 1시간 이상을 소비한다. 그렇지만 다양한 연구 결과 그 짐작은 대개 일치하지 않았다. 미래의 우울한 일은 예상보다 덜 우울할 수 있으며, 행복한 일이 우리를 영원히 행복하게 만들어 주지 못한다는 것이다. 지금 이 순간에 아무 일이 없다면 그것이 행복이며, 미래를 행복하게 만드는 열쇠가 될 수 있다.

....

tip

대니얼 길버트는 20년 후에 자신을 행복하게 해 줄 것이 무엇인지 알 수 있는 사람은 없다고 했다.

"인간의 마음은
빙산과 같다."

　지그문트 프로이트는 인간의 마음을 의식, 전前의식, 무의식으로 나누며, 마치 커다란 땅덩어리를 나눈 것 같다고 하여 이를 지형 이론topographic theory이라고 하였다. 이 이론은 바다에 떠 있는 빙산으로 쉽게 설명할 수 있다. 의식은 빙산이 물 위로 솟아 있는 뾰족한 부분이며, 마음의 7분의 1 정도가 된다. 전의식은 물 바로 밑에 잠긴 부분으로 약간의 노력으로 발견할 수 있으나, 무의식은 물속에 깊이 잠겨 있어 의도적으로 깊게 내려가지 않는 한 알 수 없다.

〈인사이드 아웃〉

Inside Out

　　　　2015년 개봉한 디즈니 픽사의 애니메이션 영화
로서 인간의 감정에 대해서 다루었다. 영화는 11살 소녀 라일리
의 감정 컨트롤 본부에서 일하는 다섯 가지 감정인 기쁨이, 슬픔
이, 버럭이, 까칠이, 소심이에 초점을 맞추었다. 뇌 통제는 주로
기쁨이가 맡았는데 기쁨이는 라일리가 행복하기 위해서는 부정
적인 감정이 아닌 긍정적인 감정만이 필요하다고 여겼고, 그런
점에서 슬픔이를 인정하지 않고 밀어내려 노력한다. 어느 날 라
일리의 인생에서 큰 전환점이 되는 사건이 발생하면서 기쁨이
와 슬픔이가 감정 본부에서 벗어나 기억 속 세계로 떨어진다. 기
쁨이와 슬픔이는 본부로 돌아가기 위한 여정을 시작하고, 그 과
정에서 둘은 서로가 라일리의 감정을 구성하는 중요한 존재임을
깨닫는다. 이는 인간이 서로 대립하는 양가감정의 존재를 깨달
았음을 의미하는데, 이 깨달음은 라일리가 심적으로 한 단계 성
장할 수 있는 발판이 된다.

　영화는 인간을 구성하는 수많은 감정 중 나쁘다고 말할 수 있
는 감정은 없으며, 인간에게는 긍정적인 감정과 부정적인 감정
모두 필요하다고 말한다. 서로가 틀린 것이 아닌 서로 다른 감정
일 뿐임을 강조했다. 지금 자신이 느끼는 감정이 조금은 부정적
일지라도 그 사실을 부정할 필요는 없을 것이다. 그 감정 또한 자
신을 구성하는 중요한 요소이다. 그러한 사실을 깨닫고 받아들였
을 때 우리도 라일리처럼 심적으로 한 단계 성장할 수 있게 된다.

인지부조화 이론

Cognitive dissonance theory

　　사람들은 자신의 생각과 행동이 일관적으로 이어지길 바란다. 그러나 종종 우리의 행동은 자신이 오랫동안 가진 신념 혹은 태도와 모순되어 발생한다. 이때 우리는 심리적 불편을 느끼게 되고 이를 해소하기 위해 자신의 태도나 행동에 변화를 주려 하는데, 이러한 경향을 인지부조화라 하며 이를 이론화한 것이 인지부조화 이론이다. 1957년 미국의 심리학자 리언 페스팅어가 저서 『인지부조화 이론』(나남출판, 2016)을 통해 제시했다.

　　페스팅어는 스탠퍼드대학교 학생들을 모집해 1시간가량의 지루한 과제를 하도록 하고, 과제를 끝낸 피험자에게 실험이 재밌었다고 대기자들에게 거짓말을 해 달라고 부탁했다. 그 대가로 A그룹에는 1달러, B그룹에는 20달러를 지불했다. 실험 결과 A그룹은 특별히 거짓말을 할 이유가 없음에도 거짓말을 했다는 인지부조화를 겪었다. 1달러가 그들의 시간과 노력에 비해 매우 적은 보상이라는 인식이 들었기 때문이다. 반면 B그룹은 보수가 충분하다고 판단하여 인지부조화를 경험하지 않았다.

　　일반적으로 사람은 인지부조화가 주는 불편에서 벗어나기 위해 자신의 행동과 의견을 바꾸거나, 새로운 인지 요소를 추가하는 방법 중 하나를 선택한다. 앞선 실험에서 A그룹은 과제도 지루하고 보수도 적지만 과제에 대한 평가를 긍정적으로 변환함으로써 인지부조화를 해소하려 했다.

인지부조화 이론은 우리가 왜, 어떻게 심리적으로 자기 합리화를 하는지에 대한 이해를 돕는다. 경제, 정치 등 사회 전반적으로 사용되며, 기업에서는 이를 적극 활용하여 광고를 만들기도 한다.

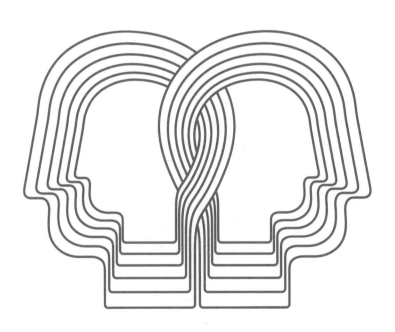

일반 적응 증후군

General adaptation syndrome

지속적으로 스트레스에 노출되었을 때 신체에 발생하는 반응들을 말한다. 오스트리아 출신의 캐나다 내분비학자 한스 셀리에가 규명했으며 그는 이 반응을 총 3단계로 나누었다. 1단계는 경고 반응alarm reaction으로 두통, 피로, 식욕 부진 등의 증상이 나타나며 심신의 저항력이 떨어진다. 2단계는 저항resistance으로 스트레스에 대한 저항력이 높아지며 신경과 호르몬의 변화가 계속 발생한다. 3단계는 소진exhaustion으로 스트레스에 대항할 수 있는 힘이 소진되어 몸의 모든 기능이 저하된다. 흔히 말하는 번아웃 상태다. 심할 경우 사망으로 이어지기도 한다. 이 증후군을 통해 우리가 버틸 수 있는 스트레스에는 한계가 존재함을 알 수 있다. 단계가 심화되기 전에 스트레스를 적극적으로 해소하려는 노력이 필요하다.

임사 체험

Near-death experience

사람이 죽음에 이르렀다가 다시 살아난 경험을 말한다. 1975년 미국의 심리학자 레이먼드 무디 주니어가 출간한 『다시 산다는 것』(행간, 2007)에 처음 등장했다.

임사 체험을 한 사람들은 공통으로 영혼이 육체에서 벗어나 분리되는 현상인 유체 이탈을 한 후 빛이 쏟아지는 곳으로 이동하며 기쁨과 환희를 경험했다고 한다. 또한 오래전에 죽은 가족, 예수, 부처 등을 만났으며, 시공간 경계를 초월하는 느낌이 들었다고 한다.

이 체험을 영적인 영역으로 볼 수도 있으나, 현재는 심리학적으로도, 과학적으로도 증명이 되고 있다. 가장 지지받는 이론은 뇌 활동 이론으로, '죽어 가는 뇌dying brain' 가설이다. 심장이 멈추면 뇌에 산소 공급이 끊기지만 뇌는 기능을 일부 유지한다. 이때 아직 완전히 죽지 않은 뇌가 기능이 정지한 상태의 다른 뇌 부위를 인식할 때 임사 체험이 가능하다고 보는 것이다.

또한 인지 불일치 이론으로도 설명이 가능하다. 사람들은 자신의 행동이나 태도를 일관되게 유지하기 위해 내부적인 인지와 외부적인 실제 상황을 일치시키려 하지만, 서로 일치하지 않을 때 인지부조화를 일으킨 사람들이 죽음의 순간을 경험하면 일상적인 경험과는 불일치하게 된다. 이를 해소하기 위해 자신의 세계관과 일치하려는 인지적 노력을 하게 되는 것이다.

"입은 침묵해도
표정은 진실을 말한다."

비언어적 커뮤니케이션 분야의 대표 권위자로 불리는 미국의 심리학자 폴 에크먼은 비언어적 행동의 중요성을 강조했는데, 그중에서도 표정은 진실과 직접적인 연관성을 가진다고 보았다. 그는 인간의 보편적 감정을 역겨움, 경멸, 슬픔, 공포, 분노, 놀람, 기쁨 등 일곱 가지로 나눴으며, 표정만으로 이 감정을 잘 표현할 수 있다고 했다. 이에 따라 상대방의 정서적 공감 능력을 향상시킴으로써 상대방과의 소통이 원활해질 수 있다고 보았다. 그리고 표정을 시간차에 따라 거시 표정과 미세 표정으로 구분했다. 거시 표정은 0.5~4초 사이에 나타나는 평소 얼굴 표정이며, 미세표정은 0.2~0.3초라는 짧은 시간 내에 순간적으로 나타나는데, 아무리 표정을 잘 관리하는 사람이라도 미세 표정에 해당하는 순간을 통제할 수 없다고 했다.

자기불구화
Self-handicapping

스스로 장애물을 설치하여 시작부터 불리한 조건을 가지는 현상을 말한다. 미국의 심리학자 에드워드 존스와 스티브 버글라스가 1978년 발표한 논문에서 처음 언급되었다. 이 현상은 시험 전날 공부하지 않거나, 경기 전에 준비를 최소화하는 사람들에게서 보이는데 그런 행동을 하는 이유는 일어날지도 모르는 실패가 두려워 미리 자신을 보호하기 위해서이다. 실패를 노력 부족으로 여기면 다음에 더 좋은 결과가 나올 수 있다고 믿지만, 능력 부족을 실패의 원인으로 삼으면 자존감이 하락하여 더 좋지 못한 결과로 이어진다고 보는 것이다. 이러한 자기불구화의 늪에 빠지지 않으려면 할 수 없는 이유가 아닌 할 수 있는 방법을 꾸준히 고민해야 한다.

자메뷔 현상
Jamais vu

최초의 경험임에도 이미 본 적이 있거나 경험한 적이 있는 이상한 느낌이나 환상을 데자뷔deja vu 현상이라고 한다. 기시감既視感이라고도 한다. 이와는 반대로 평소에 익숙했던 일상의 것들이 갑자기 낯설게 느껴지거나 기억에서 사라지는 현상을 자메뷔 현상이라 말한다. 미시감未視感이라고도 부른다. 집에 올 때마다 걷던 골목길이 어색하여 둘러보게 되고, 자신의 방도 다른 공간의 일부처럼 보인다. 데자뷔와 같이 명확한 원인은 밝혀지지 않았으나 특정한 정신적 문제가 없는 사람에게도 일어나는 일종의 지각 장애로 여긴다. 몽환 상태에서 나타나는 경우가 많다고 알려졌다.

자이가르닉 효과

Zeigarnik effect

우리는 어떠한 일을 하다가 이런저런 이유로 그만둘 때가 있다. 계속했다고 해도 끝맺지 못할 수 있지만, 찝찝한 마음만 남게 된다. 끝내지 못한 과거에 대한 잔상이 남아 오히려 현재 하는 일에 집중하지 못하는 상황도 접하게 된다. 이처럼 끝마치지 못한 일을 마음속에서 쉽게 지우지 못하거나 계속 떠올리는 현상을 자이가르닉 효과 혹은 미완성 효과라고 부른다. 일반적으로 타의에 의해 시작된 일이 완료되지 않아 발생하기도 하지만, 자발적으로 한 일의 경험에 대해서도 나타난다. 리투아니아의 심리학자 블루마 자이가르닉이 발견하였다.

자이가르닉은 참가자 164명을 A, B 두 집단으로 나누어 개당 5분 이내의 시간이 필요한 22개의 간단한 과제를 주었다. A집단은 과제 수행 중 아무런 방해를 받지 않았고, B집단은 과제를 완전히 끝내지 못하도록 방해를 받았다. 실험 결과 B집단은 A집단보다 약 2배 이상의 과제를 기억했다. B집단이 기억해 낸 과제의 3분의 2가 중간에 그만둔 과제였다. 자이가르닉은 완성하지 못한 일이 인간의 기억에 더 많이 남고 집착하게 만든다고 밝혔다. 즉 우리가 의식하지 못하는 사이에도 우리의 뇌는 끊임없이 생각하여 일의 마침표를 찍으려 하는 것이다.

일련의 목표를 달성하기 위해 가장 중요한 것은 즉시 시작하는 것이다. 행동함으로써 몰입의 단계로 나아갈 수 있으며, 몰입할수록 목표를 이루겠다는 결심이 확고해져 자연스럽게 목표를 달성할 확률이 높아진다. 하고자 하는 일이 있다면 지금 첫걸음을 내디뎌야 한다.

잔물결 효과

Ripple effect

잔잔한 저수지나 호수에 돌을 던지면 물결이 가장자리까지 퍼져 나간다. 이처럼 하나의 사건이 확산하면서 연쇄적으로 영향을 미치는 현상을 잔물결 효과라고 한다. 잔물결 효과는 사회 곳곳에서 발견되는데, 긍정적인 현상보다는 부정적인 현상에 주로 사용된다. 널리 알려진 사례로 서브프라임 모기지 사태처럼 한 국가의 신용 등급이 떨어지면 다른 국가의 신용 등급이 잇달아 영향을 받는 것이 있다. 일상에서도 비슷한 사례를 발견할 수 있는데, 한 사람의 부정적인 행동이나 결정이 조직 전체의 분위기를 악화시키고 결국 조직의 성과에도 부정적인 영향을 끼치는 것이다. 처음의 시작이 사소할지라도 파장이 확산되면서 걷잡을 수 없어지곤 한다. 특히 SNS의 발달은 이러한 파장이 더욱 빠르고 넓게 퍼지게 한다.

Jean
Piaget

장 피아제

　　스위스의 심리학자 장 피아제는 인지발달 연구의 선구자로 불린다. 10대 시절 동물학에 관심을 보였으며, 이후 생물학과 인식론에 흥미가 발현되어 본격적인 심리학의 길을 걸었다.

　　피아제는 인간의 생물학적 진화가 자연 선택에 의한 결과만은 아니라고 보고, 인간의 행동을 환경과의 끊임없는 상호작용에 의해 이루어지는 적응 과정이라고 생각했다. 그중에서도 어린이의 정신 발달에 관한 연구에 중점을 둔 그는 어린이의 정신이 총 4단계를 거쳐 성숙한다고 보고, 각 단계별로 어린이가 어떻게 외부의 세상을 인식하고 이해하는지 생물학적 근거를 기반으로 분석했다.

　　1단계(0~2세)는 감각 운동기로 감각, 운동을 통해 세상의 존재에 대해 알아 가는 시기이다. 2단계(2~7세)는 전前조작기로 언어를 습득하고, 기호나 숫자와 같은 개념들을 이해하기 시작한다. 3단계(7~11세)는 구체적 조작기로 논리적인 생각을 하며 자기중심적 사고에서 벗어난다. 4단계(11~15세)는 형식적 조작기로 추상적인 사고를 통해 구체적인 사고를 한다.

피아제의 연구는 생물학적인 능력에 치우쳐 있으며, 아이들의 도덕적 사고 능력을 과소평가했다는 점에서 비판을 받았다. 그러나 그의 연구가 언어와 사고, 도덕성 발달, 시공간 인지 등 어린이의 지적 발달 연구 전반에 큰 기여를 했다는 점은 부정하기 힘들다. 피아제의 연구는 아동의 학습 및 교육에 관한 이전의 견해들을 재평가하도록 만듦으로써 교육심리학의 발전에 엄청난 영향을 미쳤다.

점화 효과

Priming effect

이전에 제시된 자극이 나중에 제시되는 자극을 해석하는 데 영향을 미치는 현상이다. 우리의 뇌는 한 가지 자극을 해석할 때 고정관념, 생활환경 등 다양한 영향을 받는다. 이로 인해 특정한 정서와 관련된 정보가 그물망처럼 서로 연결되어 우리의 판단을 부정확하게 만들 수 있다.

미국의 사회심리학자 존 바그와 그의 동료들은 1996년에 간단한 실험을 통해 점화 효과가 사람들의 행동에 영향을 미치는 것을 증명했다. 연구자들은 뉴욕대학교 학생들에게 다섯 단어 중 네 단어를 뽑아 문장을 완성하라고 했다. 그중 한 집단은 '늙은, 회색, 주름살, 깜박이다' 등 노인을 묘사할 수 있는 단어 묶음을 받았다. 연구자들은 실험이 끝난 뒤 학생들이 다른 방으로 이동하는 시간을 측정했다. 그 결과 노인을 묘사하는 단어를 받은 학생들이 다른 집단보다 훨씬 느린 걸음으로 복도를 걸었다. 즉 단어를 통해 무의식적으로 노인을 의식하여 자신도 모르게 천천히 걷게 된 것이다.

점화 효과는 기업의 브랜드 이미지에도 영향을 미친다. 글로벌 기업 코카콜라는 뉴스 시간대에 광고를 하지 않는 것으로 알려졌다. 뉴스는 사회적으로 심각하고 부정적인 사건을 주로 보도한다. 시청자들이 기분 나쁜 내용의 뉴스로 부정적 자극을 받은 뒤 코카콜라 광고를 본다면 제품의 이미지를 부정적으로 인식하여 브랜드에 악영향을 끼칠 수 있기 때문이다.

점화 효과는 어떠한 선택에 영향을 줄 뿐 본질을 바꾼 순 없다. 다만 차후 자극을 평가하는 해석에 영향을 주게 되므로 평가에 간접 영향을 끼치게 된다.

조지 카토나

George Katona

미국의 심리학자인 조지 카토나는 일찍이 경제 심리가 실제 경제 상황에 영향을 미친다는 것을 파악하여 경제학에 심리학을 접목하는 형태인 행동경제학을 가장 먼저 추구한 사람 중의 한 명이다. 그로 인해 행동경제학의 선구자로 불린다. 연구 초창기에는 학습과 기억의 문제를 주로 다루었으나, 제2차 세계대전으로 인한 인플레이션에 대해 연구하며 경로를 변경했다. 그는 경제 심리가 실제 경제에 영향을 미친다는 카토나 가설 Katonian hypothesis을 통해 경제에 미치는 심리의 중요성을 이야기했는데, 특히 1940년대 후반에는 미시간대학교 소비자 심리지수 University of Michigan Consumer Sentiment Survey를 개발했다. 이 지수는 소비자가 어떻게 경기를 느끼고 변화를 예측하는지 보여 주는 지표로 사용되며, 뉴욕증시를 움직일 만큼 큰 힘을 가졌다.

〈조커〉

Jocker

조커는 배트맨과 싸우는 악당 중 한 명이다. 우스꽝스러운 외모와 특유의 기괴한 행동으로 배트맨만큼이나 높은 인기를 구가한다. 2019년에 개봉한 영화 〈조커〉는 코미디언을 꿈꾸던 한 남자가 어떻게 악의 화신인 조커로 탄생하는지에 집중했다. 주인공인 아서 플렉은 어린 시절 엄마로부터 받은 학대의 기억이 트라우마로 남아 있다. 그의 트라우마는 적절하게 해소되지 못해 결국 일종의 정신 분열 증세로 이어졌고, 현실과 망상을 수시로 오가며 불안의 늪에 점점 빠져들어 갔다. 조커이기 전의 아서는 사람들의 따뜻한 위로를 원했지만, 돌아오는 것은 무관심으로 포장된 차가운 시선이었다. 아서를 상담하던 심리상담사도 단순히 일만 했을 뿐이었다. 만약 누군가 아서를 따뜻하게 안아 주었다면 아서는 조커가 아닌 행복한 코미디언으로 남았을지 모른다.

조하리의 창 이론
Johari's window

　　타인과의 상호작용에서 자신이 어떤 상태에 있는지를 확인하고 어떤 부분을 개선하면 좋은지를 알려 주는 이론을 말한다. 1955년 미국의 심리학자 조지프 루프트와 해리 잉엄이 처음 제안했다. 이 이론은 타인과의 관계에서 서로의 마음을 창문에 비유해, 개인 간 의사소통의 심리구조를 열린 창open, 보이지 않는 창blind, 숨겨진 창hidden, 미지의 창unknown 등 네 가지 영역으로 나눠 분석했다. 네 가지 영역의 넓이는 고정되어 있지 않다. 내가 상대에게 비밀을 줄이고 마음속 깊은 이야기를 한다면 숨겨진 창은 줄어들고 열린 창은 늘어간다. 이 이론은 자신과 타인의 자아 인식을 통해 개인의 성장을 도모할 뿐 아니라 인간관계에 긍정적 영향을 불러올 수 있다.

존 가트먼
John Gottman

미국의 심리학자 존 가트먼은 임상심리학의 권위자이다. 부인인 줄리 가트먼 박사와 함께 가트먼 연구소를 공동 설립했다. 가트먼은 자신이 겪은 이혼 경험을 통해 자신의 이혼 사유를 탐색하려 노력했고, 그 과정에서 감정 코칭이란 개념을 개발했다. 그는 자기감정을 인정받고 타인의 감정을 인정하는 교육을 통해 대인관계 기술뿐만 아니라 자신감, 학습, 건강 등 다양한 부분에서 긍정적인 효과를 얻을 수 있다고 말했다. 이후 연구소를 통해 임상 전문가들과 다양한 실험을 하며 부부, 부모

와 자녀의 관계를 이해하고 분석하려 했다.

가트먼은 부부를 잠시 관찰하는 것만으로도 그들의 미래를 어느 정도 파악할 수 있으며, 부부 갈등의 원인으로 성격 차이가 아닌 싸움을 비롯한 관계의 방식에 있다고 주장했다. 이혼이 예측되는 부부는 경멸, 비판, 자기방어, 단절 등 부정적인 감정과 행동을 상대에게 전달했다. 반면 정서적으로 안정된 부부는 갈등을 부드럽고 긍정적인 방식으로 처리하며 서로를 지지하려 노력했다. 가트먼은 감정을 단어로 표현하고, 개방형 질문으로 묻고, 상대방의 말에 유대감을 강화하는 말을 하는 것 등이 필요하다고 보고, 부부 관계 치료법을 개발했다. 그리고 이 치료법 과정을 통해 서로의 애정 및 친밀감을 높이고 갈등을 해결하여 더 나은 관계를 유지할 수 있다고 했다.

---

tip

가트먼은 원활한 관계를 위해서는 긍정적인 대화와 부정적인 대화의 일정 비율이 필요하고 그 기준이 5:1 정도라고 보았기에 5:1 법칙이라고도 한다. 예를 들어 잔소리나 화를 1번 내면 칭찬이나 긍정적인 말을 5번은 해야 한다는 의미이다.

John Watson

존 왓슨

　　행동주의 심리학의 개척자라 불리는 미국의 심리학자 존 왓슨은 기존의 구성주의, 기능주의를 비판했으며 심리학에 보다 과학적이고 객관적으로 접근하길 원했다. 그런 점에서 왓슨은 파블로프의 고전적 조건 형성을 유심히 지켜보았는데, 다만 파블로프의 자극과 학습이 생리학점 관점에서 이루어졌다고 간주했으며 행동주의적 개념을 통해 환경에 의한 행동과 반응에 중점을 두었다.

　그의 대표적인 연구로는 '어린 앨버트 실험'을 들 수 있다. 9개월 된 앨버트는 처음에는 흰 쥐를 무서워하지 않았다. 연구진은 앨버트가 흰 쥐를 볼 때마다 뒤에서 망치로 철판을 크게 내리쳤고, 앨버트는 큰 소리에 놀랐다. 이 과정을 여러 번 반복한 끝에 앨버트는 큰 소리가 나지 않아도 흰 쥐가 나타나면 울음을 터트

렸다. 흰 쥐에 대한 공포반응이 생성된 것이다. 앨버트는 더 나아가 하얀 털이 난 짐승을 보면 무서워하는 현상을 보였다. 이 실험은 파블로프의 실험을 인간에게 적용한 사례로, 인간에게 공포란 얼마든지 환경에 의해 학습시킬 수 있음을 보여 줬다. 이 실험은 윤리 문제로 많은 비판을 받았으나 역으로 학습을 통해 두려움을 극복할 수 있다는 연구가 이어지면서 행동 치료 이론의 기초를 제공했다.

왓슨의 연구는 비교심리학, 발달심리학 연구에 많은 영향을 미쳤으며, 심리학을 과학적으로 발전시키는 데 크게 기여했다.

....

tip

왓슨은 행동주의에 따라 자신의 자녀를 키웠다. 안타깝게도 두 번의 결혼으로 얻은 4명의 자녀는 자살 시도, 알코올 의존증, 만성 위장병 등으로 모두 고통스러운 삶을 보냈다. 그의 이론과는 다른 현실을 보며 그는 어떤 감정을 가졌을까?

죄수의 딜레마

Prisoner's dilemma

메릴 플러드와 멜빈 드레셔가 시행한 게임 이론 연구의 대표적인 사례이다. 예를 들어 A와 B는 범죄를 저질렀으나 유죄를 확정하기에는 증거가 불충분한 상황이다. 이에 검사는 두 명에게 각각 같은 제안을 한다.

A가 자백하고 B가 침묵하면 A는 무죄, B는 징역 3년

A가 침묵하고 B가 자백하면 A는 징역 3년, B는 무죄

A와 B가 모두 자백하면 징역 2년

A와 B가 모두 침묵하면 A, B 모두 징역 1년

A, B는 침묵함으로써 서로 최선의 선택을 취할 수 있음에도, 자신이 이익을 더 얻거나, 손해를 덜 받기 위해 다른 선택을 함으로써 모두에게 좋지 못한 결과를 초래하게 된다.

줄리의 법칙

Jully's law

무엇이든 간절히 바라면 언젠가는 이루어진다는 말이 있다. 누군가 오래전부터 아프리카에 가고 싶었지만 경비가 부족하여 바람으로만 남겨 두었는데, 경품 추첨으로 탄자니아 세렝게티 투어 여행권이 당첨되어 원하는 곳으로 갈 수 있게 되었다는 식이다. 이러한 현상을 심리학에서는 줄리의 법칙이라 부른다. 마음속으로 간절히 소망하는 일에는 자신도 모르게 어떤 행동을 하게 되며, 그러한 과정이 쌓여 바라는 결과로 이어진다. 일종의 경험 법칙으로 생각할 수 있다. 우연하게 안 좋은 일이 계속 발생하는 머피의 법칙, 우연하게 좋은 일이 발생하는 샐리의 법칙과는 달리 필연적인 결과로 여겨진다.

....

tip

선명한 꿈은 실현된다는 공식인 R(realization, 실현)＝VD(vivid dream, 선명한 꿈)와 같은 뜻을 담고 있다.

Sigmund
Freud

지그문트 프로이트

        정신분석학의 창시자이자 현대 심리학의 아버지로 불리는 지그문트 프로이트는 1856년 모라비아(현 체코)의 프라이베르크에서 태어났다. 빈대학교에서 법률을 공부하려다 마음을 바꿔 의학부에 입학하여 1881년 졸업 후 빈 종합병원에서 대뇌 해부 전공의로 근무하며 본격적인 의사의 길을 걷는다. 1885년 파리로 건너와 장 마르탱 샤르코의 지도 아래 히스테리 환자를 관찰하기 시작하고, 이후 이폴리트 베르넴과 앙브루아즈 오귀스트 레보 밑에서 최면술을 배우며 무의식의 존재를 믿게 된다. 그러나 최면 치료로는 히스테리 환자의 여러 증상을 면밀하게 설명할 수 없어, 환자 자신이 고통받는 이유를 자유롭게 말하도록 하는 방식으로 치료 방식을 전환하고, 새로운 방식이 환자의 증상과 병을 이해하는 데 도움이 되는 것을 발견한다. 커다란 소파에 기대어 자유롭게 떠오르는 연상들을 말하게 하는 자유연상법이다. 프로이트는 1896년 자유연상법에 정신분석이라는 이름을 붙이며, 이러한 과정에서 환자가 평소에 억눌렀던 무의식이 밖으로 터져 나오는 것을 발견하며 무의식에 더욱더 매진하게 된다.

1899년, 초판 부수가 겨우 600부 정도밖에 안 되었으나, 이후 프로이트를 대표하는 저서가 된 『꿈의 해석』이 세상에 등장한다. 프로이트는 의식, 전의식, 무의식, 억압, 퇴행 등과 같은 개념을 기반으로 자신을 포함한 수많은 환자의 꿈에 관하여 이야기한다. 꿈을 소망 충족의 수단으로서 해석해야 할 텍스트로 간주하며, 인간의 본성을 이해하는 열쇠가 되는 무의식적 동기라고 말한다.

프로이트는 제1차 세계대전 이후 인간의 마음을 세 명의 사람이 움직이는 것처럼 보는 구조 이론을 본격화한다. 이 세 사람은 본능id, 초자아super ego, 자아ego이다. 독일어로 그것es을 뜻하는 이드(본능)는 욕망의 대변자로서 무의식 속에 억압된 성적이거나 공격적인 소망 덩어리다. 슈퍼에고(초자아)는 인간의 마음속에 있는 윤리적이고 도덕적이며 이상적인 면으로, 유전이 아닌 사회적 가치와 이상을 자신과 동일시함으로써 발달한다. 에고(자아)는 본능으로 하여금 충동을 지연시키고 현실적 여건을 고려하도록 하는 중재자 역할을 한다.

프로이트의 정신분석학은 정신분석에 편향적으로 의존한다는 점, 효능 입장 자료가 부족하다는 점, 신경학이 발달하며 꿈이 인간의 소망이나 동기와 관련이 없다는 증거가 나오고 있다는 점에서 비판을 받기도 한다. 그러나 심리학을 이야기할 때 프로이트가 대표적인 인물로 언급되는 것은 그가 인간의 마음을 철학, 종교가 아닌 과학적으로 이해하는 정신분석학이라는 틀을 만든 동시에 대중이 심리학에 매력을 느끼도록 만들었기 때문이다.

지적 콤플렉스

자신의 지적 능력이 상대보다 떨어진다고 생각하여 자기 비하에 빠지는 현상을 말한다. 실제 지적 능력이 떨어져서 발생하는 열등감으로 볼 수 있으나, 일련의 고정관념이 만든 사회적 일반화로 해석하기도 한다. 한 예로 생산 현장에서 일하는 블루칼라는 사무직에서 일하는 화이트칼라보다 지적 능력이 떨어진다고 여겨진다. 그러나 이에 대해 논문으로 상세히 밝혀진 바가 없으며, 각자에게 직업의 가치가 다른 만큼 옳다고 말하긴 어렵다. 이러한 사회적 고정관념은 생산 현장에서 일하는 사람들에게 다양한 기회를 제공하는 데 제약을 만든다. 고정관념이 쉽게 바뀌진 않지만, 개인의 노력과 사회적 인식의 변화로 사회적 통념을 조금씩 무너뜨릴 수 있다.

집단 극화

Group polarization

집단에서 어떤 의사 결정을 할 때 혼자서 결정할 때보다 동일한 방향에서 더 극단적으로 의사 결정이 나타나는 현상을 말한다. 의사 결정이 모험적인 쪽으로 결정 나면 모험 이행risky shift, 보수적인 쪽으로 결정 나면 보수 이행conservative shift 이라고 한다. 타인의 주장을 따라가고 동조하는 현상인 쏠림 현상tipping effect으로 볼 수 있다. 개인으로서는 부담을 느끼지만, 집단의 구성원으로서는 부담을 온전히 짊어지지 않아도 된다는 심리로 발생한다고도 여겨진다. 집단 극화로 형성된 주장은 지나친 자기 확신으로 인해 문제를 유발한다는 점에 주의해야 한다. 객관적 상황을 제대로 바라보지 못해 자신이 속한 집단의 의견은 맞고, 다른 집단의 의견은 무조건 잘못된 것으로 가정할 수 있다.

착한 아이 증후군

Good child syndrome

아이들은 종종 부모의 말을 듣지 않으면 부모가 자신을 사랑하지 않을지도 모른다는 불안감을 갖는다. 그래서 스스로 착한 아이가 되기 위해 노력한다. 본능적으로 착한 성격이 부모에게 조금이라도 더 관심과 사랑을 받을 수 있음을 알기 때문이다. 떼쓰고 싶어도 울고 싶어도 그러지 못한다. 자신의 감정쯤은 솔직하게 표현하지 않아도 괜찮다고 여기며, 내면의 욕구나 소망을 지나치게 억압하려 한다. 그러한 경향을 착한 아이 증후군이라고 말한다. 양육자로부터 버림받을까 봐 두려워하는 환경에서 살아남기 위한 방어기제의 일환으로 볼 수 있다.

그러다 시간이 지나면 부모뿐만 아니라 선생님, 어른, 친구, 즉 자신을 제외한 타인에게 착한 아이로 남으려 한다. 이러한 면이 지속되면 어른이 되어 착한 사람 콤플렉스로 이어지게 된다. 부모로부터 버려지는 것과는 상관없는 시기가 되었음에도 이미 타인에게 인정받고 사랑받으려는 행동이 몸에 뱄기 때문이다. 타인의 행동 혹은 상황이 마음에 들지 않아도 자신의 감정을 겉으로 드러내지 않는다. 다른 사람의 부탁을 거절하지 못하며, 타인과 갈등을 피하기 위해 먼저 사과하고 용서를 구하기도 한다. 이로 인해 몸과 마음이 피폐해지고, 우울증을 겪기도 한다.

아이가 착한 행동을 한다고 해서 착한 아이 증후군으로 단정할 순 없다. 흔히 말하는 천성 자체가 착한 아이도 있다. 심리학자들이 말하는 이 증후군의 대표적인 증상은 나이에 비해 지나치게 어른스러운 행동을 하거나, 자신의 피해를 감수하면서까지 양보를 하거나, 자신의 안 좋은 일을 밖으로 표현하지 않거나, 쉽게 상처를 받는 동시에 그 상태가 오래 지속되거나, 어른의 눈치를 보고 관심에 목말라하거나, 자신이 없거나, 어려운 것을 시도하지 않으려 하는 것을 들 수 있다.

이 증후군에서 벗어나기 위해서는 마음가짐이 중요하다. 삶을 살아가는 존재는 타인이 아닌 자신임을 받아들여야 한다. 착한 것과 착한 척하는 것에 대한 명확한 구분이 필요하다. 자신의 감정을 적극적으로 표현해야 한다. 상대방의 부탁을 거절하는 연습이 필요하며, 그러한 행동이 나쁜 것이 아님을 스스로 받아들여야 한다. 혹여 이전과 다른 자신의 행동에 타인에게 미움을 받더라도 견뎌 내는 노력이 필요하다.

그러나 아이는 이러한 노력을 하기가 쉽지 않다. 어느 정도 성장하기 전까지 부모를 비롯한 어른의 노력이 필요하다. 아이의 행동에 무조건적인 제한과 훈육보다는 왜 그러한 행동을 하려 하는지 공감하는 연습이 필요하다. 아이의 분노와 같은 감정이 그 자체로 부정적인 것이 아닌 순수한 인간의 감정임을 전달하려는 노력이 있어야 한다. 이러한 노력을 통해 아이는 주체적인 삶을 살아갈 수 있는 자신감과 태도를 가질 수 있다.

착한 여자 콤플렉스

Good girl complex

자신의 감정을 솔직하게 표현하지 않으며 자아실현을 미루면서까지 타인의 칭찬을 받으려 하는 여성의 심리를 말한다. 자신의 행동에 대해 칭찬을 받지 못하면, 스스로 자신을 못된 사람으로 몰아붙이기도 한다. 부모가 자신을 사랑하지 않을지도 모른다는 불안감에서 시작되는 '착한 아이'에서 성장한 여성의 증상으로 여겨지며, 오래된 사회적 통념에 영향을 받았다고도 본다. 특히 한국 전통 사회는 '여자는 여자답게'라는 말이 오랫동안 팽배해 여성이 자신의 솔직한 감정과 욕망을 억제하도록 했다. 다른 사람을 배려하는 것은 분명 좋은 덕목이다. 그런데 자신의 행복한 삶을 위해서라도 이것이 상대방을 위해서인지, 타인에게 착한 사람으로 남고 싶은 마음 때문인지를 생각해 볼 필요가 있다.

창꼬치 증후군

Pike syndrome

변화를 수용하지 않고 과거의 경험이나 관습으로만 현재의 상황을 판단하는 현상을 말한다.

1873년 독일의 동물학자 카를 뫼비우스가 진행한 창꼬치 실험에서 유래되었다. 창꼬치는 공격성이 매우 강해 다른 물고기들을 무차별적으로 공격하는 물고기이다. 뫼비우스는 투명한 유리 칸막이가 있는 수조에 창꼬치와 작은 물고기를 분리해서 넣었다. 창꼬치가 물고기를 보고 맹렬히 공격했지만 번번이 칸막이에 막혔다. 그런데 이후 유리 칸막이를 없앴음에도 창꼬치는 물고기를 공격하지 않았다. 실패의 경험을 바탕으로 포기를 선택한 것이다. 하루가 다르게 많은 것이 바뀌는 현대 사회에서 과거의 안락에 빠지면 눈앞에 닥친 현실을 부정하게 된다. 관습의 틀에서 벗어남으로써 눈앞의 변화를 마주할 수 있다.

처분 효과
Disposition effect

가격이 오른 자산은 빨리 팔고 손해 본 자산은 오래 보유하는 경향을 의미한다. 1985년 행동경제학자 허시 셰프린과 메이어 스테이트먼이 명명했다. 예를 들어 1만 원에 주식을 구매했는데 몇천 원 떨어질 때는 꾸준히 가지고 있다가, 1만 100원이 되면 바로 파는 것이다. 큰 수익은 조급한 이익 실현으로 놓치고, 회복이 안 되는 손실은 심적 물질적으로 부정적인 영향을 미친다. 이러한 원인으로 행동경제학에서는 손해를 보기 싫어하는 태도를 이야기한다. 떨어질 때는 손실을 확정하기 싫어서, 오를 때는 주가가 다시 하락하는 게 보기 싫어서 처리한다는 것이다.

tip

2014년 미국의 경제학자 케리 프라이드먼은 이러한 원인을 뇌과학으로 증명했다. 실험 결과 가격이 오른 자산을 매도할 때는 배쪽 선조체 활성도가 증가했고, 가격이 오른 자산을 보유할 때는 증가하지 않았다. 배쪽 선조체는 대뇌 피질 아래에 위치한 구조 중 하나로, 예상되는 보상에 대한 기대와 관련된 부위이다. 즉 자산을 보유할 때보다 팔 때 높은 보상을 느끼는 것이다.

"천장만 높아져도
관점이 넓어질 수 있다."

세계적인 물리학자이자 심리학자인 레너드 플로디노프는 인간의 무의식이 창의력에 깊은 관련이 있다고 보았는데, 일상의 수많은 공간에서도 무의식이 적용되며, 공간의 형태에 따라 창의력에 미치는 영향도 다르다고 생각했다. 대표적으로 천장의 높이를 들 수 있다. 그는 여러 실험 결과, 천장이 높을수록 사람들이 조금 더 자유롭고 추상적으로 사고한다고 밝혔다. 똑같은 면적이라도 천장이 높으면 품고 있는 공간이 크므로 그 안에 있는 사람의 물리적 심리적인 공간도 더 넉넉해진다는 것이다. 이와 반대로 낮은 천장, 좁은 복도, 창문 없는 사무실에서는 관점이 좁아진다고 말했다.

tip
공간심리학은 공간이 우리에게 어떠한 영향을 주고, 어떻게 하면 사람들이 편안함을 느끼는 공간을 구성할 수 있을지 연구한다. 사람이 머문 공간은 그 사람과 그 사람의 욕구를 나타낸다.

초두 효과
Primacy effect

인간은 살아가면서 수많은 경험을 하지만 대부분 망각의 단계에 머문다. 그런데 첫사랑, 첫 여행, 첫 월급처럼 어떤 행위의 첫 순간은 강렬하게 각인되어 꽤 오래 기억 속에 남아 있다. 이는 초두 효과로 설명이 가능하다. 먼저 제시된 정보가 나중에 알게 된 정보보다 더 강력한 영향을 미치는 현상을 말한다.

미국의 사회심리학자 솔로몬 아시는 실험을 통해 먼저 제시된 정보의 중요성을 강조했다. 실험 참가자들에게 A와 B의 성격 정보를 다음과 같이 제시했다. A는 '똑똑하다, 근면하다, 충동적이다, 비판적이다, 고집스럽다, 질투심이 많다'였고, B는 '질투심이 많다, 고집스럽다, 비판적이다, 충동적이다, 근면하다, 똑똑하다'였다. A와 B는 단어의 배치만 달랐지만, 결과적으로 이 실험에서는 A가 호의적인 평가를 받았다.

초두 효과는 첫인상에 가장 큰 영향을 미친다. 일반적으로 사람의 첫인상은 3~5초 만에 결정 난다고 한다. 그 사람의 외모, 옷차림, 태도 등이 첫인상에 중요한 역할을 한다. 사람의 뇌는 처음 보고 느낀 것을 콘크리트가 굳는 것처럼 단단하게 기억해 버린다. 그때 각인된 첫인상은 고정관념이 되어 차후 관계에 적용된다. 물론 상대에게 자신의 첫인상이 부정적으로 각인되었다고 하더라도 긍정적으로 바꿀 수는 있다. 다만 40시간 이상의 노력이 필요하다고 한다. 우리가 누군가와의 첫 만남에 많은 시간과 노력을 들여야 하는 이유이다.

tip

미국의 뇌과학자 폴 웨일런의 연구에 따르면 첫인상을 결정짓는 중요 요인이 외모, 목소리, 어휘 순으로 나타났다. 성인이 독서를 해야 하는 이유가 아닐까?

초인종 효과

Doorbell effect

고객에게 어떠한 정보도 주지 않은 채 무작정 기다리게 하는 상황을 의미한다. 2001년 미국 디자인 전문 업체 IDEO 대표인 톰 켈리의 저서 『유쾌한 이노베이션』 (세종, 2012)에서 처음 언급되었다. 초인종을 누르고 나서 문이 열릴 때까지 아무것도 할 수 없기 때문에 원래 시간보다 더 오래 기다린 것처럼 느껴지게 되는 현상에 빗댄 것이다. 기업은 고객이 안내 센터에 연결 시에 기다리는 시간을 정확하게 안내하거나 통화 연결 시에 '오래 기다리게 해서 죄송합니다'와 같은 말로 응대함으로써 고객의 불만을 최소화하려 노력한다.

최근성 편견
Recency prejudice

　　현재 또는 최근의 현상에 과도한 중요성을 부여하여 앞으로의 흐름을 예상하는 심리를 말한다. 최근성 편견에 빠진 사람은 앞으로의 경제를 판단할 때 최근의 데이터만을 기준으로 두고 정보를 분석하고 평균화하려 한다. 그러나 최근의 데이터만으로 거대한 돈의 흐름을 판단하기란 쉽지 않다. 경제뿐 아니라 일상에서도 이러한 부분을 발견할 수 있다. 이 편견에 빠진 학생은 시험 전날에 밤을 새워 복습하는 것을 선호하기도 하는데, 오히려 최근에 외운 내용이 기억에 남아 이전에 학습했던 내용을 놓칠 수 있다. 지속적인 학습보다 일시적인 기억에 의존하면 장기적인 학습 효과가 감소할 수 있다. 이 밖에도 발표자가 가장 최근에 말한 내용이 다른 내용보다 더 기억에 남아 발표의 핵심을 놓칠 수도 있다. 이러한 부분을 해소하려면 최근성 편견에 대해 스스로 인식하고, 새로운 정보를 받을 때 전반적인 부분을 고려하는 것이 중요하다.

최신 효과

Recency effect

미국의 심리학자 로버트 라나가 제시한 이론으로 어떤 사물이나 사람에 대해 가장 최근에 제시된 정보를 더 잘 기억하는 현상을 말한다. 신근성 효과, 막바지 효과라고도 하며 첫 이미지가 큰 영향을 미치는 초두 효과와 반대되는 개념이다. 시험을 치를 때 마지막에 공부했던 단어가 더 기억에 남거나, 연말 시상식에서 연말에 가까운 시기에 공개된 작품이 상을 더 받거나, 이별하면서 헤어질 때의 모습이 오랫동안 기억에 남는 것들이 해당한다. 처음의 정보가 너무 일찍 제시되어서 망각되거나, 최근의 정보가 매우 인상적일 때 최신 효과가 더 잘 나타난다.

최후통첩 게임

Ultimatum game

누군가 A에게 돈을 주고 옆에 있는 B와 나누도록 했다. A가 제안한 금액을 B는 수락해도 되고 거절해도 된다. B가 A의 제안을 받아들이면 두 사람은 금액을 나누어 가지지만 거절하면 둘 모두 돈을 한 푼도 받지 못한다. 기회는 한 번이다. B는 어떤 선택을 할 것인가?

이 내용은 1982년 독일의 경제학자 베르너 귀트가 고안한 최후통첩 게임으로, 경제학 실험을 게임의 형식으로 제시했다. A가 제안한 금액과 상관없이 B가 제안을 수락하는 것이 고전적 경제

학 입장에서는 가장 합리적인 결정에 가깝다. 그러나 B는 자신의 몫이 총액의 50%에서 멀어질수록 A의 제안을 거부하는 경우가 많았으며, 20% 전후의 몫을 제안받을 때는 대부분 A의 제안을 거절하고 자신의 몫을 포기했다. 금액이 적을지라도 분명히 발생하는 경제적인 이익을 포기하는 것이다. 그러한 데는 B가 자신이 불공정한 상황에 놓여 있다고 판단하기 때문이다.

이를 통해 연구자는 단순히 돈을 얻기 위한 이기심만큼이나 공정성과 타인에 대한 배려 등의 심리적 요인이 의사 결정에 중요한 영향을 미친다고 밝혔다. 이후 다양한 연구자들에 의해 비슷한 실험이 지속되었고, 그 결과 사람은 불공정한 상황에 놓일 때 개인적 이익을 추구하는 데 거부감을 느끼며, 그 상황을 타개하려 한다는 것을 확인했다. 이러한 결과는 인간의 사회적 행동과 의사 결정 방식을 이해하는 데 중요한 의의를 갖는다.

tip

이 게임은 1986년 대니얼 카너먼의 독재자 게임(dictator game)으로 발전되었다. 차이점은 A가 주는 돈을 B가 거절할 수 없다는 것이다. 이때 A는 총액의 평균 28% 정도를 B에게 주었다.

치킨 게임

Game of chicken

1955년 영화 〈이유 없는 반항〉에서 두 사람이 서로를 향해 차를 모는 장면이 나온다. 만약 둘 중 한 명이 차의 핸들을 꺾지 않으면 둘은 충돌해 죽음을 맞이할 수 있다. 한 명이 핸들을 꺾으면 다른 운전자는 승리자가 되며, 사고도 나지 않는다. 반면 핸들을 꺾은 운전자는 겁쟁이란 뜻을 가진 치킨이란 이름으로 불리게 된다. 사고가 나는 것보다 낫지만 원치 않는 결과이다. 만일 양쪽 모두 피한다면 둘 모두 썩 내키지 않는 결과가 된다. 이 경주는 1950년대 미국의 젊은 층에서 유행했으며 현재 가장 대중화된 게임 이론 중 하나인 치킨 게임의 토대가 되었다. 이처럼 어느 한쪽이 양보하지 않을 경우 양쪽 모두 좋지 않은 결과로 이어지는 현상을 치킨 게임이라 한다.

치킨 게임이 세계적으로 대두된 것은 미국과 소련 간의 군비 전쟁 때였는데, 이를 바탕으로 국가와 기업 간의 여러 상황에 자주 인용된다. 그런데 치킨 게임은 일상에서도 종종 발견할 수 있다. 한 예로 두 사람이 프로젝트 발표를 준비해야 한다. 그런데 둘 다 일을 하지 않고 서로가 일하기를 기다린다.

치킨 게임의 특성상 먼저 양보하는 행위를 하는 사람 혹은 그 주위에 있는 사람의 피해가 클 수 있다. 미국과 소련 간의 대립 때 주변 국가들은 핵전쟁의 공포를 경험해야 했으며, 프로젝트를 준비할 때 먼저 양보한 사람은 결과와 상관없이 왠지 모르게 손해를 입었다고 생각할 수 있다.

　이를 해소하기 위해서는 상호협력이 가장 중요하다. 서로 협력함으로써 상호 간의 이익을 추구하는 것이다. 이를 위해서는 의사소통을 통해 상대의 의도를 이해하고 받아들여야 한다. 이를 통해 신뢰 관계를 구축함으로써 상호협력으로 이어질 수 있다.

"REBEL WITHOUT A CAUSE"

침묵 효과

Mum effect

다른 사람에게 나쁜 소식을 알리려고 하지 않는 현상을 말한다. 함구 효과라고도 부른다. 자신은 특별한 잘못을 하지 않았음에도 상대에게 실수, 무능한 사람으로 여겨질 수 있기 때문이다. 또한 나쁜 소식이 유발하는 부정적 감정은 소식을 전달하는 사람에게 전이되기도 한다.

침묵 효과와 관련된 대표적인 사례로 미국 우주 왕복선 챌린 저호 폭발사건을 들 수 있다. 물리학자 리처드 파인만은 사건의 원인을 조사하던 중 침묵 효과로 볼 수 있는 상황을 발견한다. 우주선이 폭발할 확률을 물었을 때 연구원들은 300분의 1에서 1000분의 1 정도라고 대답했다. 그런데 의사 결정을 맡은 상급자들은 무려 10만 분의 1이라고 대답했다. 사전에 전문가들이 폭발이 야기될 문제점을 이야기하며 두 번이나 발사 연기를 요청하였으나, 묵인당하고 말았다. 결국 챌린저호는 발사된 지 1분 13초 만에 폭발하고 만다. 파인만은 이러한 데는 여러 가지 이유가 있지만 상급자가 조직 문화에서 오는 압박을 견디지 못했음을 주요한 이유로 들었다. 즉 상급자가 오너에게 무능한 사람으로 보일까 봐 스스로 침묵한 것이다.

조직에서 침묵 효과가 개선되기 위해서는 권위적이고 수직적인 환경이 일부 개선되어야 한다. 리더는 자신의 생각만이 옳다는 관점을 조금 내려놓고 구성원의 목소리에 귀를 기울여야 한다. 구성원의 실수와 잘못에 대해 호통과 질타가 아닌 해결 방법을 모색하는 데 머리를 모아야 한다. 리더의 변화는 구성원의 변화를 불러올 수 있다.

침묵의 나선 이론

The spiral of silence theory

여론 형성 과정에서 자신의 의견이 다수에 속하면 적극적으로 자신 있게 이야기하지만, 소수에 속하면 침묵하려는 현상을 말한다. 여론이 한 방향으로 쏠리는 모습이 마치 나선 같다고 해서 붙은 이름이다. 독일의 커뮤니케이션학자 엘리자베스 노엘레-노이만이 주창했다.

한 예로 공공장소에서의 흡연에 관해 토론한다면 흡연 여부와 상관없이 흡연을 해도 괜찮다는 쪽의 의견은 말하기 부담스러운 상황이 된다. 노이만은 침묵의 주된 이유로 인간의 근원적 감정이라 여기는 고립의 두려움을 들며 이 감정이 나선 효과를 가속화하는 원심력이라고 여겼다. 이 이론은 참과 거짓을 구별하는 문제보다는 윤리·도덕적인 문제처럼 주관적인 생각을 자유롭게 말하는 상황에서 주로 적용된다.

카를 융
Carl Jung

정신의학 분야의 대표적 권위자인 카를 융은 집단무의식의 개념을 제창한 인물이다. 융은 1875년 스위스의 케스빌에서 개신교 목사의 아들로 태어났다. 아버지가 정신병원 상담 목사로 활동하여 자연스럽게 정신분석에 호기심을 가지게 되었다. 이후 1895년 바젤대학교에 입학하여 의학을 전공하였다. 이때까지만 해도 정신의학은 개척 중인 분야였으나, 저명한 정신의학자인 오이겐 블로일러 밑에서 연구와 치료에 전념하며 정신의학의 기반을 다져 갔다.

융을 이야기할 때 빠질 수 없는 인물이 지그문트 프로이트이다. 융과 프로이트는 존경과 우정을 담아 1906년부터 1914년까지 서신을 보내며 서로 간의 관계를 돈독히 했다. 그러나 프로이트가 중시한 리비도libido를 융이 일반적인 에너지라고 여기며 의견 대립이 시작되었다. 프로이트와 함께한 7주간의 미국 여행 이후 둘의 관계는 본격적으로 멀어졌다. 융은 프로이트가 진리보다는 개인의 권위를 더욱 앞세운다는 인상을 받았으며, 프로이트는 융이 종교나 신비주의와 같은 영역에 관심을 보이는 것에 불만을 가졌다. 융은 1910년 국제정신분석협회의 초대 회장으로 선출되지만, 2년 후 탈퇴하며 프로이트와 각자의 노선을 걷게 된다.

융의 이론에서 가장 유명한 개념은 집단무의식이다. 프로이트는 무의식을 각각의 개별적인 것으로 여겼으나, 융은 개인의 무의식 저변에 집단무의식이 깔려 있다고 믿었다. 또한 집단무의식이 개인적 경험으로 생성되지 않으며 오래전부터 이어져 온 정신이라고 보고 이를 보편적 사고 형태나 정신적 이미지를 뜻하는 원형archetype이라는 말로 표현했다. 원형의 종류로는 공적인 얼굴을 뜻하는 페르소나persona, 남성의 무의식에서 한 부분을 구성하는 여성적 심상인 아니마anima, 여성의 무의식에서 한 부분을 구성하는 남성적 심상인 아니무스animus, 인간의 어둡고 사악한 측면을 나타내는 그림자shadow, 전全인격적이고 통합적인 정신의 개념인 자기self가 있다.

융의 이론은 비과학적이라는 측면에서 많은 비난을 받기도 했다. 특히 신화와 종교를 기반으로 둔 영지주의, 연금술, 만다라 등에 관해 연구한 글은 모호하고 불투명하여 신빙성의 부재라는 측면에서 오해를 불러일으켰다. 그럼에도 융은 연상 실험을 통해 프로이트가 제기한 억압된 것을 콤플렉스라는 단어로 입증하였다. 또한 분석심리학의 기초를 세우고 인간의 성격을 내향형, 외향형으로 구분한 것 등 정신과의 임상 치료부터 예술 작품에 이르기까지 현대에 많은 영향을 끼치고 있다. 프로이트가 무의식이라는 세계로 들어가는 입구를 제공했다면, 융은 무의식을 바라보는 시각을 다양화했다는 점에서 큰 의의를 가진다.

카멜리아 콤플렉스

Camellia complex

프랑스의 소설가 알렉상드르 뒤마 피스의 소설 『춘희』는 몸을 파는 창녀였던 마르그리트 고티에가 명문가 청년 아르망과 사랑에 빠지지만, 아르망의 아버지의 반대로 헤어지게 되는 비극적인 이야기를 담고 있다. 원제인 "La Dame aux Camélias"의 뜻은 '동백꽃을 든 여인'이며, 이탈리아 작곡가 주세페 베르디의 오페라 〈라 트라비아타〉의 원작 소설이다. 소설에서 마르그리트처럼 불행한 여성을 포용하고 사랑하려 한 아르망과 같은 남성의 심리 전반을 카멜리아 콤플렉스라고 한다.

....

tip

동백의 꽃말은 '누구보다 그대를 사랑합니다'이다.

카산드라 콤플렉스

Cassandra complex

정보가 범람하는 시대에서 진실을 마주하기란 쉽지 않다. 때로는 상대의 말이 진실에 가깝다고 여길지라도 믿지 않기도 한다. 특히 자신에게 부정적인 상황이 예상될 때는 더욱 이를 외면하려 한다. 이를 카산드라 콤플렉스라고 한다. 이전부터 카산드라 콤플렉스는 다양한 연구자에 의해 언급되었으나 1949년 프랑스의 철학자 가스통 바슐라르가 카산드라 이야기에 빗대어 용어를 명명했다고 알려졌다. 트로이의 마지막 왕의 딸인 카산드라는 아폴론에게 예언 능력을 받지만, 그의 구애를 거절한 대가로 아무도 그 예언을 믿지 않는 형벌을 받는다. 결국 트로이 목마를 들이지 말라는 카산드라의 예언은 현실이 되어 트로이는 멸망하고 말았다.

이 콤플렉스의 원인으로 영국의 정신분석가인 멜라니 클라인은 사람들이 보편적으로 지닌 방어기제인 부정denial을 들었다. 자신에게 갈등을 불러오는 부정적인 정보를 접하면 현실을 부정하며 고통스러운 현실에서 자신을 보호하려 한다는 것이다. 병원에서 큰 병을 진단받았음에도 현실을 부정하며 오진으로 여기는 것과 같다.

부정적인 순간에도 좋은 결과를 기대하는 희망은 분명 긍정적인 측면으로 볼 수 있다. 다만 막연한 희망은 눈앞에 닥친 위험에 소홀하게 만들기도 한다. 맞닥뜨린 진실이 부정적인 부분이라 할지라도 마주하려는 노력을 통해 더 나은 결과를 맞이할 수 있다.

카인 콤플렉스

Cain
complex

心

우리는 종종 재산 분할 문제로 인해 형제간의 다툼이 벌어지는 내용을 기사로 본다. 단순히 많은 돈을 갖기 위한 욕망을 원인으로 볼 수 있으나, 부모의 사랑을 더 차지하려 애쓰는 형제간의 질투와 경쟁으로도 볼 수 있다. 이를 카인 콤플렉스라고 부른다. 1939년 정신과 의사인 데이비드 레비가 '형제간 경쟁sibling rivalry'이라는 단어로 개념화했다. 이후 헝가리의 정신과 의사인 레오폴드 손디가 1969년 집필한 자신의 저서 『카인, 악의 형태Kain, Gestalten des Bösen』에서 처음으로 카인 콤플렉스라고 명명했다. 구약성서의 「창세기」에서 인류 최초의 살인으로 기록되는 카인과 아벨의 이야기에서 유래했다. 아담과 하와의 첫째 아들인 카인은 농사를 지었고, 둘째 아들인 아벨은 양을 쳤다. 여호와는 아벨이 바친 어린 양은 반겼으나, 카인이 바친 농산물은 반기지 않았다. 카인은 이를 시기해 돌로 아벨을 죽였다.

일반적으로 형제간의 경쟁은 자신에게 집중되었던 부모의 애정과 관심이 다른 대상에게 옮겨 가면서 이를 되찾기 위해 시작된다. 외동인 집에서 둘째가 태어나면 첫째가 둘째의 모유 수유를 방해하려 하는 것도 마찬가지다. 아이에게 부모의 애정은 자신의 생존 및 안전과 직결되는 문제이다. 생존에 있어 형제를 경쟁자라 여기며 자신의 존재를 드러내기 위해 일으키는 과한 방어로 볼 수 있다.

이러한 증상은 성장하면서 자연스럽게 약해지기도 하며, 어린 시절 비동일시de-identification 과정을 통해 극복할 수 있다고도 한다. 경쟁하는 상대인 형제와는 다른 형태의 성격, 즉 자신만의 고유한 성향을 형성하여 갈등을 극복하는 것이다. 다만 부모가 한 자녀에게 사랑을 더 주는 증상이 또렷이 보인다면 적개심이 강화되며 콤플렉스가 심화된다. 부모는 똑같은 사랑을 나눠 준다고 해도 아이들은 왜곡해서 받아들일 수 있다.

심리학자들은 성인이 되어서도 카인 콤플렉스가 지속된다면 자신에게 집중하라고 이야기한다. 만약 어떠한 문제가 발생한다면 그 원인이 자신에게 있다고 여기는 것이다. 그 문제의 원인이 자신 때문이라고 생각하기가 쉽지 않지만, 상대에게 활활 타오르던 분노는 서서히 줄어들 수 있다. 상대도 자신을 향하는 분노가 조금씩 꺼져 가는 것을 인지한다면 조금 더 긍정적인 방향으로 자신을 대하게 된다. 자신의 모습을 있는 그대로 인정하는 순간, 우리는 상대와의 비교에서 벗어날 수 있는 힘이 생긴다. 그힘은 마음의 여유를 만들어 상대를 포용할 수 있도록 돕는다.

칵테일파티 효과

Cocktail party effect

우리는 신나는 음악과 함께 수많은 소음이 동시에 발생하는 칵테일파티일지라도 주위에 있는 사람과 대화가 가능하다. 그곳에서 누군가 자신의 이름을 부르거나, 자신이 흥미를 가지는 이야기를 하면 즉각 알아들을 수 있는데, 영국의 심리학자 콜린 체리는 이러한 현상을 칵테일파티 효과라 칭했다. 칵테일파티 효과의 초기 연구는 대부분 1950년대 초반 항공교통관제사의 직무를 용이하게 하기 위해서였다. 항공교통관제사의 근무지 특성상 다양한 소리와 소음이 발생하는데, 그중에서 한 가지 소리에 집중해야 하기 때문이다.

체리는 칵테일파티 효과의 초기 연구를 바탕으로 1953년 청각 실험을 진행했다. 피험자들에게 헤드폰을 나눠 주고 같은 목소리가 서로 다른 두 가지의 내용을 말하는 것을 양쪽 귀로 동시에 듣게 했다. 다음 실험에서는 한 가지 내용은 오른쪽 귀로만, 다른 한 가지 내용은 왼쪽 귀로만 듣게 했다. 실험 결과 두 가지 내용을 동시에 들을 때 자신이 듣고자 하는 내용을 구별할 수 있음을 알 수 있었다. 이는 선택적 주의 혹은 선택적 지각에 따른 것으로, 선택적 주의란 감각기억이 외부로부터 주어지는 수많은 자극 중 특정 정보를 선택하는 것을 말한다. 정보의 홍수 시대에서 자신이 원하는 정보를 선별해서 습득할 수 있는 이유이다. 단 내가 원하는 정보에 너무 집중하면 주변의 다른 흐름을 놓칠 수 있음을 유의해야 한다.

Carl Rogers

day 298

칼 로저스

미국의 심리학자 칼 로저스는 인본주의 상담의 창시자로 불린다. 그는 컬럼비아대학교 대학원에서 교육학 공부를 하면서 아동, 청소년 상담을 시작했고, 이 기간이 추후 상담 이론을 정립하는 데 많은 영향을 미쳤다.

하루는 비행을 일삼는 한 소년의 어머니와 면담을 했다. 로저스는 어머니가 소년을 대하는 태도에 문제가 있다고 여겼으나, 상담 결과 소년의 어머니는 조금도 인지하지 못했다. 더는 어떠한 결과물도 없을 것 같아 면담을 끝내자고 하던 날, 그 어머니가 문 앞에서 성인 상담도 하는지 물었다. 어머니는 원만하지 못한 결혼 생활을 중심으로 이전에 들을 수 없던 많은 이야기를 꺼냈다. 로저스는 어떤 문제가 감춰져 있는지를 아는 사람은 상담자가 아닌 내담자임을 깨달았다. 이제껏 어떤 성과를 발견하지 못

했던 데는 상담자가 미리 답을 정해 놓고 상대를 그쪽으로 유도했기 때문이다. 로저스는 내담자의 이야기를 가능한 한 방해하지 않고 생각의 흐름을 적절히 거들어 주는 것이 가장 효과적인 대화 방식이라 여겼다. 그런 점에서 상담자의 기본자세로 진솔함, 공감적 이해, 무조건적 긍정적 수용을 들었다.

그의 주장은 내담자의 말을 비판 없이 받아들였다는 점, 선한 측면을 너무 강조하여 그 반대 부분을 제대로 보지 못했다는 점 등에서 비판을 받았지만, 상담 분야와 상관없이 상담자로서 기본적으로 지녀야 하는 태도를 제시했다는 점에 큰 의의가 있다.

칼리굴라 효과

Caligula effect

1979년 미국 보스턴에서 칼리굴라 황제의 생애를 다룬 영화 〈칼리굴라〉의 상영을 금지했다. 칼리굴라는 로마 제국 제3대 황제로서 천재적인 정치가로 불렸지만, 존속까지 참살한 무자비한 폭군으로 알려져 있다. 영화는 칼리굴라 황제를 생동감 있게 표현하기 위해 사람들을 참살하는 잔혹한 장면부터 과도한 성적 묘사까지 담았다. 그런데 이로 인한 상영금지는 오히려 사람들의 폭발적인 관심을 불러일으켰다. 막대한 광고 효과를 불러일으킨 것이다. 이처럼 금지당한 것에 흥미가 생겨 더 하고 싶어 하는 현상을 칼리굴라 효과라 부른다.

칼리굴라 효과가 발생하는 이유는 크게 반항심과 호기심 때문이다. 사람은 자유라는 가치를 추구한다. 그런데 누군가 자신의 자유를 제한하려 들면 반항심이 생기게 된다. 또한 이해할 수 없거나 다른 사람이 유독 관심을 두는 현상에 호기심을 가진다. 이 두 가지 심리는 인간의 순수한 본능에 가깝다. TV에 연령 제한 표시가 나오면 더 보고 싶고, 시험을 앞두고 보는 만화책이 더 재미있는 이유이다.

심리학자들은 칼리굴라 효과를 예방하기 위해선 스스로 원하는 가치를 돌이켜 볼 필요가 있다고 말한다. 순간의 심리적 착각에 속지 않으려면 자기가 중요시하는 가치를 알아야 한다는 것이다. 금지된 것을 행했을 때의 결과를 떠올려 보는 것도 좋다고 한다.

CALIGULA

〈캐스트 어웨이〉

Cast Away

2000년에 개봉한 영화로서 인간의 본연적 심리를 잘 그려낸 수작으로 꼽힌다. 배송업체 직원인 척 놀랜드는 비행기 사고로 인해 무인도에 도착하게 된다. 혹시 있을지 모를 원주민을 애타게 불러도 보고, 구조 요청 메시지도 작성해 봤지만 얼마 후 모든 게 허사임을 깨닫는다. 척은 섬에 표류한 지 4년 만에 섬을 탈출하고자 한다. 이 영화는 매슬로의 욕구 5단계 이론으로 설명되기도 한다. 그중 핵심은 3단계인 애정과 소속의 욕구를 들 수 있다. 척이 무인도임을 알았음에도 희망을 버리지 않았던 데는 여자 친구인 캘리가 있기 때문이며, 이후 섬에서 버틴 이유 중 하나는 배구공인 윌슨 때문이었다. 윌슨은 영화의 가장 상징적인 대상 중 하나로서 인간의 소통 욕구가 본능적임을 알려 준다. 이 영화는 인간관계와 희망에 대한 메시지를 담고 있다.

컨벤션 효과

Convention effect

특정 사건을 계기로 해당 분야에 관심이 커지는 현상을 의미한다. 라틴어에서 유래한 컨벤션은 '함께 와서 모인다'라는 뜻을 가진다. 이 효과는 전당 대회, 단일화 경선 등 정치 분야뿐 아니라 신제품이 출시되거나 신규 서비스를 진행하고자 할 때 등 사회 전반에 응용된다. 이러한 데는 사람의 심리가 중요하게 반영된다. 사람들은 새로운 경험을 추구하려는 욕구를 가지고 있으며 이벤트와 같은 행사에서 이를 충족할 수 있다. 또한 각종 이벤트를 통해 자신이 어떤 집단에 속해 있는지 확인하고 정체성과 소속감을 느낄 수 있다. 다만 컨벤션 효과는 반짝 효과로 끝날 수 있는 만큼 사람들의 꾸준한 관심이 이어지도록 노력할 필요가 있다.

컬러 배스 효과

Color bath effect

특정 색상에 집중하면 해당 색과 관련된 것이 눈에 더 띄는 현상을 의미한다. 검은색 물건을 머릿속에 떠올리고 주변을 둘러보면 유독 검은색을 띤 물건들이 눈에 담긴다. 즉 일상에서 아무렇지 않게 여기던 대상이 색을 떠올리는 것만으로도 특별하게 보인다. 따라서 색을 매개로 아이디어를 창출할 수 있는데, 그러한 특징으로 인해 이 효과는 특히 광고, 마케팅, 디자인 등의 분야에서 적극적으로 활용된다. 아이디어를 떠올릴 때 핵심을 색이 아닌 관심과 집중에 두는 것이다. 특정 이슈에 지속해서 관심을 가지고 집중하면 관심 분야와 관련된 새로운 아이디어가 도출되는 방식이다. 창의력을 활성화하는 데 중요한 개념으로 여겨진다.

....

tip

특정 색을 띤 주유소를 이용하는 사람에게는 길에 있는 수많은 주유소 중 그 회사의 주유소만 유독 눈에 잘 들어오는 이유이다.

〈케빈에 대하여〉

We Need to Talk About Kevin

2011년 린 램지 감독의 영화로서 부모와 아이의 관계에 대해 많은 의미를 전달하는 작품이다. 자유로운 삶을 즐기던 에바에게 의도치 않게 아들 케빈이 생긴다. 육아에 미숙한 에바는 여러 이유로 케빈의 유아기 때 적절한 상호작용을 하지 못하고, 이로 인해 케빈은 정서적으로 불안정해지고, 불안은 반항심으로 이어져 결국 큰 사고를 치게 된다. 케빈의 문제를 단일성의 측면에서 보긴 어렵다. 다만 에바의 불안한 심리가 케빈에게 중요한 애착 형성의 시기에 부정적인 영향을 미친 것만은 분명하다. 그렇다고 에바를 탓할 수만은 없다. 원하지 않던 현실을 감당하지 못하는 것은 인간의 평범한 모습이기 때문이다. 이 영화를 통해 부모와 자식 간의 진실된 애정이 얼마나 중요한지 알 수 있다.

....

tip

케빈의 문제는 타고난 것일까, 길러진 것일까?

코르사코프 증후군

Korsakoff syndrome

뇌가 손상된 후 새로 발생하는 일들을 기억하지 못하는 순행성 기억 상실증anterograde amnesia을 말한다. 기억 상실-작화 증후군amnesic-confabulation syndrome이라고도 불린다. 1887년 러시아의 정신병리학자 세르게이 코르사코프가 알코올 의존증에 걸린 남성들에게서 특이한 형태의 기억 상실을 발견함으로써 명명됐다.

이 증후군을 겪는 사람은 기억의 공백을 허구로 채우려 하고, 상황을 인지하는 통찰력이 결여되어 자신의 상황을 정확히 인지하지 못한다. 증상이 심화되면 뇌가 손상되기 전의 상황조차 기억하지 못하게 된다. 장기간의 알코올 섭취가 주원인으로 여겨지는 만큼 술을 조절하는 것이 필수이다. 또한 비타민B가 들어간 식품을 섭취함으로써 증상을 일부 예방할 수 있다.

쿠르트 레빈

Kurt Lewin

미국의 심리학자 쿠르트 레빈은 사회심리학, 응용심리학 분야의 선구자로 불린다. 의학으로 전공을 시작하여 생물학으로 옮겼으며, 이후 베를린대학교에서 독일의 현상학자 카를 슈툼프의 지도하에 본격적인 심리학자의 길을 걸었다. 연구를 진행하면서도 그는 여성 인권 신장, 사회주의 등에 꾸준한 관심을 두었다.

연구 초기에는 행동주의 심리학에 관심을 두었다. 그러나 개인과 환경 사이의 상호작용에 한계를 느껴 게슈탈트 심리학으로 방향을 전환했다. 그 과정에서 핵심으로 둔 사상이 장 이론field theory이었다. 인간의 행동(B)을 예측하고 이해하기 위해서는 성격, 지능, 연력 등의 개인적인 요소(P)뿐만 아니라 인간관계, 온도, 소음 등의 사회적 환경(E)을 종합적으로 연구해야 한다는 이론으로 그는 이를 $B=f(P.E)$ 함수 공식으로 설명했다.

레빈은 개인의 행동이 사회적 환경에 큰 영향을 받는다고 보았다. 그러한 연장선에서 개념화한 것이 생활공간life space이다. 생활공간은 개인이 그들의 경험과 행동에 의해 영향을 받는 모든 영역을 포함한다. 이는 물리적 공간이면서 동시에 자신을 둘러싼 대상에 개인적인 의미를 부여하는 공간이기도 하다.

레빈의 이론은 개인의 문제에 치중하던 기존의 좁은 영역에서 벗어나 사회과학의 범주에서 집단과 사회에 대한 문제를 다뤘다는 데 큰 의의가 있다.

쿠바드 증후군

Couvade syndrome

아내가 임신했을 때 겪는 다양한 증상을 남편도 같이 경험하는 현상을 말한다. '알을 품다'라는 뜻인 프랑스어 'couver'에서 유래했다. 환상 임신 혹은 동정 임신이라고도 한다. 1965년 영국의 정신분석학자인 윌리엄 트레소언이 처음 언급했는데, 이 증상을 겪는 남편은 입덧, 요통, 체중 증가 등 신체적 증상뿐만 아니라 불안, 우울, 신경과민 등 심리적 증상을 겪는다고 한다. 증상의 정도는 임신 3개월 차에 가장 심하며 점차 약해지다가 출산이 임박해지면 다시 심해진다. 명확한 원인은 밝혀지지 않았으나, 남편에서 아버지가 되는 것에 대한 심리적 압박감, 아내의 아픔을 같이 나누고 싶은 마음 등을 이유로 들 수 있다. 이 증후군을 해소하려면 심리적 안정감을 찾는 게 가장 중요하다.

쿠키 몬스터 실험
Cookie monster experiment

미국 버클리대학교의 대처 켈트너 교수가 1998년에 진행한 실험이다. 3명을 한 조로 묶어 임의로 1명에게 리더의 권한을 부여하고 과제를 할당했다. 30분 후 갓 구운 쿠키 4개를 전달했다. 3명이 1개씩 먹은 후 남은 1개는 대부분 리더로 지목된 사람이 가져갔다. 리더는 쿠키를 쩝쩝 소리를 내며 먹거나 옷에 부스러기를 떨어뜨리는 경향이 강했다. 실험 결과, 임의로 정해졌음에도 리더는 점점 오만해지며 권력의 쾌감에 중독되어 갔다. 권력형 도파민이 분출되는 상태로 보였다. 또한 이들은 비도덕적 행위를 하는 경향이 늘었다. 권력자의 위치에서는 다른 사람이 자신을 어떻게 보는지 크게 신경 쓰지 않기 때문이다. 켈트너 교수는 이러한 권력형 역설에 빠지지 않으려면 자기 모습을 객관적으로 되돌아보는 시간을 가지는 것이 중요하다고 했다.

쿨레쇼프 효과
Kuleshov effect

사람들이 같은 영상, 사진을 봤음에도 평가가 나뉘는 이유를 구소련의 영화감독인 레프 쿨레쇼프는 숏shot 편집 효과로 든다. 숏 화면을 병치할 때 연결 장면에 따라 같은 장면이라도 전혀 다른 정서적 효과를 불러올 수 있다는 것이다. 이를 쿨레쇼프 효과라 부른다.

쿨레쇼프는 배우 이반 모주힌과 함께 이를 실험했다. A, B, C 그룹에게 각각 다른 영상을 보여 줬는데, 모주힌의 무표정 클로즈업은 셋 다 동일했으나, 이후 따라오는 장면이 각각 달랐다. A는 책상 위에 놓인 수프 한 접시, B는 관 속에 누워 있는 여성, C는 귀여운 곰 인형을 가지고 노는 소녀였다. 실험 결과 모주힌의 무표정을 두고 A는 허기가 진 것처럼, B는 깊은 슬픔에 빠진 것처럼, C는 욕망을 느끼는 것처럼 보인다고 말했다. 이는 관객이 자신의 일상에서 보편적으로 연상되는 감정을 그 이미지에 반영했기 때문이다.

인간관계에서 마주하는 갈등도 쿨레쇼프 효과의 영향을 받는다. 상대방에게 특별한 악의가 없음에도 우리는 그날의 기분과 날씨에 따라 상대의 말과 행동을 의심한다. 스스로 상처받고, 상대에게 상처 준다. 그럴수록 그 사람의 본심을 다시 한번 생각해 보면 좋다. 상대의 모습이 자기 심리가 투영된 상태일 수 있기 때문이다. 그것만으로도 우리가 받는 인간관계에 관한 스트레스를 줄일 수 있다.

쿨리지 효과

Coolidge effect

　새로운 대상에게 성적 욕구를 나타내는 현상을 의미한다. 1955년 미국의 생물학자 프랭크 비치가 명명했다. 이 용어는 미국의 제30대 대통령 켈빈 쿨리지와 그의 아내가 농장에서 짝짓기에 열중하는 닭에 관해 농장 주인과 대화하는 데서 유래했다. 일반적으로 남자는 사정 후 동일 대상에 대해 성적 욕구가 정체되는 무반응기를 경험한다. 그런데 새로운 성적 대상이 나타나면 도파민이 빨리 분비되어 무반응기가 단축되거나 제거되는 현상이 나타난다. 신선한 자극에 반응하는 본능, 최대한 많은 유전자를 남기려는 번식 본능 등을 이유로 든다. 새로운 대상이 꼭 새로운 사람을 뜻하지는 않는다. 몸매, 옷차림, 헤어스타일 등에 변화를 주어 기존의 모습과는 다른 모습으로 상대에게 성적 매력을 어필할 수 있다.

....

tip

반복되는 일로 인한 권태를 줄이기 위해 일시적으로 다른 일에 관심을 돌림으로써 일의 효율을 높인다는 의미로 사용되기도 한다.

크랩 멘탈리티 효과

Crab mentality effect

자신이 할 수 없으면 남도 할 수 없다는 심리를 말한다. 어부들이 게를 잡으면 뚜껑이 없는 양동이에 게를 산 채로 던지는 행위에서 유래했다. 언뜻 보면 뚜껑이 없어서 게가 쉽게 탈출할 것 같지만 대체로 양동이를 빠져나오려는 게를 다른 게가 붙잡아 아래로 끌어내리면서 시간이 흘러도 양동이에서 나오는 게는 없다. 일반적으로 자기 삶을 불만족하게 하는 비교 대상을 끌어내리면서 심리적 안정감을 가지는 것을 원인으로 둔다. 자기 주변에 발목을 잡는 게가 많다면 환경을 바꿔야 한다. 자신을 끌어내리는 게가 아닌 함께 밖으로 탈출하는 게가 있는 곳으로 이동해야 한다.

크레스피 효과
Crespi effect

이전에 비해 더 높은 보상과 벌의 강도가 일의 수행 능률에 영향을 미치는 현상을 말한다. 미국의 심리학자 리오 크레스피가 쥐 실험을 통해 크레스피 효과를 입증했다. 크레스피는 쥐를 A, B 집단으로 나눴다. 미로를 탈출할 때마다 상으로 A에게 먹이 1개, B에게 5개를 주었다. 그 결과 B 집단이 더 빨리 미로를 탈출했다. 다음 실험에서는 A에게 먹이 5개, B에게 1개를 주었다. 그 결과, 앞서 B집단이 미로를 통과한 시간보다 더 빨리 A집단이 미로를 탈출했다. B집단은 앞선 A집단의 속도보다 더 늦었다.

크레스피 효과는 일상에서 자주 발생한다. 사장은 직원에게 동기를 부여할 방안으로 연봉, 인센티브 등을 선택한다. 그런데 직원들은 근무 기간이 길어지고 책임감이 늘어날수록 기대심리로 인해 더 큰 인상폭을 기대한다. 학부모가 자녀의 학업 성적 증진을 위해 다가오는 시험에서 일정 점수를 획득하면 옷 한 벌을 선물하겠다고 약속할 경우, 자녀는 나이가 들수록 더 비싸고 좋은 물건 혹은 용돈을 원할 수 있다.

업무 역량의 전문성 및 나이의 증가로 인해 보상을 더 원하는 것은 어쩌면 자연스러운 일이다. 그러나 보상 혹은 벌의 상승폭이 중지 혹은 하락이 되었을 때는 문제가 될 수 있음을 유의해야 한다. 사장이 실적 하락을 이유로 연봉을 동결하거나 삭감하면, 부모가 아이의 버릇이 나빠진다는 이유로 보상을 중단하면, 직원과 아이는 업무를 수행하는 데 부정적인 결과를 유발할 확률이 높다.

tip
크레스피 효과의 중요한 점은 당근과 채찍의 적정량을 찾는 것이다. 그러나 각자 처한 상황이 다르기 때문에 정답은 없다.

〈크리미널 마인드〉

Criminal Minds

2005년부터 방영을 시작한 미국의 범죄 수사 드라마이다. 일반적인 범죄 수사물과 다른 점이라면 미국 연방 수사국 행동분석팀BAU의 이야기를 담고 있다는 점이다. 이 팀은 미국 전역을 이동하며 프로파일링을 통해 끔찍한 범죄를 벌이는 범죄자들의 심리를 분석하고 범인을 검거한다. 인간이 가진 추악하고 잔인한 면을 드라마를 통해 들여다볼 수 있는데, 인간의 관음증적 욕망이 잘 담겨 있다. 한편 각자의 상처와 이야기를 가지고 있는 팀의 요원들이 사건을 해결하는 과정에서 트라우마를 극복해 나가려 하는 모습과 이전보다 한 뼘 성장한 모습에 우리의 모습을 투영할 수 있다.

통제의 환상
Illusion of control

　　객관적인 외부 환경을 자신의 뜻대로 통제할 수 있다고 믿는 심리적 상태를 말한다. 하버드대학교 엘런 랭어 교수가 지칭했으며, 일종의 긍정적인 착각으로 여길 수 있다. 대표적인 사례로 로또를 들 수 있다. 로또 구입 시 많은 사람이 자동 번호가 아닌 자신에게 의미 있는 번호를 기입한다. 무작위 번호를 믿지 못한다기보다는 자신의 비논리적 직감을 믿는 것이다. 연구에 따르면 정신 건강에 긍정적인 기여를 할 수 있다고 한다. 그러나 자신의 능력에 대한 객관적인 평가를 방해함으로써 잘못된 의사 결정을 초래할 수 있음을 주의해야 한다.

tip
통제의 환상은 개인주의가 강한 사람들에게서 더 많이 나타난다고 알려졌다. 아마도 자신의 능력을 과장해서 지각하기 때문일 것이다.

퇴행 효과
Regression effect

미국의 문화인류학자 클리퍼드 기어츠는 1950년 대부터 인도네시아 자바섬에 들어가 수년 동안 현지인의 집단 문화를 연구했다. 기어츠는 현지인들이 1000년 넘게 원시 농업 형태를 유지하는 것을 발견했다. 그들의 생활 방식 또한 1000년 전의 모습과 크게 다르지 않았다. 기어츠는 귀국 후 이러한 현상을 퇴행이라 칭했다. 자바섬의 현지인들은 세상의 진보와 상관 없이 자신의 생활에 만족하고 안주하며 살았다. 그런데 자바섬과 달리 현대 사회에서 퇴행은 혁신 없는 정체를 뜻하고, 정체는 사라짐으로 이어진다. 우리가 퇴행 효과에 빠지지 않으려면 현재 상황에서 개선할 부분을 파악한 후 이를 바탕으로 계획하고 행동해야 한다.

....

tip

기어츠는 저서를 통해 어느 교수가 자신에게 인도네시아에 가서 연구할 의향이 있느냐는 질문을 하기 전까지 인도네시아라는 나라가 어디 있는지도 몰랐다고 한다.

트롤리 딜레마

Trolley dilemma

영국의 철학자인 필리파 풋이 제안했으며, 미국의 철학자 주디스 톰슨이 덧붙여 고안한 사고 실험이다. 우리는 다음 A와 B 상황에서 각각 한 가지 선택을 해야 한다.

A: 트롤리가 빠른 속도로 질주하고 있다. 철길 위에 다섯 명의 인부가 보인다. 속도가 빨라 브레이크는 소용이 없다. 오른쪽 철로로 빠질 수 있으나 그곳에도 한 명의 노동자가 있다.

B: 당신은 철길 위에서 트롤리가 노동자 다섯 명을 향해 달려가는 것을 바라보고 있다. 트롤리를 세우기 위해서는 큰 물건을 던져야 한다. 마침 당신 앞에 몸집이 큰 사람이 난간에 기대고 있다. 그 사람을 밀면 다섯 명의 노동자가 살 수 있다.

A는 응답자의 89%가 오른쪽으로 방향을 바꿔야 한다고 했고, B는 응답자의 78%가 사람을 밀면 안 된다고 대답했다. 언뜻 보면 소수와 다수를 두고 논의하는 윤리적 문제로 볼 수 있다. 그런데 미국의 심리학자 조슈아 그린은 응답의 이유에 초점을 맞췄다. 사람들에게 똑같은 질문을 던진 후 기능성 자기공명영상fMRI으로 응답자의 뇌 활동도를 조사했다. 그 결과 A는 합리적, 이성적인 의사 결정에 관여하는 전전두엽 부위가, B는 정서와 관계된

편도체 부위가 활성화되었다. 이 딜레마에 해당하는 문제들은 윤리적 가치에 해당하는 경우가 대부분인 만큼 명확한 답을 내리긴 어렵다. 그러나 뇌의 두 부위 중에 활성화된 쪽을 선택할 가능성이 높음을 알 수 있다.

....

tip

앞으로 발전할 자율 주행 시스템이 각각의 상황이 낳을 피해를 계산하고 상충하는 법률, 도덕적 기준 등에 따라 개발된다는 점에서 트롤리 딜레마는 우리의 일상에서 멀지 않은 개념으로 볼 수 있다.

〈트루먼 쇼〉
The Truman Show

1998년 짐 캐리 주연의 영화로서 삶을 살아가는 데 많은 질문을 던지게 하는 명작이다. 주인공 트루먼 버뱅크는 작은 섬에서 평범한 삶을 사는 보험회사원이다. 그런데 어느 날부터 자신의 주위에서 일어나는 부자연스러운 일들에 의심을 품기 시작한다. 이후 첫사랑의 한마디로 인해 의심은 확신이 되고, 결국 자신을 제외한 모든 게 거짓임을 알게 된다. 이 영화에서는 트라우마와 관련된 부분을 눈여겨볼 수 있다. 〈트루먼 쇼〉의 총괄 프로듀서인 크리스토프는 트루먼의 생각과 행동에 제약을 주기 위해 아버지의 죽음을 어릴 적 트라우마로 주입한다. 마치 실험심리학에서 연구자가 대상에게 일정 조건을 부여하는 것과 같다. 그럼에도 불구하고 트루먼이 그 누구의 도움 없이 스스로 트라우마를 극복해 나가려는 모습이 매우 인상적인 작품이다.

tip

자신의 삶이 리얼리티 TV쇼를 통해 공개되고 있다고 망상하는 것을 트루먼 증후군이라고도 부른다.

티핑 포인트

Tipping point

미국의 구전동요를 편곡해서 만든 곡인 〈아기 상어〉는 현재 한국뿐만 아니라 전 세계적으로도 파급력이 상당하다. 신나는 리듬과 단순한 가사 그리고 유튜브를 비롯한 SNS의 파급력이 불러일으킨 결과이다. 이처럼 한 지역의 구전동요가 세계적인 이슈로 자리 잡은 원리로 티핑 포인트를 들 수 있다. 작은 일로 인해 균형을 이루던 것이 깨어지고 특정 현상이 급속하게 퍼지는 현상을 일컫는다. 1969년 미국의 경제학자 토머스 셸링이 쓴 논문에서 처음 등장했으며, 이후 세계적인 작가 맬컴 글래드웰의 저서 『티핑 포인트』(김영사, 2020)를 통해 대중화되었다.

티핑 포인트의 큰 특징으로는 전염성이 매우 강하고, 작은 원인이 엄청난 결과를 불러오며, 변화가 극적인 한순간에 발생하는 것을 들 수 있다. 〈아기 상어〉의 경우 유튜브에서 급격한 상승곡선의 시작점이었던 2018년 7월을 극적인 한순간으로 볼 수 있다.

티핑 포인트의 핵심은 작은 아이디어로 빅트렌드를 만드는 것이다. 과거에는 이러한 관점이 기업과 같은 거대한 조직에 해당되었으나 지금은 개인이 브랜드이자 트렌드가 되는 시대이다. 개인이 티핑 포인트에 관심을 두어야 하는 이유이다. 단 그 순간은 절대 갑작스럽게 오지 않는다. 무거운 비행기가 이륙하기 위해서는 일정 속도 이상으로 일정 거리와 시간을 질주해야 한다. 그 시간을 감내하면 언젠간 우리도 극적인 순간을 맞이할 수 있다.

파노플리 효과

Panoplie effect

특정 제품을 구매하면 그 제품을 이용할 것으로 예상되는 집단과 동일해진다고 착각하는 현상을 의미한다. 제품의 특정 기능이 필요하다기보다는 그 집단에 속하고픈 욕구로 볼 수 있다. 1980년 프랑스의 사회학자 장 보드리야르의 저서 『소비의 사회』(문예출판사, 2015)에서 처음 언급되었다. 이 책은 소비 및 여가를 중심으로 1960년대 프랑스 사람들을 분석한 내용이 담겨 있다.

보드리야르는 제2차 세계대전을 기점으로 사회가 생산 중심에서 소비 중심으로 변했으며, 소비자가 물건을 구매하는 행위에도 한 사람의 이상적 자아가 반영된다고 보고, 현대 사회에서 공식적인 계급은 사라졌으나 명품 브랜드가 새로운 계급 사회를 만들었다고 했다. 보드리야르는 이 개념을 설명하기 위해 원래 기사의 갑옷과 투구 한 세트를 가리키는 단어인 파노플리를 빌렸다.

시대가 변하면서 삶의 가치가 많이 바뀌었다. 돈에 여유가 있다면 명품 브랜드의 제품을 구매하는 행위는 그다지 문제가 되지 않는다. 다만, 그러한 여유가 없음에도 단순히 특정 집단에 속하고 싶은 욕망에 이끌려 이루어지는 행동은 일련의 문제를 유발할 수 있다. 손에 쥔 물건만 명품일 뿐 자신의 삶이 특별히 달라지지 않았다면 상대적 박탈감을 받게 되어 우울증까지 불러올 수 있다. SNS의 폐해로 여겨지는 부분 중 하나이다. 또한 예산을 벗어난 과소비는 삶의 질까지 떨어뜨리게 될 수 있음을 유의해야 한다.

tip

명품관, 백화점 등은 파노플리 효과를 이용한 다양한 마케팅 기법을 활용한다.

파랑새 증후군

Blue bird syndrome

벨기에의 극작가 모리스 마테를링크가 쓴 동화 『파랑새』는 두 남매가 꿈속에서 행복의 파랑새를 찾는 여정을 다룬다. 두 남매는 꿈에서 파랑새를 찾지 못하지만, 꿈에서 깨어난 후 파랑새가 자신들의 새장 안에 있음을 깨닫는다. 행복은 먼 곳이 아니라 늘 가까운 곳에 있음을 상징한다. 이 동화에서 유래된 파랑새 증후군은 현실에 만족하지 못하고 미래의 막연한 행

복과 희망을 찾는 증상을 말한다. 눈앞이 아닌 꿈속에서 끊임없이 행복의 파랑새를 찾는 것이다.

일반적으로는 빠르게 변화하는 현대 사회에 적응하지 못하는 직장인을 빗대는 말로 사용된다. 한 조사에 따르면 직장인 10명 중 6명이 이 증후군을 겪고 있다. 직장 생활에서 발생하는 욕구 불만, 스트레스 과다가 주요 원인으로 꼽힌다. 직장인의 업무는 대개 지루하고 반복적인 형태가 많다. 그러한 과정에서 피곤함을 느낄 뿐 아니라 성취에 대한 동기도 떨어진다. 새로운 일과 환경에 대한 욕구가 강할수록 현실과 이상의 괴리감도 커진다. 이러한 증상이 심화되면 우울증 증세로 이어져 현실에 대한 권태를 느낄 뿐 아니라 직장과 가정을 벗어나 훌쩍 떠나 버리고 싶은 충동을 느끼게 된다.

막연한 이상이 아닌 지금의 현실에 만족하고 즐기는 연습이 필요하다. 작은 목표부터 달성해 가며 성취감을 얻거나, 취미를 통해 작은 행복의 기쁨을 온전히 느낄 필요가 있다. 파랑새는 우리 곁에 있음을 잊지 말아야 한다.

파에톤 콤플렉스

Phaethon complex

프랑스의 심리학자 마리즈 슈아지는 자신의 환자를 면밀히 살피다 부모 중 한 사람이나 두 사람 모두의 부재, 상실 등을 경험한 환자들이 공통적으로 태어난 것에 대해 좌절과 죄책감을 느끼고 공격성을 보이는 것을 발견하고, 이 일련의 증상을 그리스 신화에 나오는 파에톤에 빗대 명명했다.

파에톤은 아폴론 이전의 태양신이었던 헬리오스와 인간 사이에서 태어난 혼외 자식이다. 그는 헬리오스의 사랑을 충분히 받지 못하고 자랐으나, 스스로 태양신의 아들이라 여겼다. 그런데 하루는 주변에서 파에톤을 거짓말쟁이로 몰자 실망한 파에톤의 슬픔을 달래주기 위해 헬리오스는 소원을 말하라 하고, 파에톤은 태양신의 마차를 한 번만 몰게 해 달라고 한다. 말들은 파에톤을 태운 채 제멋대로 날뛰었고, 보다 못한 제우스는 파에톤에게 번개를 던져 그를 죽게 한다.

파에톤 콤플렉스를 가진 사람은 비정상적으로 민감성이 높다. 타인의 인정을 원하는 욕구가 강해질수록 고독감도 높아져 신경증, 우울증 증세를 일으키기도 한다. 경쟁이 심한 구성원 사이에서 증상이 심해진다고 알려져 있다. 이 콤플렉스에서 벗어나기 위해서는 자신을 자랑스러워하며 스스로 칭찬과 격려를 건네야 한다. 나를 인정함으로써 자신만의 가치를 재발견할 수 있다.

파킨슨의 법칙
Parkinson's law

1958년 영국의 행정학자 시릴 노스코트 파킨슨은 자신의 경험을 바탕으로 쓴 저서 『파킨슨의 법칙』(21세기북스, 2010)에서 업무량과 상관없이 공무원의 수가 지속해서 증가하고 있음을 의미하는 파킨슨의 법칙을 통계학적으로 증명했다. 파킨슨은 1914년부터 1928년까지 14년 동안 해군 장병과 군함의 수는 줄었으나, 해군 부대에 근무하는 공무원의 수는 기존에서 80% 가량 증가했음을 밝혔다. 또한 제2차 세계대전 이후 영국이 관리해야 할 해외 식민지가 줄었음에도 불구하고 영국 식민청의 근무자 수는 매년 5~6%씩 증가했다고 말했다.

파킨슨은 이러한 현상이 일어나는 중요한 이유로 비효율적인 보고 체계를 들었다. 조직 내 의사소통이 원활하지 않은 상황에서 보고 체계가 복잡하다 보니 서로가 서로의 일거리를 만들어 낸다. 즉 일이 많아서 사람이 느는 게 아니라 사람이 많아서 해야 할 일이 늘어나는 것이다.

우리는 이 법칙을 통해 환경적 요인이 인간의 행동에 어떠한 영향을 미치는지 알 수 있다. 대부분 조직은 한정된 시간과 자원 내에서 어떠한 성과를 이루려 한다. 시간과 자원이 늘어나면 더 좋은 결과를 얻을 수 있을 거라 생각하지만, 부수적인 일들이 추가되어 업무의 효율성을 떨어트려 오히려 생산성이 저하되는 결과를 불러올 수 있다. 오히려 업무를 분담하고 조직화하는 방법을 찾는 것이 더욱 효율적일 수 있다.

파파게노 효과
Papageno effect

1980년대부터 오스트리아 빈에서 지하철 자살률이 급증했다. 전문가들은 자살 방법을 상세히 묘사하는 언론을 주요 원인으로 밝혔다. 시에서는 자살 사건을 보도하지 말아 줄 것을 요청했고, 대부분 언론이 이를 받아들이면서 오스트리아의 자살률은 절반 수준으로 감소했다. 이처럼 자살과 관련한 언론 보도를 자제하거나 신중한 보도 태도를 취함으로써 자살을 예방하는 현상을 파파게노 효과라 말한다. 이 효과는 사회 질서를 유지하기 위해 사람들이 지켜야 할 행위 기준인 사회적 규범과 직접적인 연관성을 보인다. 언론이 자살이 부적절하다는 메시지를 강조하면 사회적 규범으로 자살을 예방할 수 있는 것이다.

tip

파파게노는 오페라 〈마술피리〉에 등장하는 인물의 이름이다. 파파게노가 연인 파파게나를 잃고 절망한 나머지 자살을 시도한다. 이때 세 요정이 나타나 희망의 노래를 들려주고, 파파게노는 자살을 선택하지 않는다. 이후 파파게나가 다시 나타나 둘은 행복한 삶을 이어 간다.

펫 로스 증후군

Pet loss syndrome

반려동물 양육 인구가 약 1500만 명에 이르는 시
대가 되었다. 단순히 동물을 집에 키우는 것이 아닌 소중한 사람
을 대하듯 반려동물을 아끼고 사랑하는 사람이 많아졌다. 반려
동물을 키우며 정서적 외로움을 해소하기도 하며, 감정을 공유
하는 존재로 여기기도 한다. 자연스럽게 생활 패턴도 반려동물
중심으로 바꾸게 된다. 그리고 그러한 반려인이 늘어날수록 반
려동물이 갑작스럽게 세상을 떠날 때 우울감, 상실감을 느끼는
펫 로스 증후군 증상을 보이는 사람도 늘어나고 있다.

이 증상은 가족이나 연인을 떠나보낸 것처럼 깊은 슬픔과 아
픔을 느끼게 한다. 관계의 상실로 여기는 것이다. 반려동물을 떠
나보낼 때 반려인은 일반적으로 5단계 마음의 변화를 거친다.
부정과 고립, 분노, 협상, 우울, 수용이다. 두통, 소화불량 등의
신체적 불편을 느끼며 우울증, 공황 장애 등 정신적 고통을 호소
하기도 한다. 반려동물의 죽음을 자신의 책임이라 여기며 죄책
감을 크게 느끼는 사람일수록 증상이 심해진다. 일반적으로 애
도 기간이 6개월 이상이라면 전문가의 도움이 필요하다. 도움 없
이 1년 이상 증상이 지속되면 외상 후 스트레스 장애로 악화될 수
있다.

심리학자들은 사람보다 기대 수명이 짧은 동물의 특성상 자신

보다 생을 먼저 마감할 수 있음을 인지하는 것이 좋다고 말한다. 미리 이별을 준비하는 자세가 필요한 것이다. 자신과 슬픔을 공감할 수 있는 사람들과 슬픈 감정을 공유하는 것도 좋다. 주변의 공감과 대화는 펫 로스 증후군을 극복할 수 있는 큰 힘이 된다.

tip

'무지개다리 건넜다'라는 표현의 시작은 정확히 알려진 바가 없으나, 존 던의 시집 『무지개다리(The Rainbow Bridge)』에서 유래되었다고도 한다.

편견 효과
Prejudice effect

어떤 사물이나 현상에 대하여 한쪽으로 치우친 생각을 편견이라 하며, 이로 인해 그 집단에 속한 사람들에게 불이익을 주는 현상을 편견 효과라고 부른다. 대부분의 현상에는 긍정과 부정의 측면이 공존한다. 그런데 우리가 편견을 대개 부정적으로 여기는 데는 편견이 단순히 감정에 그치지 않고 차별하는 행동으로 이어질 수 있기 때문이다. 그중에서도 역사적으로 오랜 뿌리를 가진 종교, 인종 등에 대한 편견은 의도치 않았음에도 사회적으로 증폭되는 경우가 있음을 늘 유념해야 한다. 우리는 타인의 관점에서 현상을 바라보려는 노력을 통해 편견을 최소화할 수 있다.

평강공주 콤플렉스

연애를 하다 보면 '내가 아니면 이 사람을 누가 챙겨 주겠어. 내가 없으면 아무것도 못 하지'라고 생각하며 상대에게 정성을 다하는 사람이 있다. 누군가는 내조라고 말하기도 한다. 자신의 노력으로 부족한 사람의 능력을 개발시켜 주고 그 성공을 통해 성취 및 만족감을 느낀다. 그런데 단순히 한 사람이 아닌 만나는 사람마다 이러한 감정이 생긴다면 평강공주 콤플렉스를 의심해 볼 필요가 있다. 이 용어는 여러모로 부족한 바보 온달을 장군으로 만든 평강공주의 이야기에서 비롯되었다. 원인으로 역할 역전reversal이 언급되는데, 이는 자신이 받고 싶은 욕구를 타인에게 전가하는 행동으로 나타나는 방어기제로, 누군가에게 헌신하는 사람들에게 자주 보인다. 상대를 통제하거나 강박하는 형태로 변할 수도 있기에, 스스로 마음에 여유를 줄 필요가 있다.

---

tip

부와 능력을 갖춘 여성을 만나 출세하고 싶은 남성의 심리를 온달 콤플렉스라고 한다.

〈포레스트 검프〉

day 326

Forrest Gump

1994년에 개봉한 영화로서 미국의 소설가 윈스턴 그룸의 동명 소설을 바탕으로 했다. 주인공 포레스트 검프는 낮은 지능과 불편한 다리로 인해 학교에서 놀림과 따돌림을 받는다. 하루는 또래들의 따돌림을 피해 도망치던 중 자신에게 누구보다 빠르게 달릴 수 있는 재능이 있음을 발견한다. 영화는 그 이후 벌어진 수많은 일을 담아낸다. 검프는 긍정심리학을 몸으로 실천한 인물로 볼 수 있다. 강인한 어머니의 영향으로 매사 긍정적인 마인드를 가졌고, 긍정적인 생각을 바탕으로 순간 떠오르는 고민을 주저하지 않고 행동으로 옮김으로써 어릴 적 트라우마를 스스로 극복해 냈다.

....

tip

영화의 명대사 중 한 가지는 "인생은 초콜릿 상자와 같단다. 실제로 먹어 보기 전까지는 어떤 맛이 걸릴지 아무도 몰라"이다. 즉 어떤 초콜릿을 선택하느냐에 따라 맛이 달라지듯, 인생도 어떻게 선택하느냐에 따라 달라진다.

465

포모 증후군
FOMO syndrome

우리는 가끔 세상에서 자신만 홀로 남겨진 것 같은 느낌을 받는다. 단순히 외로움을 넘어 두려움 이상의 고립된 공포를 경험하기도 한다. 이러한 현상을 포모FOMO, fear of missing out 증후군이라 부른다. 원래 포모는 제품의 공급량을 줄여 소비자를 조급하게 만드는 마케팅 기법이었다. 제품 판매 시에 흔히 보는 '매진 임박'이 대표 사례이다. 하버드대학교에서 포모를 사회 병리 현상으로 받아들인 논문이 나오면서 본격적인 사회현상으로 받아들여지게 되었다.

포모 현상은 SNS의 확산으로 인해 더욱 심화되고 있다. 인간은 사회적 동물로서 타인과 새로운 관계를 맺고 싶어 하고, 자신이 원하는 집단에 소속되길 원한다. SNS는 이러한 욕구를 촉진하고 확장시킨다. SNS에서 타인과 단절될지도 모른다는 불안감은 사회적 박탈감으로 연결되고, 그럴수록 SNS에 더욱 집착, 의존하게 되며 중독으로 이어져 고립과 소외에 대한 두려움을 더욱 키우게 된다.

사회의 시선에 휩쓸려 타인의 행동을 무작정 따라가는 것은 오히려 더욱 고립시키는 역할을 한다. 자신을 객관화함으로써 주의를 환기할 수 있다. SNS를 하는 사람이라면 활동을 멈추긴 힘들지라도 사용 횟수를 줄이는 게 좋다. 디지털 디톡스를 통해 자신에게 온전히 집중할 시간을 만드는 것이다.

폰 레스토프 효과
Von Restorff effect

평범한 것보다 독특하거나 차별화된 것이 더 잘 회상되는 현상을 말한다. 독일의 심리학자 헤트비히 폰 레스토프가 명명하였다. 일반적으로 주변에 눈에 띄게 다른 자극이 주어지거나 사람들이 기억하는 내용과 다른 자극이 주어졌을 때 나타난다. 예를 들어 면접에서 다른 사람들이 일반적으로 하는 멘트가 아닌 참신하면서도 자극적인 멘트로 상대의 시선을 끄는 것을 들 수 있다. 이 효과는 마케팅, 광고에 주로 활용된다. 오프라인에서는 간판, 인테리어를 색다르게 하며, 온라인에서는 네이밍, 이미지를 독특하면서도 매력 있게 구성한다.

tip

대표적인 사례로 스마트폰 메신저 앱에 뜨는 알림 표시를 들 수 있다. 수많은 앱 사이에서도 빨간색 원과 그 안에 들어간 흰색 숫자가 강조된다.

폴리아나 효과

Pollyana effect

사람들이 어떤 사람과 상황을 평가할 때 대체로 긍정적으로 여기려는 현상으로, 긍정성 편향이라고도 한다. 미국 여성 작가 엘리너 포터의 소설 『폴리아나』의 주인공 폴리아나의 성격에 비유해 나온 이름이다. 폴리아나는 가난한 목사의 딸로 태어나 여러 환경적인 어려움에 처하지만, 매사 긍정적인 마음으로 순간을 살아가고, 이는 단순히 한 사람의 변화가 아닌 마을 전체의 변화를 불러온다. 작품이 유명해지면서 폴리아나 자체가 긍정을 대변하는 대명사가 되었다. 폴리아나와 비슷한 인물로 빨강머리 앤을 들 수 있다.

tip

일부 심리학자는 폴리아나 효과를 폴리아나 증후군으로 바꿔야 한다고 말한다. 삶의 긍정적인 면에만 집중하면 곤란한 상황에 부딪혔을 때 해결에 어려움을 겪을 가능성이 있기 때문이다.

풍선 효과
Ballon effect

어떤 현상이나 문제를 억제하면 다른 곳에서 새로운 문제가 불거져 나오는 현상을 말한다. 풍선의 한 곳을 누르면 다른 곳이 불룩 튀어 나오는 모습에 빗댄 표현이다. 남미 국가에서 벌어지는 마약의 생산 및 유통을 근절하려는 미국 정부의 단속이 강화되었음에도 단속이 약한 지역으로 옮겨다니며 마약 판매가 계속 이루어지는 현상을 설명하는 데서 시작되었다. 이러한 데는 인간의 본능적인 욕구와 연관성이 있다. 타의에 의해 개인의 욕구가 억제되면 개인의 욕구는 새로운 방식으로 표출되거나 대체 수단을 찾아 밖으로 꺼내진다. 이러한 점에서 풍선 효과는 일종의 자아 방어기제로도 볼 수 있다.

....

tip

최근에는 부동산 정책이 언급될 때마다 풍선 효과란 단어가 꼬리표처럼 붙는다. 특정 지역의 과열을 억제하기 위해 규제를 강화하면, 다른 지역에서 과열이 발생한다는 의미에서 사용된다.

프랑켄슈타인 콤플렉스

Frankenstein complex

로봇 혹은 최첨단 과학에 대해 불안을 느끼는 인간의 심리를 말한다. 미국의 소설가 아이작 아시모프가 자신의 소설에서 처음으로 언급했다. 영국의 소설가 메리 셸리가 쓴 소설 『프랑켄슈타인』은 SF 소설의 원조 격으로 여겨진다. 소설은 지적 욕망에 눈이 먼 과학자인 프랑켄슈타인에 의해 탄생한 괴물이 복수하는 내용을 담고 있다. 아시모프는 최첨단 과학에 대한 대중의 부정적인 인식을 해소시키기 위해 로봇과 과학이 우리의 삶에 공존할 수 있음을 소개하는 작품을 주로 썼다.

....

tip

18세기 유럽에서는 전기로 죽은 생명을 살릴 수 있다고 주장한 갈바니즘(galvanism)이란 과학 이론이 유행했다. 메리 셸리는 전기 충격만 가하면 죽은 개구리도 살아나는 과학 실험을 보고 영감을 받아 『프랑켄슈타인』을 썼다고 한다.

프레이밍 효과

Framing effect

물이 절반 채워진 컵을 보면 "절반이나 남았네"라고 하는 사람이 있는 반면, "절반밖에 안 남았네"라고 말하는 사람도 있다. 우리가 흔히 긍정적, 부정적 사고를 이야기할 때 드는 예이다. 대니얼 카너먼은 이러한 현상을 틀frame로 보았으며, 동일한 사실도 틀에 따라 달리 해석한다는 것에 집중했다. 즉 같은 문제라도 어떤 방식으로 질문하느냐에 따라 사람들의 선택이나 판단이 달라진다고 보고, 이를 프레이밍 효과로 칭했다.

대니얼 카너먼과 아모스 트버스키는 이 효과를 연구하기 위해 한 가지 실험을 진행했다. 600명이 치명적 질병에 감염되었다는 전제 아래 두 가지 치료법을 제시한 후 한 가지를 선택하는 방식이었다. 1그룹에게는 '200명이 살 수 있다(A)'와 '환자 전체가 살 수 있는 확률 33%, 아무도 살지 못할 확률 67%(B)'를 제시했다. 그 결과 A를 선택한 사람이 3분의 2 이상이었다. 2그룹에게는 '400명이 죽는다(C)', '아무도 죽지 않을 확률 33%, 모두가 죽을 확률 67%(D)'를 제시했다. 그 결과 D를 선택한 사람이 3분의 2 이상이었다. A와 C, B와 D는 같은 내용이었으나 사람들의 선택은 다른 결과를 보였다. 즉 긍정적인 생각을 심어 줄 경우 확실한 이득을 선호하며, 부정적인 생각을 심어 줄 경우 불확실한 손실을 선호함을 알 수 있다.

프레이밍은 사람들의 사고를 제한시킨다는 측면에서 강력한 커뮤니케이션 방법이다. 개인 간의 소통에서 긍정적인 언어를 사용하고 부정적인 언어를 피함으로써 상대의 긍정적인 반응을 유도할 수 있다.

tip

2009년 서울우유가 우유 팩 상단에 제조일자를 표기해 제조일자를 확인하자는 마케팅을 펼쳤다. 우유를 선택하는 기준의 틀을 변화시킴으로써 서울우유에 대한 고객의 신뢰도를 높일 수 있었다.

프로메테우스 콤플렉스

Prometheus complex

자신의 윗사람에게 반하는 결정을 해서라도 많은 지식을 탐하려는 인간의 심리를 말한다. 그리스 신화에 등장하는 프로메테우스의 행동에 빗대어 생긴 명칭이다. 프로메테우스는 본래부터 신들의 것으로 여겨졌던 불을 훔쳐 인간에게 보급함으로써 제우스의 화를 불러, 그에 대한 벌로 코카서스 바위산에 강력한 쇠사슬로 묶인 채 날마다 독수리에게 간을 쪼여 먹히는 고통을 겪게 되었다. 이 콤플렉스는 기술의 진보를 불러온다는 점에서 긍정적이나, 더 많은 지식을 추구하는 끝없는 열망이 탐욕으로 변질되어 자신을 옭아맬 수 있음을 유의해야 한다.

tip

프랑스의 철학자 가스통 바슐라르는 지적 삶에서의 오이디푸스 콤플렉스라고 명하기도 했다.

프로크루스테스 콤플렉스

Procrustes complex

무슨 일을 할 때 자신만의 기준을 가지고 행동하려 하는 것은 인간의 본성이다. 그런데 누군가는 현상을 자신의 기준으로만 해석하고 안주하려 한다. 이러한 심리를 프로크루스테스 콤플렉스라고 하며, 프로크루스테스의 침대라고도 부른다. 그리스 신화에 나오는 프로크루스테스의 이야기에서 유래되었다. 9척 거인인 프로크루스테스는 길을 지나가는 나그네를 상대로 강도질을 일삼았는데, 나그네를 자신의 침대에 눕혀 놓고 나그네의 키가 침대보다 길면 그만큼 잘랐고, 작으면 억지로 침대 길이만큼 늘여서 죽였다. 이후 아테네의 영웅 테세우스에게 잡혀 자신이 저지르던 방법으로 죽임을 당했다.

일반적으로 융통성이 부족하거나 아집과 편견이 강한 사람 혹은 현상에 비유된다. 눈과 귀를 닫은 채 자신의 기준에 안주해 버리면 시대 흐름에 따른 환경 변화에 적절하게 대응하지 못해 위기를 맞을 수 있다. 내부 규정에만 얽매여 고객이나 다른 구성원의 소리를 제대로 듣지 못하거나, 일관성이나 형평성 없이 고무줄처럼 탄력적으로 인사 평가를 하는 기업은 생존 경쟁에서 뒤처지기 마련이다. 콤플렉스가 심화되면 기업의 존폐마저 걱정해야 한다.

프로크루스테스의 침대는 누가 오든 그 사람의 키에 따라 길이가 변했다고 한다. 즉 누가 오든 프로크루스테스의 마음먹기에 따라 생사가 결정됐다. 역설적이지만 우리도 마음가짐의 변화만으로 이 콤플렉스에서 벗어날 수 있다.

프로테우스 효과

Proteus effect

　　　　자신을 어떻게 인식하느냐에 따라 나타나는 행동이 달라지는 현상으로, 타인이 바라보는 나보다 스스로를 어떻게 인식하느냐가 더 중요하게 작용한다. 프로테우스 효과는 디지털 환경에서 더욱 효과를 발휘하는데, 미국 스탠퍼드대학교의 연구팀에 따르면 가상현실 속 아바타의 모습에 따라 일상생활에서 보이는 행동에도 변화가 생기는 것이 확인됐다. 이를테면 키가 작은 사람이 키 큰 아바타를 만들면 현실에서 키에 대한 자신감을 가지고 행동하는 것이다. 한 연구팀에 따르면 사진 보정을 하는 것만으로도 외적 자신감을 상승시킬 수 있다고 한다. 이러한 행동을 그리스 신화에 나오는 프로테우스에 빗댄 용어가 프로테우스 효과로, 프로테우스는 변신술이 뛰어나 무엇으로든 바뀔 수 있는 바다의 신이다.

....

tip

자신의 모습을 잘 바꿔 가며 사회와 조직에 효과적으로 적응하는 사람을 프로테우스 인간이라고 부른다.

Fritz
Perls

프리츠 펄스

독일의 정신과 의사이자 심리학자인 프리츠 펄스는 아내인 라우라 펄스와 함께 게슈탈트 치료법을 고안했다. 연구 초기에는 프로이트의 정신분석학에 영향을 받았으나 과거에 얽매인다는 한계를 발견하고, 이후 정신분석연구소에서 활동하며 게슈탈트 치료법을 발전시켰다.

게슈탈트 치료는 인본주의 심리학에 뿌리를 두고 있다. 인간이 출생부터 사망에 이르기까지 환경에 적응하며 자신의 정체감을 형성한다고 보고, 그 과정에서 자기를 실현해 나간다고 했으며, 지금-여기에 대한 인식을 강조했다.

프리츠 펄스는 분명하고 강한 게슈탈트를 형성할 수 있다면 건강한 삶으로 이어질 수 있다고 생각했고, 게슈탈트를 형성한다는 것을 어느 한 순간에 본연적 감정이나 욕구에 의식의 초점이 맞춰지는 것이라 여겼다. 예를 들어 배가 고플 때 배고픔이란 감정에 초점이 맞춰지고, 그때 하던 다른 일은 초점 밖에 놓인 대상으로 인식되는데, 이때 관심의 초점이 되는 부분을 전경figure, 관심 밖에 놓인 부분을 배경background이라고 칭했다.

게슈탈트 치료의 중요한 목적은 알아차림awareness의 증진으로, 자신의 욕구와 감정을 정확하게 알아차림으로써 해소의 단계로 다가갈 수 있는데, 상담자는 내담자가 그 순간을 충분히 경험할 수 있도록 도와주는 역할을 한다고 보았다. 현재 미술, 연극, 춤 등 다양한 예술 분야에서 게슈탈트 치료 이론을 기반으로 두고 치료법을 활용하고 있다.

플라세보 효과

Placebo effect

"엄마 손은 약손"이라는 말이 있다. 어머니가 이 말을 하면서 자신의 배를 쓸어 주면 마치 약을 먹은 것처럼 복통이 사라지는 것 같다. 이처럼 약의 실제 효능과 무관하게 치료 효과를 높여 주는 현상을 플라세보 효과 혹은 위약偽藥 효과라고 부른다. 라틴어로 'placebo'는 '좋아지게 하다, 기쁨을 주다'란 뜻이다.

플라세보 효과의 대표 사례로 제2차 세계대전에 의무병으로 참전한 미국의 마취과 의사 헨리 비처를 들 수 있다. 비처는 전쟁터에서 진통제인 모르핀이 부족하자 부상자들에게 모르핀을 놔준다고 말하며 생리 식염수를 주사했다. 그 결과 많은 병사의 통증이 호전되는 현상을 보였다. 비처는 귀국 후 실제 약효가 없는 가짜 약이나 치료 방법으로도 실제 치료 효과를 볼 수 있다는 논문을 발표했다.

심리학자들은 다양한 연구를 통해 플라세보 효과에 몇 가지 특징이 있음을 밝혔다. 먼저 우울증, 불면증과 같은 심리 상태에 영향을 받기 쉬운 질환에 걸린 사람일수록 크게 영향을 받았다. 다음으로 똑같은 약일지라도 비싸다고 생각하고 복용하면 효과가 더 좋았다. 또한 환자가 의사와 병원을 신임할수록 효과가 더 컸다.

　의료계 일각에서는 플라세보 효과에 의구심을 품었다. 잘못된 의학 지식이 환자들에게 더 큰 문제를 야기할 수 있기 때문이다. 그렇다고 플라세보 효과를 무조건 가짜 혹은 속임수라 치부할 순 없다. 뇌 영상학이 발전하면서 플라세보 효과는 위안제 혹은 치료제로서의 역할을 입증하고 있다.

....

tip

플라세보 효과에서 중요한 점은 긍정적이고 적극적인 심리 상태가 우리 삶에 큰 영향을 미칠 수 있다는 것이다.

플린 효과
Flynn effect

　　　　　　시간이 지날수록 다음 세대의 지능지수가 계속
높아지는 현상을 말한다. 인간의 지적 영역의 진보를 의미하기
도 한다. 1980년대 뉴질랜드의 심리학자 제임스 플린은 미국의
신병 지원자 평균 지능지수가 10년마다 3점씩 올라간다는 사실
을 발견했다. 이후 조사 범위를 넓혔고 더 많은 국가에서 비슷한
결과를 얻었다. 오늘날 성인의 평균 지능지수를 100으로 본다면
100년 전의 평균은 현재 기준으로 70 전후로 볼 수 있다. 100년
전 사람들의 절대적인 지능이 떨어졌다고 보긴 힘들다. 전체적
인 점수가 높아졌다기보다는 추상적인 문제를 해결하는 점수가
주로 향상되었다고 할 수 있다.

　지능지수의 상승 요인으로 몇 가지가 이야기된다. 첫 번째는
교육의 기회 확대다. 학교에서 배우는 최소한의 기본 학습뿐만
아니라 다양한 영역에서 지식을 습득할 수 있게 되었기 때문이
다. 두 번째는 시각적 정보를 처리하는 속도의 증가이다. 인터넷
과 미디어의 발달로 인한 시각적 정보의 처리 속도가 영향을 미
쳤다는 것이다. 세 번째는 영양의 풍요로움이다. 보다 건강해진
생활환경으로 인해 두뇌에 긍정적인 영향을 미쳤다는 것이다.

　그런데 최근 몇몇 연구에 따르면 역플린 효과가 발생하고 있
다. 세대가 흐를수록 지능지수가 오히려 감소한다는 것이다. 주

요 원인으로 기술의 발달로 인한 환경의 변화를 꼽는다. 이제는 단어 뜻을 찾기 위해 두꺼운 종이 사전을 찾지 않아도 되고, 복잡한 수 계산은 컴퓨터에 공식만 입력하면 되는 세상이 되었다. 우리의 뇌가 점점 편해지면서 지능의 발달이 역행하는 것이다.

---

tip

지능지수의 상승이 실제적인 지적 능력의 향상으로 이어지는지에 대해서는 의견이 분분하다.

피그말리온 효과
Pygmalion effect

타인의 기대나 관심으로 인해 좋은 결과를 얻게 되는 심리적 현상을 말한다. 피그말리온 효과는 그리스 신화에서 유래되었다. 고대 로마의 시인 오비디우스가 집필한 『변신 이야기』에서 현실의 여성에게 관심을 두지 않던 키프로스의 조각가 피그말리온이 아름다운 여인상을 조각한다. 그 여인상은 너무나 정교하고 아름다워 살아 있다는 착각마저 불러일으킬 정도였다. 피그말리온은 그 여인상을 진심으로 사랑하게 되었고, 그 모습을 지켜보던 미와 사랑의 여신 아프로디테는 여인상을 진짜 사람으로 만들어 준다. 피그말리온은 여신상에서 여인이 된 갈라테이아와 함께 남은 생을 보낸다.

....

tip ①

우리가 긍정적으로 생각해야 하는 이유는 바라는 대로 이루어질 수 있기 때문이다.

tip ②

극작가 버나드 쇼는 피그말리온 신화의 결말에 의문을 품어 자신의 희곡 『피그말리온』에서 기존의 결말을 꼬았다. 그런데 버나드 쇼의 『피그말리온』을 바탕으로 만든 영화 〈마이 페어 레이디〉는 버나드 쇼의 희곡의 결말을 꼬았다.

피크엔드 법칙

Peak-end rule

과거의 경험에 대해 평가를 내릴 때 절정을 이룬 순간peak과 마지막의 경험end에 따라 결정하는 경향을 말한다. 1993년 이스라엘 출신의 심리학자 대니얼 카너먼이 명명했다. 카너먼의 연구팀은 A팀에게 14도의 차가운 물에 60초간 손을 담그게 했고, B팀에게는 14도의 차가운 물에 60초, 이후 15도의 물에 30초 동안 담그게 했다. 실험 결과 재경험 시 80%가량이 B를 선택했다. 고통을 겪는 절대적인 시간이 긴 것보다 마지막이 덜 고통스러운 경험을 택한 것이다.

단순히 끝이 좋으면 다 좋다는 의미가 아니다. 예를 들면 영화를 평가할 때 마지막 장면만을 두고 판단하기보다는 영화에서 가장 핵심이었던 순간(피크)과 마지막 장면(엔드)의 평균값으로 작품을 평가하는 것이다. 이러한 원인으로 기간 무시를 꼽을 수 있다. 사람은 행위가 진행되는 기간 자체에 생각보다 민감하지 않다는 의미이다. 경험의 길이보다는 과장된 절정의 순간이 뇌리에 더 각인된다.

이 법칙은 다양한 분야에서 쉽게 만날 수 있는 만큼 우리에게 익숙한 현상으로 여겨진다. 다만 이 법칙은 경험의 피크나 마지막에 중심을 두는 만큼 중간 부분의 경험을 간과할 수 있다. 예를 들어 한 가수의 공연이 무난히 잘 진행되었다고 해도 가장 유명한 노래나 마지막 곡에서 실수가 있었다면 관객은 불만족을 느낄 수 있다. 이 법칙을 적용할 때는 경험의 전반을 고려하면서 경험의 피크나 마지막이 실제로 중요한 요소인지를 판단해야 한다.

....

tip

피크엔드 법칙을 잘 활용한 예로 미국 코스트코의 핫도그를 꼽을 수 있다. 34년간 가격 변동이 없는 핫도그는 미끼 상품임에도 불구하고 코스트코의 매출 견인을 책임진다. 저렴하면서도 맛있는 핫도그를 먹기 위해 코스트코를 방문하며, 덕분에 코스트코에서의 쇼핑도 더 잘했다는 기분이 들게 한다.

피터의 원리

Peter principle

종종 주변에서 무능력하고 무책임한 사람들을 보게 된다. 그들이 자신에게 어떠한 피해를 주지 않는다면 크게 상관없을지라도 그게 아니라면 여러모로 스트레스를 받게 된다. 컬럼비아대학교 교수 로런스 피터는 작가 레이먼드 헐과 함께 쓴 『피터의 원리』(21세기북스, 2019)에서 무능력과 무책임이 개인의 역량보다는 위계 조직에서 보편적으로 발생한다고 보았다.

피터의 원리에 따르면 먼저 조직 내의 구성원은 모두 자신의 무능이 드러날 때까지 승진하려는 경향이 있다. 시간이 지남에 따라 자연스럽게 모든 직위는 그 업무를 수행하는 데 필요한 능력을 가지고 있지 않은 구성원들로 채워지게 된다. 애석하게도 그들은 자신의 능력을 넘어서는 업무를 할당받기에 맡은 일들을 완수하지 못하게 되고, 결국 아직 무능해지지 않은 사람들이 일을 완수한다.

더는 승진할 수 없는 직위에 도달했다고 직감적으로 느낀 사람은 자신의 무능력을 감추기 위해 다양한 노력을 한다. 무능력의 원인을 게으름으로 여겨 의도적으로 더 열심히 일함으로써 극복하려 하고, 종이공포증, 책상기피증, 전화중독증 등 자신의 주변에 있는 것에 두려움 혹은 강박을 느끼기도 한다.

승진만을 위해 앞만 보고 달리는 경주마가 되기보다는 정확한 목적의식을 가지고, 자신의 지위에 맞는 시야와 능력을 갖추는 것이 중요하다. 더불어 조직에서도 승진 후 새로운 역할 수행에 필요한 교육의 기회가 충분히 주어져야 할 것이다.

....

tip

무능한 경영자는 이전에 진급시킨 사람이 무능력하지 않다는 것을 증명하기 위해 무능한 직원을 승진시키는 경향이 있다. 전형적인 조직 내 악순환 구조이다.

피터팬 증후군

Peter Pan syndrome

　　어른은 종종 아이로 남고 싶은 마음이 들곤 한다. 생존 경쟁이 치열한 사회생활에서 벗어나 돈 걱정 없이 재미있고 행복하게 살 수 있을 것 같기 때문이다. 대부분 이러한 생각을 상상으로 남겨 두지만, 누군가는 현실에 반영하려 한다. 몸은 어른이 되었으나 마음은 순수한 어린 시절의 그때와 같다고 여긴다. 마음이 덜 성숙한 채로 어른으로서 책임의 무게를 지지 않으려 한다. 마치 '어른아이'와 같다. 이러한 증상을 피터팬 증후군이라고 한다.

1983년 미국의 심리학자 댄 카일리가 제임스 매튜 배리의 동화 『피터팬』에서 가져온 것으로 자신의 저서 『피터팬 증후군The Peter Pan Syndrome』에서 처음 사용했다. 동화의 주인공 피터팬은 책임감이 부족하고 타인이 자신에게 거는 기대의 무게를 견뎌내지 못한다. 오히려 현실에서 12살인 웬디를 엄마처럼 여기며 의존한다. 꿈과 환상의 세계 네버랜드에서 어른이 되지 않고 영원히 아이로 남길 원하는 전형적인 어른아이다.

카일리는 피터팬 증후군의 증상이 나이별 단계에 따라 달라진다고 말한다. 초등학생 시기에는 나이는 먹었지만, 스스로 자신의 일을 할 능력이 모자라 책임을 지려 하지 않는다. 중학생 시기 전후에는 겉으로는 명랑하지만 마음은 늘 불안하며, 고등학생 즈음에는 고독을 싫어하여 조직의 구성원으로 속하고 싶어 한다. 성인이 되면 자기만족에 빠지며, 이후 무기력증을 동반한 현실 세계 도피 증상을 일으킨다.

초기 연구 당시에는 남성 중심의 심리로 여겨 경기 침체와 더불어 여권 신장을 이유로 들었다. 현재는 남녀 구분 없이 자라 온 성장 환경에 중심을 둔다. 어릴 적부터 부모에게서 물질적인 혜택을 충분히 받으며 수동적인 삶을 살아온 아이들이 경쟁 사회에 내던져졌을 때 심적으로 견딜 만한 준비가 되지 못함으로써 발생한다고 본다. 현실을 인정하지 않으려는 마음인 부정과 스트레스를 받으면 자신도 모르게 이전 성숙 단계의 습관으로 돌아가는 퇴행을 방어기제로 사용한다. 가끔은 원하는 것을 가질 수 없던 환경에서 자란 사람에게서 나타나기도 한다.

피터팬 증후군을 겪는 사람은 심신으로 독립을 두려워하는 경향이 있다. 나이가 들어서도 부모에게 등록금과 용돈 등을 받아 가며 함께 사는 사람을 뜻하는 캥거루족도 이와 관련이 있다. 가진 돈과 집값의 격차라는 경제적인 문제도 존재하지만, 현실에 주어진 책임을 회피하는 현상에 더 가깝다.

무엇이든 스스로 행하려는 의지가 중요하다. 아주 작은 문제부터 천천히 스스로 해결해 나가는 습관을 들이는 노력이 필요하다. 그렇게 할 때 성취감을 얻고 자립심을 기를 수 있다. 처음에 어렵다면 주위의 도움을 받아도 된다. 노력이 쌓여 우리를 어른아이에서 벗어나게 만든다.

핑크렌즈 효과

Pink lens effect

사랑에 빠진 사람이 행복에 도취되어 상대의 장점만 보이는 현상을 일컫는다. 핑크렌즈를 낀 것처럼 온 세상이 핑크빛으로 보이는 것이다. 사랑에 빠진 사람의 뇌에서는 러브 칵테일로 불리는 호르몬이 분비된다. 도파민, 아드레날린, 페닐에틸아민 등이다. 그중에서 페닐에틸아민은 각성제 역할을 해 중추신경과 교감신경을 흥분시켜 감정을 극대화한다. 사랑의 콩깍지가 씌게 되는 중요 요인이다. 미국 코넬대학교의 연구에 따르면 핑크렌즈의 효과는 최대 900일 정도 유지된다. 즉 900일이 지나면 칵테일 잔이 비어 가듯 러브 칵테일 호르몬이 사라지는 것이다. 어쩌면 이때부터가 진정한 사랑의 시작일지도 모른다.

....

tip

초콜릿과 포도주에는 페닐알라닌이 많다고 알려졌다. 페닐알라닌에서 이산화탄소를 빼는 과정을 거치면 페닐에틸아민이 된다. 우리가 초콜릿과 포도주를 먹으면 기분이 좋고 행복해지는 이유가 아닐까.

하워드 가드너
Howard Gardner

　　미국의 심리학자인 하워드 가드너는 교육심리학의 대표 권위자로 불린다. 하버드대학교에서 인간의 예술적이고 창조적인 능력의 발달 과정을 분석하는 프로젝트 제로Project Zero 연구소의 책임자로서, 1972년부터 2000년까지 약 30년간 연구소를 이끌며 지능과 창조성, 교육 방법, 리더십에 관한 연구를 지속 발전시켰다. 특히 1983년 출간한 『지능이란 무엇인가』(사회평론, 2019)에서 다중지능 이론을 제시함으로써 세계적인 석학의 반열에 올랐다.

　　다중지능 이론은 지능 이론의 한 갈래로서 지능을 단일한 구조로 설명했던 이전의 이론들과 달리 지능이 다양한 영역으로 구성되어 있다고 주장했다. 이 이론은 지능이 높은 아이가 모든 영역에서 우수하다는 기존의 획일주의적인 지능 개념을 비판하고, 지능이 사회문화적 환경과 상호작용을 하며 발달한다고 보았다.

　　또한 모든 인간에게 언어, 논리 수학, 공간, 신체 운동, 음악, 인간 친화, 자기성찰, 자연 탐구 지능이라는 8개 유형의 지능 영역이 있으며, 다양한 인지과학 및 신경과학 이론 등에 근거하여 8개의 지능 모두가 우수한 사람은 없다고 했다. 중요한 것은 아이들의 개인차를 인정하고 각자가 가진 지능별 잠재력과 장점을 찾는 것으로, 강점은 개발하고 약점은 보완함으로써 개인의 자신감, 학습 능력 등이 상승할 수 있다고 보았다.

하인리히 법칙

Heinrich's law

큰 사고나 재해가 일어나기 전에는 반드시 그와 관련해 경미한 작은 사고와 사전 징후가 발생하는 법칙을 의미한다. 대표적인 사례로 1995년 삼풍백화점 붕괴 사고를 들 수 있다. 조사에 따르면 건물이 붕괴되기 전부터 옥상에 설계 하중의 4배를 초과하는 장비가 설치되었고, 철근도 무더기로 빠져 있었다. 부실 공사로 인해 천장과 바닥에 금이 가는 작은 징후들이 포착되었다. 즉 이러한 징조에 대응할 시간은 충분히 있었다. 그러나 백화점 측은 내부 직원의 신고와 전문가의 진단을 받고도 별다른 대책을 취하지 않았고, 결국 1000여 명 이상의 사상자를 낸 대형 사고로 이어졌다.

이 법칙은 1920년대 미국 보험회사의 관리자였던 허버트 윌리엄 하인리히가 명명하였는데, 그가 수많은 산업 재해를 분석한 결과, 1번의 큰 사고가 일어나기 전에 29번의 작은 사고, 300번의 잠재적 징후들이 일어난다고 밝혀 1:29:300 법칙이라고도 불린다. 그는 사고가 발생하는 과정이 도미노가 연달아 무너지는 과정과 비슷하다고 보았고, 그 과정을 사회 및 가정의 선천적 결함-개인적인 결함-불안전한 행동 및 상태-사고 발생-재해의 총 5단계로 두면서 그중 3단계를 사전에 제거하면 한 번의 큰 사고를 막을 수 있다고 보았다.

하인리히 법칙은 산업 안전 분야에서 시작되었지만, 경제, 사회, 개인의 일상 등 다양한 분야로 확장하여 재해석되고 있다. 중요한 것은 어떤 상황에서든 문제되는 부분을 초기에 신속히 발견하여 대처함으로써 부정적인 결과를 방지할 수 있다는 점이다.

하인츠 딜레마
Heinz's dilemma

연령에 따라 달라지는 도덕적 발달 수준을 확인하기 위한 개념으로 미국의 발달심리학자 로런스 콜버그가 제시했다. 스위스의 인지발달 연구자 장 피아제의 인지발달 이론에서 많은 영향을 받았다고 알려졌다. 콜버그는 하인츠라는 가상의 인물을 창조해 사람들에게 철학적인 윤리 문제를 제기했다. 하인츠는 아픈 아내를 치료하기 위해 약을 구하려 했으나 약사가 원하는 가격이 꽤 높았다. 약사는 하인츠가 마련한 돈에 약을 줄 수 없다고 거부했고, 하인츠는 약국에 몰래 들어가 약을 훔쳤다. 콜버그는 이 상황을 바탕으로 사람들에게 철학적인 윤리 문제를 제기했다. 콜버그는 이 딜레마와 관련하여 참가자들에게 하인츠가 약을 훔친 죄로 처벌을 받아야 하는지, 약사에게 약값을 비싸게 책정할 권리가 있는지, 약사 때문에 아내가 죽는다면 약사를 비난해야 하는지 등의 질문을 던졌다.

콜버그는 이러한 질문에 대한 답을 근거로 참가자들의 도덕성 발달을 3수준(1~6단계)으로 구분했다. 3~11세에 해당하는 1수준(1, 2단계)은 전前인습적 도덕기로 벌의 회피와 복종을 중요하게 여기며 도덕성 개념은 크게 없는 수준에 가깝다. 12~25세에 해당하는 2수준(3, 4단계)은 인습적 도덕기로 전통적인 법과 질서의 중요성을 실감한다. 25세 이상에 해당하는 3수준(5, 6단계)은 후後인습적 도덕기로 보편적인 도덕 원칙과 양심에 따라 판단한다. 즉 높은 단계로 갈수록 타인의 시선을 고려하여 도덕적 행동에 대한 합리적 판단을 내린다.

하인츠 딜레마는 추론과 도덕적 행동 간의 상관관계가 약하다는 점, 성인의 관계를 아이들이 명확히 이해하기 어렵다는 점, 서구 이외에 적용하기 힘들다는 점을 비판받았다. 그럼에도 교사, 부모 등이 아이들의 수준별 지도를 통해 도덕성 발달을 도울 수 있다는 점에서 교육 분야에 폭넓게 적용되고 있다.

학습된 무기력

Learned helplessness

안 좋은 일이 반복해서 일어나면 무언가를 하고 싶은 마음이 줄어든다. 모든 게 자신의 문제인 것만 같고, 되는 일도 안 되는 것처럼 여겨지기도 해 세상이 마치 자신만 외면하는 것처럼 느껴진다. 이처럼 피할 수 없는 부정적인 상황에 지속해서 노출되면서 극복을 위한 시도나 노력의 무의미함을 느끼게 되어 무기력해지는 현상을 학습된 무기력이라고 부른다. 흔히 말하는 자포자기와 같다. 1967년 미국의 심리학자 마틴 셀리그먼의 연구를 통해 제안되었다.

학습된 무기력은 주로 동물을 대상으로 한 회피 학습을 통해 공포의 조건 형성을 연구하던 중 발견됐다. 이후 인간을 대상으로 한 연구로 범위가 확장되었고, 연구를 통해 인간은 통제할 수 없던 그 순간보다 다가올 상황을 통제할 수 없다는 생각이 커질수록 무기력이 강화된다는 것이 밝혀졌다. 이 연구는 특히 무기력, 부정적 감정과 깊은 관련이 있다고 여기는 우울증 환자의 부정적 인지 과정을 설명하는 데서 주목받았다. 다만 무기력이 발생하는 과정이나 원인의 개인차, 치료에 대한 설명이 충분치 못하다는 한계가 있어, 이후 수정된 여러 가설에서 이러한 점을 보완했다. 무기력을 벗어나기 위해선 작은 성취를 경험하는 것이 중요하다. 이렇게 작은 목표도 괜찮나 할 정도의 작은 일이어도 좋다. 자신의 힘으로 무언가를 이뤘다는 부분이 무기력의 늪을 빠져나오게 할 동아줄이 될 수 있다.

한계 초과 효과

누군가의 애정 어린 조언도 오랫동안 지속되거나 반복되면 잔소리나 꾸중처럼 들린다. 그것이 자신을 위한 말인 걸 알면서도 말이다. 그러면 괜히 그 말을 듣기 싫고, 심지어 저항하고 싶어진다. 이처럼 지나친 자극이 자신이 정해 놓은 한계에 닿아 심리적 보호 현상이 발생하는 것을 한계 초과 효과라고 부른다. 자극적인 말과 행동의 반복은 아무리 상대를 위한 말일지라도 마음에 상처를 입힌다. 그럴 때 우리 마음은 상처 입지 않도록 스스로 보호하려 한다. 상대방을 설득하는 상황에서 많은 말보다 제대로 된 말과 경청이 중요한 이유이다.

Hans Eysenck

한스 아이젱크

영국의 심리학자 한스 아이젱크는 성격심리학의 권위자이다. 아이젱크의 성격 이론은 대뇌 피질의 각성과 호르몬 수치를 포함한 생물학적 요소에 바탕을 두고 있으며, 학습된 행동 등의 환경적 요소가 영향을 미친다고 보았다. 이 이론에서 성격은 크게 정신증적 경향성(P), 외향성(E), 신경증적 경향성(N)으로 나뉘며, 세 요소 모두 양극적인 측면을 가지고 있다. 아이젱크의 성격 특질의 유전 가능성에 대한 독단적인 주장에 일부 비판이 있으나, 성격 이론을 세웠다는 점에서 의의가 있는데, 특히 특정 성격 유형이 어떤 형태의 정신병리로 발전하기 쉬운지 예측할 수 있게 했다.

day
350

〈해리가 샐리를 만났을 때〉

When Harry Met Sally

1989년 로브 라이너 감독의 대표적인 로맨스 영화인 〈해리가 샐리를 만났을 때〉는 뉴욕행을 함께하게 된 남녀 주인공 해리와 샐리가 '남녀 사이에 친구는 성립하는가'란 주제로 논쟁을 벌인다. 성격도 취향도 정반대인 두 사람은 서로를 이해하기 힘들어한다. 시간이 흘러 둘은 서점에서 우연히 재회하고, 이후 깊은 이야기를 나누며 둘도 없는 친구가 된다. 영화 속 샐리는 여러모로 꼬인 상황에 놓이지만 긍정적인 사고로 삶을 살아가며 인생과 사랑을 쟁취한다. 이러한 샐리의 성향을 빗대 자신에게 계속 유리한 일이 발생하는 현상을 샐리의 법칙이라 칭한다. 긍정심리학의 창시자라 불리는 마틴 셀리그먼은 샐리의 법칙은 단순히 운이 아닌 긍정적인 사고와 행동이 만들어 낸 결과라 말했다. 즉 좋은 일은 삶을 살아가는 태도에 따라 달라진다고 볼 수 있다.

햄릿 증후군

Hamlet syndrome

우리는 하루에도 수많은 선택의 기로에 마주 선다. 자신만의 기준에 따라 한쪽을 선택하기도 하지만, 고민만 하다 결정하지 못한 채 선택을 미루거나 타인에게 결정을 맡기기도 한다. 이런 상황은 중요한 일뿐만 아니라 사소한 일에도 적용된다. 이러한 증상을 햄릿 증후군이라고 말한다. 셰익스피어의 작품 『햄릿』에서 주인공 햄릿이 아버지의 복수를 해야 할지, 말아야 할지 결정하지 못하고 갈등하는 데서 유래하였다.

햄릿 증후군은 수많은 정보가 매일 쏟아지는 정보 과잉의 시대에서 한 사람의 선택지가 너무 많아서 발생하는 증상 중 하나이다. 처리할 양이 뇌의 정보 처리 용량을 넘김으로써 문제를 유발한다. 특히 과도한 정보 홍수 속에서 부모의 선택과 결정에 의존한 수동적인 삶을 살았다면 햄릿 증후군의 발생 확률은 더욱 높다. 자신의 선택으로 무언가를 결정하는 것이 익숙하지 않은 것이다. 이러한 점은 MZ 세대의 한 가지 특징으로 여겨지기도 한다. 사소한 일도 SNS에 공유하며 선택을 도움받는데, 특이한 점이라면 선택을 주저하는 성격을 긍정으로도 부정으로도 여기지 않는다는 것이다.

햄릿 증후군을 극복하려면 선택하는 행위를 몸에 배게 해야 한다. 선택에 우선순위를 두거나 마감 기한을 정하면 도움이 된다. 정말 사소한 일이라면 기준 없이 아무거나 결정해도 된다. 점심 메뉴로 짜장면과 짬뽕 중 무엇을 선택하든 크게 문제 되지 않는다.

사람은 언제나 옳은 결정만을 하지 않는다. 선택으로 인한 실패를 두려워하지 않는 자세가 필요하다.

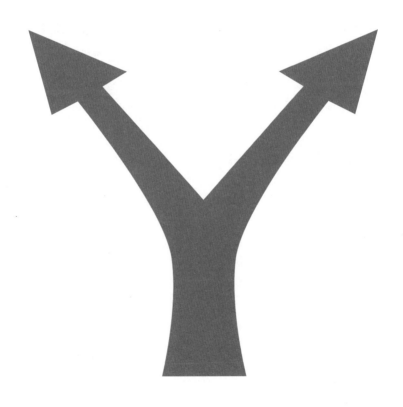

행동 점화
Behavioral priming

행동이 이후의 행동으로 이어지게 유도하는 현상이다. 행동에 특정한 목적을 부여하면 다음 행동도 특정한 방향으로 향하게 된다는 것이다. 1972년 심리학자 토머스 모리아티는 해수욕장 실험을 통해 이를 증명하려 했다. 실험자가 해변에서 일광욕을 하는 A, B 두 그룹에게 수영하고 올 동안 라디오를 좀 챙겨 달라는 식의 요청을 한다. 대신 A그룹에게는 구체적으로 요청하며 'YES'라는 응답을 끌어내었고, B그룹에게는 눈인사 정도만 건네며 묵시적인 의사 표현을 했다. 이후 어떤 사람이 라디오를 들고 갔을 때, A그룹에서는 90% 이상이, B그룹에서는 약 20% 전후가 도둑을 쫓아갔다. 'YES'라는 목적을 이끌어 낸 행동이 도둑을 뒤쫓는 행동을 유발했음을 알 수 있다.

....

tip

확장된 개념에서 봤을 때 긍정적인 답변을 유도하는 질문을 하면 긍정적인 대답을 이끌 확률이 높아진다.

"행복해서 웃는 것이 아니고,
웃기 때문에 행복하다."

미국의 심리학자 윌리엄 제임스는 자신을 스스로 어떻게 생각하는지에 따라 그 사람이 만들어진다고 보았다. 즉 생각하는 대로 살면 생각하는 대로 살게 된다는 것이다. 그는 만약 성공하고 싶다면 성공한 사람처럼 행동하면 되고, 행복해지고 싶다면 웃으면 된다고 주장하며, 웃으려는 생각과 행동이 행복을 불러온다고 말했다. 그의 주장은 당시에는 과학적으로 명확히 증명되지 않았으나 이후 수많은 실험을 통해 웃음이 행복과 깊은 연관이 있음이 밝혀졌다. 웃다 보면 우리의 몸이 느끼는 반응을 착각한 뇌에서 행복하다고 인식한다. 또한 두뇌가 조금 더 긍정적으로 생각하는 패턴을 가짐으로써 행복과 관련된 감정을 형성하는 데 도움을 준다.

day
354

허니문 효과
Honeymoon effect

새로운 조직에 대한 기대감으로 인해 나타나는 심리적 안정 효과를 의미한다. 일반적으로 정권이 바뀐 후 새 정부가 들어오는 것에 대한 기대감을 나타낸다. 사랑하는 사람과 결혼한 후 설레고 행복한 신혼여행을 즐기는 것에서 유래되었다. 허니문 효과로 인해 종합주가지수가 상승하는 현상을 허니문 랠리라고도 부른다. 주가는 일반적으로 불안정성을 싫어하고, 안정성을 선호한다. 정치, 경제 등 사회의 전반적인 불확실성이 해소될 것이라는 기대감에서 발생하는 현상이다. 일정한 주기마다 주가의 움직임이 급격히 달라지는 캘린더 효과calendar effect의 하나로 볼 수 있다.

tip
새로운 학년이 되거나 사회인으로 첫 출근을 하는 등 환경이 바뀌어 활력이 넘치는 현상도 허니문 효과로 볼 수 있다.

허위 합의 효과

False-consensus effect

하나의 관점에는 다양한 생각이 공존한다. 그 수의 범위는 인간의 상상으로도 담지 못할 만큼 넓다. 그런데 누군가는 다른 사람의 생각이 자신이 생각하는 바와 크게 다르지 않다고 믿는다. 이처럼 자신의 생각이 실제보다 더 보편적이라 믿는 현상을 허위 합의 효과 혹은 허위 일치성 편향이라고 부른다. 이러한 믿음은 사람들의 의견을 직접 듣지 않는 한 착각에 가깝다. 허위 합의 효과는 자신의 기준에 따라 습관적으로 타인의 행동을 평가한다. 자신의 감정을 상대에 비추며 자신을 상대방의 위치에 두고, 상대의 논리와 감정을 사전에 차단해 버리고 만다. 세상은 아는 만큼 보인다고 했다. 자신과 다른 생각을 가진 많은 사람이 있음을 늘 염두에 두어야 한다.

....

tip

타인과 공감하기 위해서는 역지사지의 태도가 중요하다.

헤라클레스 효과

Heracles effect

누군가와 갈등을 빚을 때 상대에게 분노하고 보복하려 한다면 그만큼 상대와 원한의 골은 깊어진다. 이런 현상에서 발현되는 심리학 개념이 헤라클레스 효과이다. 그리스 신화에 등장하는 헤라클레스는 길에서 본 자루를 호기심에 발로 찼다. 자루는 터지지 않고 헤라클레스가 찰수록 부풀어 올랐다. 화가 난 헤라클레스가 온 힘을 다해 찼으나, 자루는 그의 길을 막을 만큼 부풀어 올랐다. 지나가던 성자가 그 모습을 보고 그 자루가 분노의 자루라고 말하며 찰수록 커질 것이고, 상대하지 않으면 원래대로 돌아갈 것이라고 알려 주었다. 분노를 통해 얻은 쾌감은 잠시일 뿐이다. 그 순간의 쾌감이 오히려 더 큰 분노를 불러올 수 있다. 이와는 달리 잠깐의 분노를 타인에 대한 이해와 존중으로 전환한다면 더 많은 이득을 얻을 수 있다.

....

tip

사회규범이 성숙해질수록 '눈에는 눈, 이에는 이'와 같은 복수 심리의 사회적 가치는 점점 작아진다.

현저성 효과

Salience effect

지인의 소개로 만난 이성과의 만남이 성공적으로 이루어지기 위해서는 여러 요소가 필요하다. 그중 중요한 한 가지는 자신에게 현저하게 두드러진 특징을 상대에게 잘 전달하는 것이다. 당연히 부정적인 부분보다는 긍정적인 부분이어야 한다. 그 특징이 자신의 인상 형성에 중요한 부분을 차지할 것이다. 사람들은 보통 사람이나 사물을 볼 때 눈길을 끄는 부분에서 받은 인상을 바탕으로 전체를 바라보기 때문이다. 이를 현저성 효과라고 부른다. 이 효과는 긍정적이기보다 부정적일 때 더 큰 효과를 발휘한다. 아무리 외모가 뛰어나고 매너가 좋아도 이 사이에 붉은 고춧가루가 끼여 있으면 그 부분이 두드러지는 이유이다.

....

tip

기업이나 정치에서 네거티브 전략을 취하는 이유도 현저성 효과 때문으로 볼 수 있다. 자신의 좋은 점보다 상대방의 약점을 나열하는 게 이득인 이유는 나쁜 인상을 좋게 만드는 것이 매우 어렵기 때문이다.

호손 효과
Hawthorne effect

호손 효과는 호주의 심리학자 엘턴 메이요가 미국의 전기 공장인 호손 공장에서 근로자를 대상으로 진행한 생산성 실험에서 발견된 현상을 말한다. 처음에는 근로자를 대상으로 임금, 휴식 시간, 조명 등의 외적 요인을 바꾸면서 생산성 향상에 미치는 효과를 확인하였으나 큰 변화를 발견하지 못했다. 이후 근로자들에게 실험을 하고 있다는 사실을 밝힌 후 인터뷰 형식의 연구를 지속했다. 근로자들은 자신에게 기대를 가지고 경청하는 연구자들에게 마음을 열고 다양한 이야기를 털어놓았고, 그 결과로 업무 생산성이 높아졌음이 발견되었다.

메이요는 물리적 조건보다 심리적 요소가 작업자의 능률에 크게 관여한다는 것을 밝혔고, 이후 독일의 사회학자인 헨리 란트슈베르거가 호손 공장 연구를 분석하며 이 현상을 호손 효과라고 명명했다. 심리학자들은 다양한 근거를 들어 호손 효과의 발생 원인을 밝히고 있다. 그중 가장 큰 특징은 사람이 기대 어린 타인의 시선을 긍정적으로 해석한다는 점이다. 수업에 적극적이지 않은 아이도 부모 참관 수업이 진행되면 태도가 바뀌는 것을 예로 들 수 있다. 즉 타인에 대한 긍정적인 관심은 긍정적인 태도를 불러올 수 있다.

호혜의 법칙

Law of reciprocity

1985년 멕시코시티에서 지진이 일어나 1만여 명의 사상자가 발생했을 때, 에티오피아에서 멕시코에 수천 달러의 구호금을 보냈다. 그해 에티오피아는 굶주림으로 수십만 명이 아사할 정도로 경제적 상황이 어려웠으나, 1935년 이탈리아 침공 때 멕시코가 도와준 일에 보답한 것이었다. 이처럼 누군가에게 호의를 받으면 갚고자 하는 경향을 호혜의 법칙이라 말한다. 상호성의 법칙이라고도 불린다.

호혜성에 대한 체계적인 개념을 정립했다고 알려진 미국의 문화인류학자 마셜 세일린스는 사회적 유대 관계의 친밀도에 따라 호혜성을 세 가지로 구분했다. 자신의 이해관계를 먼저 고려하는 부정적 호혜성, 자신과 상대방을 동등하게 고려하는 균형적 호혜성, 자신보다 상대를 더 중요시하는 일반적 호혜성이다.

호혜성이 발생하는 원인으로 적확히 밝혀진 바는 없다. 대신 상대의 호의에 보답하려는 심리적 부담감을 없애기 위한 것과 더불어 인간의 본능으로 여기기도 한다. 한 연구에서는 기능성 자기공명영상을 통해 호의를 받은 사람이 호의를 연상시키는 이미지를 볼 때 쾌감과 관련된 뇌의 부분이 활성화되었다고 밝히기도 했다.

호혜의 법칙은 일상에서 흔히 사용되며, 경제, 정치, 마케팅

등 다양한 분야에서 활용된다. 우리나라와 같이 정을 중요시하는 문화일수록 더욱 중시된다.

화폐 착각
Money illusion

화폐의 실질적인 가치가 변하고 있음에도 명목 가치에 현혹되어 실질 가치의 증감을 인식하지 못하는 현상을 의미한다. 1919년 미국의 경제학자 어빙 피셔가 창안했다. 사람들은 수치가 의미하는 가치보다 보이는 가격에 주목하는 경향이 있어 물가 수준의 변동이 실질 가치에 상당한 영향을 미치는 것을 제대로 파악하지 못한다. 임금이 3% 올랐어도 물가가 3% 오르면 실제 임금 상승률은 0%이지만 3%에 해당하는 금액을 벌었다고 착각하는 것이다. 화폐 착각에 빠지면 실질 임금이 낮아졌음에도 이전과 동일한 노동을 공급함으로써 고용량은 증대하는 현상이 발생한다.

확증 편향
Confirmation bias

자신의 신념이나 가치관과 일치하는 정보는 받아들이고 그렇지 않은 정보는 무시하는 경향을 의미한다. 1960년 영국의 심리학자 피터 웨이슨이 제시한 개념이다. 자기 신념에 맞는 정보를 찾는 것은 쉬운 일이라는 전제에서 출발했는데, 예를 들어 질문을 어떻게 하느냐에 따라 자신이 원하는 방향으로 답을 들을 수 있다는 것이다. 확증 편향은 일상에서 자주 발견할 수 있다. 한 예로 특정 종목의 주식을 샀다면 그와 관련된 긍정적인 기사만 접하고 부정적인 기사의 정보는 무시하려 한다. 객관적인 정보보다는 자신의 신념에 반하지 않는 정보가 더 도움이 된다고 믿는다. 한정된 정보는 현상을 바라보는 시야를 좁게 만들며 사고에 제한을 두게 한다는 점에서 확증 편향을 극복하려는 노력이 필요하다.

....

tip

1941년 일본의 진주만 공격은 사전에 예방할 수 있는 기회가 있었다. 발생 2주 전부터 수도 워싱턴에서 미국 태평양 함대에 몇 번의 사전 경고를 줬기 때문이다. 그럼에도 무방비로 공격을 당한 데는 함대의 총사령관 키멀 제독의 판단이 있었다. 키멀 제독은 '진주만은 안전할 것이다'라는 자기 신념에 가까운 확증 편향을 지니고 있었다.

후광 효과
Halo effect

미국의 심리학자 에드워드 손다이크가 제1차 세계대전 때 군대 지휘관에게 휘하 병사들의 역량을 항목별로 평가하게 하자 한 가지 뚜렷한 공통점이 드러났다. 지휘관들은 체격이 좋고 품행이 단정한 병사가 충성심, 리더십 등에서 모두 우수할 것으로 생각했고, 그렇지 않은 병사는 낮을 것으로 판단했다. 손다이크는 이를 바탕으로 1920년에 후광 효과를 제시했다. 한 가지 두드러진 특성이 다른 특성을 평가하는 데 전반적인 영향을 미치는 현상이다. 헤일로 효과라고도 부른다. 현대 사회에서 주로 볼 수 있는 후광 효과로는 브랜드 가치를 높이기 위해 유명 연예인을 활용하는 것을 들 수 있다.

연애에도 후광 효과가 적용된다. 대표적인 예로 좋은 회사에 다니면 외모가 매력적으로 보이며, 외모가 뛰어나면 성격이 좋아 보이는 것이다. 주변에 사회적 지위가 높은 사람들이 친구로 있으면 그 또한 그 사람의 매력으로 여겨진다. 이와 반대의 경우에서 부정적인 효과를 불러오는 것도 후광 효과의 한 측면이다.

후광 효과는 일부분으로 전체를 평가하는 인지적 오류로, 주관적 판단이 일반화되어 확장된 결과로 나타난 것이다. 논리성의 측면에서 본다면 오류에 가깝다. 후광 효과가 심화되면 일부 고정관념에 사로잡혀 그 사람의 진정한 모습을 발견하기 힘들다. 객관적 사실을 보고 판단하려는 노력을 통해 이를 해소할 수 있다.

휴리스틱
Heuristics

우리는 살아가면서 수많은 의사 결정의 갈래에 놓인다. 그때마다 오랜 시간과 노력을 들여 충분한 정보를 검토한 후 합리적인 결론을 내리면 좋겠지만, 매번 그러기란 현실적으로 쉽지 않다. 손에 쥘 수 있는 정보의 양과 결정에 쏟아부을 수 있는 에너지에 한계가 존재하기 때문이다. 가끔은 촌각을 다툴 정도로 신속하게 결정을 해야 할 때도 있다. 그럴 때 우리는 꼼꼼히 정보를 따져 보며 결론에 닿기보다는 살아오면서 경험한 일을 바탕으로 일련의 결론을 내리려 한다. 행동경제학의 아버지로 불리는 미국의 심리학자 대니얼 카너먼은 이러한 의사 결정 방식을 휴리스틱이라고 칭했다. '찾아내다'란 뜻의 그리스어 'heuriskein'이 어원이다. 카너먼은 휴리스틱이 완벽하지는 않지만 경제적인 의사 결정 방식이라 주장했다. 다만 그만큼 오류 가능성도 크다고 보았다.

휴리스틱에는 대표성 휴리스틱, 가용성 휴리스틱, 기준점 및 조정, 감정 휴리스틱 등 다양한 종류가 있다. 그중에 대표적인 것이 대표성 휴리스틱이다. 실제로는 부족한 정보이지만 특정 대상이 충분한 대표성이 있다고 믿었을 때 일어나는 현상이다. 일반적으로 고정관념을 통한 추론에서 시작한다고 볼 수 있다. 하늘에 먹구름이 끼고 바람이 강해지면 곧 비가 올 것으로 예상해 우산을 챙기는 것이 좋은 예이다. 다만 언제나 그렇듯 지나치게 의존함으로써 판단 오류가 발생하기도 한다.

널리 알려진 예로는 도박사의 오류가 있다. 각각의 시도는 확률적으로 독립되어 있으나 앞의 결과가 다음 시도에 영향을 미칠 것으로 착각하는 현상을 말한다. 주사위를 다섯 번 던졌을 때 6을 제외한 숫자가 한 번씩 나왔다면 다음에 나올 숫자 중 가장 확률이 높은 것으로 6을 생각하는 것이다. 더 단순한 종류로 동전 던지기를 들 수 있다. 동전을 10번 던지고 모두 앞면이 나왔을 때 11번째로 던지면 뒷면이 나온다고 생각하는 것이다. 주사위나 동전 모두 자신이 생각한 대로 결과가 나올 것 같지만, 각 숫자와 동전의 양면이 나올 확률은 같다.

휴리스틱은 우리가 일반적으로 예상하는 것보다 훨씬 폭넓게 우리의 삶에 관여해 있다. 충분한 시간적 여유가 없거나 결정에 많은 시간을 쏟고 싶지 않을 때 휴리스틱만큼 좋은 의사 결정 방법도 없을 것이다. 단, 휴리스틱의 함정에 빠지지 않으려 노력해야 한다. 자신의 생각에 지나치게 함몰되지 않아야 하며, 다른 사람의 의견을 경청하고 존중해야 한다. 그 과정에서 우리는 휴리스틱의 진정한 효과를 만끽할 수 있다.

희귀성의 법칙

Law of scarcity

희귀한 대상을 귀하게 여겨 그에 따른 구매 의욕이 높아지는 현상을 의미한다. 사람들은 대상을 쉽게 얻을 수 없을 때, 이용 가능성이 줄어들 때 상대적으로 가치를 높게 인식한다. 여기에 경쟁 심리가 생기면 자원의 희귀성이 구현되고, 희귀성에 대한 두려움이 발생하면서 인간의 욕망을 자극한다. 희귀성의 법칙은 명품과 같은 값비싼 물건에만 해당하지 않는다. 뉴욕의 예술가 저스틴 지냑은 2001년부터 뉴욕 길거리에 있는 쓰레기를 주워 포장한 후 판매하기 시작했다. 쓰레기 팩에는 아무 쓸모없어 보이는 담배꽁초, 빨대, 라이터 등이 있었지만, 오바마 대통령 취임사, 타임스퀘어 신년 전야와 같이 특별한 날을 기념하기 위한 물건도 있었다. 그 결과 희귀성의 법칙이 적용되어 평균 5~10만 원 가격으로 1000여 개의 제품을 판매할 수 있었다.

tip

희귀성의 법칙을 잘 활용하는 기업으로 애플을 들 수 있다. 아이폰 생산 초기에 생산 능력의 부족으로 품절이 지속되었는데, 애플은 이때 소비자의 구매 욕구가 높아지는 것을 보았다. 이후 애플은 한정된 물건만 판매해 소비자의 구매 욕구를 자극하는 헝거 마케팅을 진행하여 브랜드의 가치를 더욱 높일 수 있었다.

힉의 법칙

Hick's law

선택지의 수가 늘어나면 의사 결정에 걸리는 시간이 비례해 증가하는 법칙을 말한다. 1952년 영국의 심리학자 윌리엄 에드먼드 힉이 명명했다. 힉은 테이블 위에 10개의 램프를 두고 5초 간격으로 램프가 켜지게 만든 후 실험 참가자가 특정 램프를 누르는 데 걸리는 시간을 측정했다. 실험 결과 선택지가 많을수록 선택하는 데 걸리는 시간이 길어졌음이 밝혀졌다. 그러한 이유는 선택에 필요한 정보를 처리하는 데 더 많은 시간이 걸려 반응 속도가 늦어지기 때문인데, 이는 인지 과부하와 연관성을 보인다. 이 법칙이 적용된 대표적인 예는 인터넷 쇼핑몰에서 제품 선택 창이 나타날 때, 선택할 수 있는 옵션의 수를 최소화하여 사용자의 의사 결정을 빠르게 진행하도록 돕는 경우이다.

....

tip

리모컨에 있는 버튼의 수를 최소화함으로써 의사 결정을 빠르게 내리도록 하는 것도 힉의 법칙의 사례로 볼 수 있다.

참고 문헌

『공간의 심리학』, 발터 슈미트 지음, 문항심 옮김, 반니, 2020

『꿈의 해석』, 프로이트 지음, 이환 옮김, 돋을새김, 2014

『나를 지키는 매일 심리학』, 오수향 지음, 상상출판, 2020

『내 인생의 탐나는 심리학 50』, 톰 버틀러 보던 지음, 이정은·김재경 옮김,
　　흐름출판, 2019

『마이어스의 심리학개론』, 데이비드 G. 마이어스·네이선 드월 지음,
　　신현정·김비아 옮김, 시그마프레스, 2022

『미움받을 용기』, 기시미 이치로·고가 후미타케 지음, 전경아 옮김,
　　인플루엔셜, 2014

『부자가 되는 심리학』, 올리비안 멜란·셰리 크리스티 지음, 박수철 옮김,
　　솔트앤씨드, 2017

『선택의 심리학』, 쉬나 아이엔가 지음, 오혜경 옮김, 21세기북스, 2012

『실험심리학 용어사전』, 곽호완·박창호·이태연·김문수·진영선 지음,
　　시그마프레스, 2008

『심리학을 만나 행복해졌다』, 장원청 지음, 김혜림 옮김, 미디어숲, 2020

『심리학의 역사 101』, David C. Devonis 지음, 이규미·손강숙 옮김,
　　시그마프레스, 2018

『심리학의 이해』, 윤가현 외 지음, 학지사, 2019

『칼 융 분석 심리학』, 칼 구스타프 융 지음, 정명진 옮김, 부글북스, 2021

『프로이트 심리학 해설』, S. 프로이트 · C. S. 홀 · R. 오스본 지음, 설영환 옮김,

　선영사, 2018

『프로이트의 의자』, 정도언 지음, 웅진지식하우스, 2009

『행동경제학』, 리처드 H. 탈러 지음, 박세연 옮김, 웅진지식하우스, 2021

『현대 심리학의 이해』, 현성용 외 지음, 학지사, 2020

『A. 아들러 심리학 해설』, A. 아들러 · H. 오글러 지음, 설영환 옮김, 선영사,

　2015

1일 1식 하루 한 끼 평생 든든한 심리학 365

초판 1쇄 인쇄 2023년 8월 11일
초판 1쇄 발행 2023년 8월 21일

지은이 | 김성환

편집인 | 이기웅
기획 | 북케어
책임편집 | 오윤나
외주편집 | 이경민
편집 | 안희주, 주소림, 김혜영, 양수인, 한의진, 이원지, 이현지
일러스트 | 시우
디자인 | 박대성
책임마케팅 | 김서연, 김예진, 박시온, 김지원, 류지현, 김소희, 김찬빈, 배성원
마케팅 | 유인철
경영지원 | 박혜정, 최성민, 박상박
제작 | 제이오

펴낸이 | 유귀선
펴낸곳 | ㈜바이포엠 스튜디오
출판등록 | 제2020-000145호(2020년 6월 10일)
주소 | 서울시 강남구 테헤란로 332, 에이치제이타워 20층
이메일 | odr@studioodr.com

© 김성환

ISBN 979-11-92579-92-4 (03180)

스튜디오오드리는 ㈜바이포엠 스튜디오의 출판브랜드입니다.